中国石油 HSE 管理丛书

基层 HSE 典型经验汇编

中国石油天然气集团有限公司质量健康安全环保部　编

石油工业出版社

内 容 提 要

本书收录了中国石油各基层单位 HSE 管理的典型经验和有效做法文章共 126 篇，从基层标准化建设组织管理，风险防控和隐患治理，能力建设和责任落实，设备设施和承包商管理，安全操作和应急处置，环境保护和健康管理，信息化、数智化建设等方面展示中国石油各基层单位在 HSE 标准化建设方面所取得的成果。

本书适合中国石油及其他石油石化企业的管理人员和员工阅读。

图书在版编目（CIP）数据

基层 HSE 典型经验汇编／中国石油天然气集团有限公司质量健康安全环保部编 . —北京：石油工业出版社，2023.11

（中国石油 HSE 管理丛书）

ISBN 978-7-5183-6443-5

Ⅰ . ①基… Ⅱ . ①中… Ⅲ . ①石油企业－工业企业管理－经验－中国 Ⅳ . ① F426.22

中国国家版本馆 CIP 数据核字（2023）第 208849 号

出版发行：石油工业出版社

（北京安定门外安华里 2 区 1 号　100011）

网　　址：www.petropub.com

编辑部：（010）64523552

图书营销中心：（010）64523633

经　　销：全国新华书店

印　　刷：北京晨旭印刷厂

2023 年 11 月第 1 版　2023 年 11 月第 1 次印刷

787×1092 毫米　开本：1/16　印张：25

字数：580 千字

定价：80.00 元

（如出现印装质量问题，我社图书营销中心负责调换）

版权所有，翻印必究

《中国石油HSE管理丛书》编委会

主　编：沈复孝

编　委：赵金法　赵玉柱　邱少林　杜卫东　何新兴
　　　　赵玉军　杜丽学　贺永利　王贵海　高　健
　　　　姚长斌　乐　宏

《基层HSE典型经验汇编》编审人员

岳云平　谢国忠　张振鹏　黄力维　陈学锋
文　明　申　俊　甘　冰　文　恒　袁　磊
王　勇　李澍强　康成炜

前 言

健康安全环保事关人民群众生命财产安全和社会可持续发展，是企业生存和发展的基础。基层站队作为企业生产经营的基本单元，是健康安全环保管理的重点对象。中国石油天然气集团有限公司（以下简称集团公司）始终高度重视健康安全环保工作，结合国家安全生产标准化工作要求，从2015年开始组织推行基层站队HSE标准化建设（标准化管理、标准化操作、标准化现场，以下简称"三标"），并将其作为HSE管理体系在基层落地执行的重要抓手，持续夯实企业健康安全环保基础。

近年来，各企业按照总部统一部署，认真策划、积极探索，在基层站队HSE标准化建设方面，形成了许多典型经验和有效做法。为相互学习借鉴，集团公司质量健康安全环保部精心组织，对企业报送的典型经验和有效做法进行了汇总梳理、修改完善、集中审查并汇编成册。本书收录了集团公司所属企业基层站队HSE标准化建设的典型经验和有效做法共126篇，内容涉及基层标准化建设组织管理，风险防控和隐患治理，能力建设和责任落实，设备设施和承包商管理，安全操作和应急处置，环境保护和健康管理，信息化、数智化建设7大方面。这些典型经验和有效做法紧扣"三标"内容，符合基层实际，针对性和可操作性强，具有很好的指导意义和借鉴作用，也展示了基层在HSE管理方面丰富的实践经验和创新做法。

本书在编写过程中，受到了集团公司有关领导的高度重视，得到了各有关部门和所属企业的大力支持和积极配合。西南油气田公司、大庆油田公司、川庆钻探工程公司、四川石化公司、四川销售公司等单位的专家为材料的遴选、审查、修改做了大量工作，在此表示衷心的感谢。

健康安全环保是一项系统工程，涉及企业生产经营的各个领域，本书在编写过程中，由于时间仓促，编写人员水平有限，书中难免有遗漏或不足之处，敬请广大读者批评指正。

目 录

基层标准化建设组织管理（17篇）

"五字"举措抓组织　固本强基促提升
　　　　　　　　　　　　　　　　　　　　　　　　　　大庆油田公司　3

狠抓QHSE管理与业务深度融合　切实提升基层站队标准化建设质量
　　　　　　　　　　　　　　　　　　　　　　　　　西南油气田公司　5

"三双"机制拉动标准化建设"引擎"
　　　　　　　　　　　　　　　　　　　　　　　　　　大港油田公司　8

"五标一化"高效推进基层站队标准化建设
　　　　　　　　　　　　　　　　　　　　　　　　　　浙江油田公司　10

狠抓"三标一规范"建设　不断提升基层HSE管理水平
　　　　　　　　　　　　　　　　　　　　　　　　西部钻探工程公司　12

安全生产标准化与HSE体系融合　提升标准化管理水平
　　　　　　　　　　　　　　　　　　　　　　　　　　山西销售公司　15

紧扣"三标管理"　提升标准化管理能力
　　　　　　　　　　　　　　　　　　　　　　　　　　湖南销售公司　18

立足标准化管理　促进执行力提升
　　　　　　　　　　　　　　　　　　　　　　　　　　四川销售公司　20

夯实基层HSE管理基础　建立标准化建设长效机制
　　　　　　　　　　　　　　南方勘探公司福山油田项目部马村中转油库　24

全面落实标准化建设　有效提升HSE管理水平
　　　　　　　　　　　　　　　　　　　　　　　　　　　安第斯公司　26

深化"两册"应用　推进基层站队QHSE标准化建设
　　　　　　　　　　　　　　　　　　　　　　　　　塔里木油田公司　28

优化创建标准　强化建设执行　推动公司站队风险防控能力本质提升
　　　　　　　　　　　　　　　　　　　　　　　　　　华北油田公司　31

构建"一企一册、一岗一册"　助推安全生产责任有效落地
　　　　　　　　　　　　　　　　　山东销售公司烟台分公司莱山盛泉加油站　35

编撰 QHSE 指导手册　打造加油站基础资料标准化建设

.... 河南销售公司开封分公司　37

全面推进"五型"班组标准化管理　筑牢安全发展根基

.... 辽阳石化公司　40

开展"零伤害单位、零泄漏装置、零违章班组"创建活动　确保安全平稳生产

.... 华北石化公司　44

"五步法"助推班组安全活动　创建标准化班组管理

.... 大庆石化公司炼油厂加氢二车间　46

风险防控和隐患治理（23 篇）

推行作业规范化管理　提升非常规和高风险作业安全管控水平

.... 塔里木油田公司轮南采油气管理区轮南采油作业区　51

筑牢安全生产"五道防线"　提升炼化装置安全管理水平

.... 四川石化公司生产三部　53

聚焦关键风险　突出全流程防控　提升公路付油精细化管理水平

.... 西北销售公司长沙分公司长沙油库　55

清单化、标准化、合规化　夯实放射安全管理责任

.... 青海油田公司测试公司测井二大队　57

标准化固本　规范化强基　常态化推进　全面提升 HSE 标准化工作质效

.... 玉门油田公司油田作业公司压裂作业经理部　62

全方位管控高风险　为安全生产保驾护航

.... 哈法亚公司油田中心处理厂　66

融合四大管理模块　标准化管理写新篇

.... 渤海装备公司华油钢管公司制管三厂　72

推行"十步法"工作模式　提升基层风险管控能力和员工执行力

.... 新疆油田公司采油二厂注输联合一站　74

推行"五化"工作法　落实全链条管理　实现吊装作业风险过程受控

.... 渤海钻探工程公司　80

绘制工序安全风险提示图　助力提升班组风险管控能力

.... 工程建设公司新疆油建公司管道事业部李阳班组　83

推行"三篇三卡"　规范盾构工程施工管理

.... 北京项目管理公司兴油公司中俄东线长江盾构监理部　86

应用"四图评价"法　精准管控 HSE 风险

.... 川庆钻探工程公司　88

推行"五专"管理　保障大型吊装作业安全
……………海洋工程公司海洋工程事业部场地保障中心机械作业队　91
推行"134"安全管理模式　化解基层风险管控难题
………………………………………运输公司新疆配送分公司　93
"人防+技防"织密织牢安全防护网
………………………………………天然气销售公司宁夏中宁门站　96
编制入库培训小手册　带动安全管理大提升
………………………黑龙江销售公司齐齐哈尔分公司富拉尔基油库　100
建立JSA风险辨识库　加强员工危险作业风险辨识管控能力
………………………克拉玛依石化公司质量安全环保处HSE监督中心　103
创新安全管理宣教形式　携手家属筑牢安全"后防线"
………………………………运输公司福建分公司厦门配送中心基层站队　105
推行现场隐患举一反三整改管理模式　持续提升屡查屡犯问题整改效果
………………………………………………………煤层气公司　107
推行网格化隐患排查　打造标准化输油站队
………………长庆油田公司第二输油处庆咸集输作业区庆咸首站　112
坚持"三有"　防范"三拍"　提升隐患管理控制力
………………………新疆油田公司准东采油厂彩南作业区集中处理站　116
精准实施"9+N"隐患排查机制　提升装置本质安全水平
………………………………………吉林石化公司电石厂乙二醇车间　121
实施风险隐患数字化管控　推动双重预防机制高效运行
………………………………………………独山子石化公司炼油一部　125

能力建设和责任落实（23篇）

构建"1234"机制　推进实操化培训
………………塔里木油田公司东河采油气管理区东一联合站　131
"一评三测"模式　促岗位能力提升
………………………………浙江油田公司西南采气厂筠连作业区　134
塑造五型员工　构建"55533"安全素质模型
………………………………………………………中油测井公司　136
实施"4+"培训法做到"4维强化"　推动员工标准化意识和岗位操作能力双提升
………………………………………………华北石化公司二联合运行部　139
实施"231"培训法　多向发力强"双基"
………………………………………长庆石化公司运行二部运行三班　142

实行"3+N"培训模式　拓宽岗位培训新思路
　　………………………………………兰州石化公司炼油运行二部　145
丰富岗位培训形式　助力员工成长成材
　　………………………吉林石化公司丙烯腈厂第二丙烯腈联合车间　147
推行"三叠加"培训法　不断提升岗位员工技能水平
　　……………………………大庆炼化公司炼油生产二部催化作业区　149
探索培训矩阵应用　提升岗位培训实效
　　……………………………………四川销售公司泸州分公司川大加油站　152
坚持每日"在线二十分钟"　构建全员远程培训长效机制
　　………………………川庆钻探工程公司长庆钻井总公司第五工程项目部　155
推行"1+3+1"碎片化学习模式　着力提升基层员工安全能力意识
　　……………………………………………甘肃销售公司嘉峪关分公司　157
循序渐进开展即时安全教育　促进个人HSE意识及技能水平提升
　　…………………………………兰州石化公司质检计量中心化工质检二室　159
"三步法"发挥"雁阵效应"　提升安全自主化管理水平
　　…………………………………辽河油田公司欢喜岭采油厂热注25#站　161
开辟"1314"自主管理新路径　持续提升QHSE管理水平
　　………………………………吐哈油田公司销售事业部油品储运中心　163
抓实履职"1+2"工作法　努力创建HSE标准化示范站队
　　………………………………………冀东油田公司供电公司变电运行工区　166
深化"3+5+3"管理模式　提升自主安全管理水平
　　………………………辽河油田公司高升采油厂采油作业三区高二转采油站　168
落实QHSE网格管理责任　促进基层站队管理水平提升
　　………………………………………长庆油田公司第四采气厂作业二区　172
突出五强化五抓　促进安全管理受控
　　………………中油测井公司青海分公司录井（随钻）项目部L11094作业队　178
推行"三管一监督"工作模式　压实特殊作业属地安全管理责任
　　……………………………………………………长庆石化公司运行一部　180
探索"党建＋生产"新模式　推动三基工作深度融合
　　…………………………………………乌鲁木齐石化公司炼油厂炼油一车间　184
推行"四化"机制　提升自主安全管理水平
　　…………………………………辽河油田公司锦州采油厂采油作业一区4号站　186
不安全行为记分　提升自主管理水平
　　…………………………………………锦州石化公司化工二联合车间　190
基于全员管理的金字塔型安全生产记分体系应用
　　……………………………………………………………河南销售公司　193

设备设施和承包商管理（13篇）

打造"三早"现场　严控泄漏失效　全力推进本质安全型工厂建设
……………………………………华北油田公司华港燃气山西 LNG 工厂　199
开展 HSE 标准化"四化"建设　提升装置现场安全管理水平
………………………………………………………四川石化公司生产六部　202
强化"四统一"　提升设备安全管理水平
………………………渤海钻探工程公司巴彦石油工程分公司 BHZ80002 钻井队　205
完善单位标准体系建设　助推生产装置本质安全
…………………………………………………华北石化公司三联合运行部　207
推行"一建三改两考"举措　实现固井施工现场标准化
………………………………………………渤海钻探工程公司第二固井分公司　210
提升起重设备完整性　构建吊装 HSE 标准化建设示范队
………………………………工程建设公司七建公司机械设备工程分公司吊车队　212
浮盘改造安全监管"345"工作法
………………………………………江苏销售公司盐城分公司盐城油库　216
建立设备设施档案"双套制"　档案管理工作显成效
……………………………………内蒙古销售公司呼和浩特分公司八拜油库　218
创新"目视化"管理　让标准化现场提档升级
………………………………………抚顺石化公司石油二厂蒸馏一车间　220
实行"4743"工作法　加强承包商安全管理
………………………………长庆油田公司第三输油处宁夏石油商业储备库　223
推行"1+4+N"管理模式　提升承包商安全管理水平
………………………………长庆油田公司第三采气厂苏里格第一天然气处理厂　227
加速技工本土化进程　实现降本增效新突破
………………………………工程建设公司西非公司乍得中石油区域项目部　231
推行百万安全工时奖励制度　提升基层站队安全管理绩效
………………………………………………………寰球工程公司吉林化建公司　234

安全操作和应急处置（24篇）

细化过程控制流程　提升本质安全水平
………………………………西南油气田公司川中油气矿磨溪开发项目部　239
标准化巡检助推岗位责任落实
………………………………………浙江油田公司西南采气厂黄金坝作业区　242

打好岗位巡检三副牌　确保现场施工安全受控

………… 渤海钻探工程公司井下作业分公司钻修工程作业部 D12558 队　246

以巡检路线图为载体　实现"五位一体"巡检标准化

………………………………… 大连石化公司第四联合车间　248

践行"五步巡检法"　落实岗位安全责任

………………… 大庆油田公司第八采油厂第四作业区永一集输班　250

首创"干群同向四环四控"岗检法　提升本质安全管理水平

……………… 大庆油田公司第一采油厂第四作业区中七联合站集输班　252

推行"1234567"巡检法　消除现场安全隐患

………… 渤海钻探工程公司井下作业分公司试油工程作业部 S06553 队　254

标准化放射源作业岗位巡检　确保放射源全过程安全受控

………………… 工程建设公司七建公司检测分公司揭阳检测队　257

操作标准化"三步走"　助推基层 QHSE 标准化建设落地见效

………………… 长庆油田公司机械制造总厂注水设备制造分厂　261

"不操作、少操作、标准化操作"　减控操作风险　确保安全生产

………………… 塔里木油田公司哈得采油气管理区哈得一联合站　265

以标准化操作为抓手　打造"零失误"联合站

………………… 辽河油田公司沈阳采油厂集输大队沈一联合站　268

运用"四种工具"打造员工操作标准化

………………… 吉林油田公司松原采气厂长岭采气作业区　270

推行"四个标准化"　促进吊装作业规范管理

………………… 济柴动力公司成都压缩机分公司铸造分厂　273

规范行为　养成习惯　推进操作标准化建设

………………… 吉林石化公司炼油厂催化裂化三车间　279

"防坠器＋安全带"组合使用方式　提升铁路栈桥收油作业安全

………………… 吉林销售公司白城分公司白城油库　284

推行"手指口述"操作模式　提升装置安全生产管控水平

………………………………… 大连石化公司第二联合车间　287

"三精三防"强化标准化现场　实现被动应急转为主动防控

………………… 塔里木油田公司博大采油气管理区博孜油气运维中心　290

充分发挥数字化优势　构建"油公司"模式下应急处置机制

………………… 西南油气田公司川中北部采气管理处　292

推行"一三五"应急管理机制　同撑应急保护伞　共筑事故防火墙

………………… 哈尔滨石化公司第三联合车间重整加氢装置　295

建立"三联"应急机制　提升油站应急能力

………………………………… 河南销售公司许昌分公司　298

强化应急管理　筑牢安全屏障
………………………… 四川销售公司攀枝花分公司炳三区加油站　301
强化"黄金一分钟"应急管理　提升岗位应急处置能力
……………………………………… 独山子石化公司热电厂燃料化学部　303
大处着眼细处着手　夯基固本抓演练
………………………………………………………………… 西北销售公司　306
强化应急能力建设　打造海上应急守护神
………………………… 海洋工程公司船舶服务事业部中油海281船　309

环境保护和健康管理（15篇）

科技赋能　减污降碳　助力油田绿色发展
………………………… 大庆油田公司天然气分公司红压浅冷操作班　313
加快推进能源替代　助力绿色低碳发展
…………………………………………………………… 川庆钻探工程公司　315
突出下好四步棋　争当环保先行者
………………………… 西部钻探工程公司井下作业公司 YS43294 压裂队　318
推行精细化管理模式　提升加油站环保管理水平
………………………………… 四川销售公司自贡分公司仁和加油站　320
以"四改进+四强化"为抓手　打造清洁环保标准化现场
………………………………………………………………… 安徽销售公司　322
以"四个全面"为抓手　打造环保型标准化站队
…………………………………………………… 管道局一公司 CPP108 机组　324
严守环保管理之责　筑牢松花江环保最后一道防线
………………………………… 吉林油田公司新民采油厂第一采油作业区　329
实施"降、清、减"综合防控措施　全力保护海洋生物与海洋生态环境
………………………………… 东方物探公司海洋物探处海洋作业船队　332
深化健康企业创建　提升员工健康素养
………………………… 西南油气田公司川西北气矿剑阁天然气净化厂　335
精心打造"数智化健康之家"　创新实施"健康五个一"管理服务新模式
………………………… 大庆油田公司技术监督中心健康管理服务中心　337
推行"4P"健康管理模式　落实基层干部健康管理包保制
………………………………… 大庆油田公司第三采油厂工艺研究所　339
以健康企业创建为契机　打造健康幸福加油站
………………………… 安徽销售公司宣城分公司旌德高铁站加油站　341

抓实健康管理"五环节" 持续改善员工健康状况
………………………………东方物探公司华北物探处2311地震队 344

推行"三结合一辐射"管理模式 赋能健康企业创建
………………………………………………………海洋工程公司 348

线上实时监测 线下跟踪问诊 提升一线人员健康服务水平
………………………………………………………中油测井公司 350

信息化、数智化建设（11篇）

创新"三化"管理 助推车队HSE标准化建设
………………大庆油田公司通勤服务公司东风分公司十二车队 357

基于智能化模式的基层站队QHSE标准化建设
………………………………………………………长庆油田公司 359

深化信息化建设 助推基层站队标准化建设上台阶
………………………………西南油气田公司输气管理处成都输气作业区 364

推进数智化赋能改造 激发安全生产新动力
………………………………大港油田公司天然气公司天然气处理站 366

发挥数智优势 打造站队示范
………………………………西南油气田公司川东北气矿自控信息中心 368

声光智能同步预警 提升油库本质安全
………………………………西北销售公司川渝分公司彭州油库 371

AI智能化数字平台应用 大幅提升加油站安全管理水平
………………………………北京销售公司第四分公司金港加油站 374

智能辨识违章隐患 实现实时预警提示
………………………………川庆钻探工程公司长庆钻井总公司 377

建立运行安全环保监管能力与监管对象 精准匹配模型
………………川庆钻探工程公司安全环保质量监督检测研究院安全监督站 379

利用流程模拟软件优化生产 推动装置高质量发展
………………………………………锦西石化公司炼油联合三部 382

运用司钻领航仪 助力安全高效钻井
………………………………川庆钻探工程公司钻采工程技术研究院 384

基层标准化建设组织管理

（17篇）

"五字"举措抓组织　固本强基促提升

大庆油田公司

大庆油田开发建设 60 多年来，累计生产原油 25×10^8 t、天然气 1500 多亿立方米，是我国重要的石油生产基地，业务范围涵盖勘探开发、新能源、工程技术、工程建设、装备制造、油田化工、生产保障、多种经营、职业教育培训等专业领域。自 2015 年开展基层 HSE 标准化建设以来，累计培育中国石油天然气集团有限公司（以下简称集团公司）"HSE 标准化先进单位" 43 个，"HSE 标准化示范单位" 1 个，"基层 HSE 标准化标杆单位" 85 个，基层主要生产单位达标率 100%。高度重视并切实加强基层基础建设始终是大庆油田公司鲜明的特色，以大抓基层为导向，继承发扬三基工作优良传统，坚持示范引领，固本强基、苦练内功，基层 HSE 标准化建设持续提档升级。

一、组织管理突出一个"实"字

建立大庆油田公司、二级单位、作业区、站队四级包保帮扶体系，深入落实"三管三必须"要求，将直线部门人员纳入帮扶体系，每年定期下沉基层开展调研及帮扶活动三千余次，结合审核定级验收创建成效，组织开展交流观摩活动百余次近五千人次参与，做到学有标准、干有榜样，全员知晓、全方位推动、全覆盖落实。

二、系统融合突出一个"效"字

以基层"两册"为基础，与现有基层三标建设、五型班组、6S 管理、安全标准化达标等管理方式方法有机融合，梳理整合基层各项管理和操作要求，优化简化 QHSE 基础资料，形成基层 HSE 标准化建设"两册""两单""两卡""两表""两矩阵""两图"的"6²"运行模式，切实达到减负增效的目的。

三、培训宣传突出一个"早"字

第一时间建立培训师资库，常年聘请集团公司专家进行标准化站队授课，坚持从管理层到操作层逐级延伸的培训模式，将基层班站长标准化建设培训班当作一项规定动作，定期开展操作层岗位练兵、业务比武等不同形式的操作比赛，形成"比、学、赶、超"的浓厚氛围，自上而下夯实标准化站队建设的硬实力。

四、评审验收突出一个"专"字

制定基层 HSE 标准化建设指导标准和验收标准，每年结合实际情况进行更新完善，建立基层单位自评、二级单位审核定级、专业委员会达标审查、大庆油田公司标杆评审的分级验收机制。突出强化过程质量管控，引导基层单位把功夫用在平时，强化工作绩效量化评定，真正培养出"叫得硬、实力强"的标准化标杆队伍。

五、激励考核突出一个"惠"字

强化正向激励，实施"重奖励、硬兑现、专款专用"的政策，每年将 HSE 标准化站队评比结果分别纳入大庆油田公司、二级单位、作业区级安全专项奖励范围，对示范和标杆基层单位给予奖励，并通过奖励公示等方式监督全员奖励发放情况，让岗位员工真正得到实惠，形成"上标准岗、干标准活、拿荣誉钱"的良好氛围。

基层 HSE 标准化建设全面实施以来，岗位员工 HSE 风险防控意识明显增强，基层现场风险防控能力显著提高，基层安全环保工作基础进一步夯实，并逐步向"自觉、主动、规范、完好"的自主化管理迈进，为大庆油田公司"当好标杆旗帜、创建百年油田"提供了强有力的基础保障。

狠抓QHSE管理与业务深度融合 切实提升基层站队标准化建设质量

西南油气田公司

西南油气田公司（以下简称公司）始终坚持"业务主导、专业支持"原则，狠抓QHSE管理与业务工作深度融合，切实推动基层站队向"管理、操作、现场"三个标准化转型，实现基层生产、安全一套标准管理，促进公司基层站队QHSE标准化建设质量持续提升。

一、领导重视、分级联动，强化组织保障

解决基层QHSE管理与生产管理不能充分融合，打通QHSE管理现场落地"最后一公里"，是基层站队标准化建设取得实效的关键。公司制订下发标准化建设质量提升方案，主要领导任标准化建设领导小组组长，亲自安排部署标准化建设质量提升工作；成立开发、集输、净化、燃气等12个专业工作组，分管领导任组长，定期督导检查标准化建设工作。各二级单位也建立QHSE部门统一策划、业务部门主导实施、相关专业支持配合的标准化质量提升模式。标准化建设的要求通过业务部门，逐级传递到基层站队，让基层听到的是"一个声音"，为有效推进标准化建设质量提升，提供了强有力的组织保障。

二、顶层设计、业务主导，加快提升进程

提升工作首要解决是规范统一各专业标准化建设文本模板。通过对各类基层单位管理状况的调研，明确工作思路：以"三册一图"为载体，以风险管控为核心，融合三基工作、五型班组创建、工作质量标准等管理要求，固化工作程序和要求，形成各专业统一建设模板、基层班组唯一管理标准。

1. "123模式"顶层规范手册模板

通过工作组和基层的反复对接，不断修订完善，最终形成"一个纲领、两张清单、三个突出"的标准化手册建立模式：一是基层单位、班组管理手册以上级制度为纲，逐

级转化和精细解读，将管理要求落到部门、班组和岗位，理清基层单位与一线班组、不同岗位间的管理职责界面。二是建立起"岗位安全生产责任清单"和"场站风险隐患清单"两张清单，让员工清楚岗位工作职责和风险管控内容。三是管理手册突出"管理程序流程化"，明晰各节点管控内容、频率，增强可读性；操作手册突出"关键操作图解化"，提示关键操作要求，落实控制措施；现场图册突出"重大风险和隐患现场可视化"，显性化风险。简洁明确及统一的模板编制要求，为加快手册修订进程提供了有力保障。

2. 业务主导，加快建设进程

各专业工作组深入基层单位驻点指导，组织一线员工参与手册的修订和讨论，2021年以来共修订 65 项工作流程、356 个建设标准、68 套建设标准模板，各专业建立起贴合实际、成熟可复制的建设标准体系。各单位强化对标对表整改，近两年基层共整改各类标准化问题 2895 项。公司严格基层站队达标验收复核评价，2021—2023 年已按计划完成 128 个基层站队复核评价，通过考评加快了标准化建设进程。

3. 培育"示范站队"，标杆引领建设质量提升

公司坚持"优中选优、以点带面"原则，以 3 年为周期设定公司级示范站队评选指标，循环开展公司级示范站队培育评选和集团公司级示范站队评审推荐。各单位选择建设标准完善、现场运行有效、人员技术水平高、工作做法典型可借鉴的基层站队开展示范站队培育。公司每年组织示范站队评选，近 3 年共培育公司级示范站队 22 家，集团公司级示范站队 1 家，有效助推标准化建设从达标数量向达标质量转变。

三、信息助力、协同推进，提升建设水平

公司统筹考虑，把标准化管理手册、操作手册的要求通过信息化手段实现，努力做到"复杂的事情简单化，简单的事情标准化，标准的事情信息化"，持续强化现场巡检和操作行为的受控管理，提升现场风险管控能力。

1. 巡检维护内容标签化，力促现场受控

根据站场实际情况确定巡检维护区域、设备的关键点，编制图文并茂的巡检和维护保养要求，每个巡检区域设置一个"RFID 标签"巡检点，员工通过利用手持终端扫描"RFID 标签"，对巡检点的关键参数等进行确认，使日常巡检实现标准化管理。

2. 作业审批监督信息化，力促操作受控

操作员工以工作清单为依据，现场通过手持终端，对作业许可申办、关键操作、检维修作业和施工作业的安全技术交底、开工条件确认、属地现场监督安全措施落实情况进行步步确认，基层通过统一标准的数字化系统可以同步进行抽查，实现对常规操作和

风险作业全过程的有效管控。

四、绩效考核、相互促进，确保建设质量

基层站队标准化建设为 QHSE 绩效考核提供了明确的工作标准，通过 QHSE 绩效考核，调动员工抓 QHSE 标准化建设的积极性和主动性，促进 QHSE 标准化工作落到实处。

1. 标准化成果为 QHSE 绩效考核提供依据，提升考核针对性

班组标准化手册中的工作清单，明确了员工日、周、月的具体工作内容和工作质量要求，使员工清楚"干什么、怎么干、干到什么程度"。以工作清单为依据，赋予相应考核权重，形成 QHSE 绩效考核清单，对员工日常工作考评更具针对性和操作性。

2. 绩效考核内容与标准化紧密结合，促使标准化建设不断完善

以标准化建设内容为考核依据，一方面促进员工主动学习掌握岗位工作需的知识和技能，提升员工素质。同时，考核中的扣分项促进员工主动遵守标准化建设要求，加分项激励员工不断提高工作质量。另一方面，QHSE 绩效考核实施责任连带，一线班组出现的严重、重复及造成负面影响的问题，追溯到基层单位管理技术岗位，促进基层管理不断优化完善。

"三双"机制拉动标准化建设"引擎"

大港油田公司

大港油田公司勘探开发建设始于1964年1月，探区地跨津、冀、鲁25个市、区、县，业务主要涉及油气勘探开发、新能源开发利用、储气库及管道运营、井下作业、物资供销、生产电力等。现有机关部门（直属单位）21个、所属单位34个、员工1.9万人。近年来，大港油田公司立足基层站队这一安全管理的"前沿阵地"，积极构建以员工培训为基础、风险防控为核心、考核激励为保障的"三双"机制，推动基层站队标准化、自主式管理，夯实了公司安全发展根基。

一、深化双线培训机制，推动全面提素

坚持"线上+线下"培训两手抓、两手硬，提升全员安全生产能力，从源头遏制违章行为。

1. 线下培训实操化

建成集"理论、体验、实操、考核"于一体的安全实训基地，设置受限空间、吊装作业等体验项目26项。启动全员安全实训三年行动计划，依据工种、岗位优化培训矩阵，提升实操培训的针对性和实效性。今年以来，累计培训采油工、集输工等4个工种1500余人次，切实补齐了员工安全技能短板。

2. 线上教育常态化

本着"贴近基层、贴近现场、贴近职工"的原则，依托中油E学、铁人先锋、港油灵通等网络或新媒体平台，常态开展理念教育、经验分享和知识答题，开发"十条保命法则""电力安全三字经"等动漫视频15个、操作岗位风险防控视频课件65个，实现技能"掌上学"、安全"随身行"，进一步厚植了全员安全理念意识。

二、深化双重预防机制，推动全员参与

坚持"四全"原则和"四查"要求，组织全员参与风险分级防控和隐患排查治理，超前防范化解各类风险隐患。

1.风险辨识清单化

落实四级（岗位级、班组级、基层单位级、所属单位级）"识风险、写风险、控风险"责任，逐级编制岗位风险清单，组织岗位风险讲述1.2万人次。设置"一图（风险告知四色四区图）、二表（岗位巡检和安全检查表）、三单（责任、辨识和防控清单）、四卡（安全承诺卡、标准操作卡、应急处置卡、风险告知卡）"，实现风险目视化管理。

2.隐患排查常态化

发挥群防群治力量，开展全员安全生产"两个一"活动（排查一项隐患、纠正一次违章），年均排患纠违一万余项次，形成人人争做"安全吹哨人"的浓厚氛围。员工角色实现从被检查人到检查人的转变，投身安全管理的主动性逐步增强。此项工作先后在天津市滨海电视台、新华网进行报道。

三、深化双向激励机制，推动全程考评

坚持严管厚爱、奖惩并举，激发全员参与标准化建设的主观能动性。

1.考核验收从严化

所属单位、大港油田公司分别以月度、半年为周期，依据"QHSE示范站队验收考核细则"，对基层站队HSE标准化建设实施分级考核，典型问题在大港油田公司安全生产月度例会上进行通报，并责成相关单位进行追责。2023年以来，已累计记分1105人1536分，警示约谈120人次。

2.表彰激励精准化

开展基层站队"争旗"活动，依据QHSE示范站队考核结果，分别于每月、每半年评选出所属单位级和公司级"流动红旗"站队，并分级给予一次性奖励。今年以来，累计评选公司级"流动红旗"站队10个，发放奖励30万元，达到了"奖励一个、带动一批、影响一片"的目的。

大港油田公司实施"三双"机制以来，员工逐步实现从"被动约束"向"自主管理"的转变，违章行为有效遏制，安全氛围日益浓厚，牢牢守住了油田公司安全生产的红线底线。

"五标一化"高效推进基层站队标准化建设

浙江油田公司

浙江油田公司（以下简称公司）涵盖原油、天然气勘探、开发、生产、储运和销售等业务，具有点多、线长、面广、管理难度大等安全生产特点，尤其是基层单位制度标准不统一、业务流程长、承包商管理薄弱，没有形成齐抓共管的责任体系。因此，从制度、流程、标准等管理的最基本要素抓起，构建一套符合"油公司"特点的科学管理模式至关重要。公司以紫金坝作业区为试点，按照"五标一化"（建立业务管理标准、推进分级巡检标准、完善岗位操作标准、实施特殊作业标准、建立设备完好标准和推进安全文化固化）方式推进基层站队标准化建设，打造可复制、规范高效的站队模式。

一、建立业务管理标准

根据管理制度化、制度流程化、流程表单化、表单信息化总体要求，对业务管理制度进行梳理，形成管理目录清单，绘制管理流程图，划分管理流程节点，明确过程管理关键环节，编制流程说明，使管理更加清晰化、明了化。公司共梳理任务流程2028项，编制管理流程图1500张。通过严格控制修订流程、广泛征集群众意见、业务对口宣贯培训、制订管理检查表单等方式，建立规范、合规、精益、实用的制度流程体系。

以页岩气开发、生产为主要内容，持续推进业务规范建设，推进业务标准化管理。一是建立标准目录清单，形成技术标准库，梳理专项标准文本267个；二是开展标准制修订，健全企业标准规范，主要包括页岩气生产井场巡检标准规范、地面工程标准化设计规范、远程监控建设标准、数据库服务器选型规范等，目前已申请立项13项；三是摘选标准重点条款，形成专项检查表单，指导业务自助检查和学习，持续提升现场检查质量，目前已编制完成11类70项检查表。

二、推进分级巡检标准

按照页岩气场站设备设施、仪器仪表、工艺参数巡检要求，分类制定巡检岗位专项检查表，设定检查标准，明确日、周、月巡检频次和要求，并建立了岗位日检、班组周检、区级月检的检查机制，不断压实各级巡检职责，持续提升巡检质量，共编制日、周、月巡回检查表单15类，形成了"两图一本"的管理模式，即：标准化操作图册、标准化巡检图册和巡检记录本。

三、完善岗位操作标准

组织全员开展工作循环检查（JCC）活动，对操作规程进行评估和分析，汲取事故教训和工作经验，进一步完善风险管控措施、规范操作动作、明确操作标准，并组织拍摄标准化操作视频，分解各操作环节，规范员工的操作步骤和标准动作，形成了岗位标准化操作图册和标准化操作视频，作为岗位学习及操作样板，持续提高岗位标准化操作习惯。同时，突出关键操作风险管控，制订岗位关键操作卡，落实"一人操作，一人监护"的管理要求，确保岗位操作安全。

四、实施特殊作业标准

针对装置检修、特殊作业等，编制检维修规程、方案及验收标准，细化作业核心步骤，分步识别关键风险，制订风险防控措施，制订能量隔离方案和图示，并形成了属地单位、业务部门、安全部门"三确认"要求，确保施工环节能量隔离措施全面落实；规范作业过程标准化管理，形成10个项目的作业过程管控标准化图示手册，使非常规作业规范化、标准化实施，确保非常规作业安全高效开展。

五、建立设备完好标准

以公司标准规范、制度及各类检查要求为参考，梳理页岩气生产作业过程中设备设施检查标准，分类明确动、静态设备检查要求，配以图文说明，编制完成设备设施完好标准图册，保障巡检、检查精准。

六、推进安全文化固化

以"让执行标准成为习惯"为安全文化核心理念，推进"三知、四查、五主动"（三知：知责任、知风险、知规程，四查：查环境、查程序、查工具、查人员，五主动：主动学习安全技能、主动识别作业风险、主动报告事故隐患、主动隔离施工危险、主动纠察三违现象）"五个必须"（操作阀门必须侧身站立、上平台必须挂安全锁链、接触电气设备必须先验电、关键操作必须双确认、变更安全防护必须审批）及"安全宣誓"等活动，规范和提升岗位员工认知和担当，增强安全生产责任感，营造浓厚的安全文化氛围。

通过推进"五标一化"基层站队标准化建设，实现了"制度建设明细化，现场管理标准化、安全管控目视化、文化建设人本化、党的建设融合化"的"五化"目标，打造了一支"精益求精、执行有力、团结向上、锐意进取"的高效团队，走出了一条让经验变制度，让标准变标杆的高质量发展新路子。

狠抓"三标一规范"建设
不断提升基层HSE管理水平

西部钻探工程公司

西部钻探工程公司（以下简称西部钻探）于2007年12月25日，由原新疆石油管理局与原吐哈石油指挥部的钻井、测井、录井及钻井研究单位整合组建而成。为集团公司的直属专业化石油工程技术服务公司。西部钻探在总结提炼近几年基层站队HSE标准化示范队建设的基础上，扎实推进"三标一规范"建设工作，取得了一定的效果。

一、大力推行"一二三四"管理模式，狠抓基层标准化管理

1. "一"——推行一体化管理

积极构建由钻井队负属地监管责任，录井、定向、钻井液等专业化服务队伍负主体管理责任的QHSE一体化管理格局，做到了特种作业人员、安全设备设施、风险防控方案、应急处置资源"四共享"，实现了现场QHSE活动统一管理、现场HSE标准化统一建设、单井安全提速创效工程统一推进、全过程HSE监督统一监管的"四统一"管理。

2. "二"——推行两项工作落实

采用工作循环分析工具方法，及时对QHSE体系文件、制度标准、操作规程、应急预案等梳理完善，大力推行文件记录的定岗、定标、分类管理。采取"线上理论、现场训练＋考核"等模式，严格"理论＋实操"双考核双达标，确保基层现场培训质效双提升。

3. "三"——推行三层级责任落实

通过扎实开展联单位、联区域、联风险、安全监督检查、季度考核、风险分级防控清单、安全生产责任清单监督落实等方式，促进领导层、管理层和操作层等三个层级QHSE责任落实。

4. "四"——推行"四环节"管控

严格按照集团公司"四全""四查"管理和"四环节"管理要求，两级机关部门深入基层一线，督导基层"四环节"规定的12项具体工作落实，实现作业风险科学、有效管控。

二、全面实施"两册一单一牌"，强化标准化现场建设

1. 实施"两个手册"

西部钻探公司全力推进"目视化管理手册""设备安装指导手册"培训学习和应用，从设备安装标准、注意事项等方面规定了作业现场管理标准化。

2. 实施 HSE 管理清单

及时对基层站队文件配备、基本作业程序、作业许可、上锁挂签，以及基本记录清单等进行梳理、规范，明确管理责任，实现基层站队作业现场规范化、标准化管理。

3. 实施属地管理责任牌

将基层现场区域落实到基层岗位员工，做到所属的每一片区域、每一个设备（设施）等在任何时间均有人负责管理，有效落实属地管理责任。

三、不断细化"三规二查"管理，狠抓基层标准化操作

1. 不断细化"三规程"

持续整合、完善设备操作规程、技术规程和安全作业规程等三个规程，进一步优化了标准化作业程序。

2. 不断细化"二查"管理

进一步明确关键作业 HSE 监督要点，强化 HSE 监督对岗位员工标准化操作的旁站督查和不间断巡查力度，及时纠正和制止各类不安全和不规范操作，提升基层现场标准化操作水平。

四、建立运行"二七"模式，规范作业风险管控

1. 严格违章和隐患管理

通过推行"安全生产违章行为管理办法""常见违章行为风险分级标准"和"事故隐患风险分级标准"，有效纠正违章和整治隐患，建立查患纠违长效机制，斩断事故链，实现事故预防的治标管理。

2. 强化七种风险控制工具应用

通过推行工作安全分析、作业许可、安全观察沟通、变更管理、作业前安全会、个人安全行动计划、安全经验分享七种工具，有效辨识风险和防控风险，建立风险辨识管控长效机制。

通过探索实施一系列基层站队HSE标准化建设举措，达到了"抓基层、强管理"的目的，逐步构建形成了西部钻探公司机关、二级单位和基层站队三位一体的管理模式，管理效能显著提高，员工素质明显提升，基层现场管理基础不断夯实，生产作业风险有效管控，为西部钻探公司高质量、可持续发展奠定了坚实基础。

安全生产标准化与HSE体系融合提升标准化管理水平

山西销售公司

山西销售公司下设9个机关部室、2个直属机构、11家地市公司、9家参控股公司,在用油库6座,运营加油站超380座,员工总数近2600余人。山西销售公司主要负责山西地区的车用成品油、LNG的批发、零售,加油站、LNG、充换电站开发建设,以及润滑油、日用品、化工农资等非油商品的销售业务。

安全生产标准化与中国石油HSE体系(即HSE站队标准化、HSE体系审核标准,以下简称HSE体系)评审标准交叉重合,在基层库站精简人员的大背景下,落实执行上存在一定困难,员工疲于应对,不利于夯实HSE工作基础。为减轻基层负担,切实把两套体系要求落到实处,山西销售分公司以安全生产标准化要素为架构,融入中国石油HSE体系的特色要求,形成一套新的HSE标准化体系。具体情况如下:

一、建设思路

成立课题研究小组,以安全生产标准化为基准,将HSE体系结合生产实际选择性融入,形成HSE标准化体系,并规范账表册模板。向所属各单位广泛征求意见,邀请应急部门标准化专家进行复审。复审完成后在基层站队进行试运行,组织企业级基层站队HSE标准化示范站队验收,验收通过后申报集团公司级示范站队验收,同步报应急部门申请安全标准化验收,按照应急部门、上级公司验收意见修订HSE标准化体系内容。正式发布HSE标准化体系,组织全省基层站队推广建设。

二、结构框架

融合后的加油站HSE标准化体系包括23项一级要素,即法律法规和标准、机构和职责、风险管理、管理制度、培训教育、生产设施及工艺安全、作业安全、职业健康、危险化学品管理、事故与应急、自评、山西省补充规定、HSE方针、目标指标和方案、协商与沟通、承包商与供应方、作业许可、污染防治、变更管理、消防安全、安全监督检查、事故事件、治安反恐。

融合后的油库HSE标准化体系包括31个一级要素，即企业选址及总平面布置、工艺安全、设备安全、仪表安全、电气安全、消防与应急、安全管理组织机构及责任制、安全信息管理、生产运行管理、作业许可管理、设备完好性管理、进料前安全检查管理、变更管理、承包商管理、事故事件管理、应急响应、自评及持续改进、本地区的要求、领导和承诺、HSE方针、合规性管理、目标指标和方案、能力培训和意识、制度和规程、协商与沟通、健康管理、污染防治、危化品管理、安全监督检查、管理评审、治安反恐。

三、标准内容

1. 加油站部分

下面就其中部分要素进行描述：
（1）法律、法规和标准要素部分：增加HSE体系中的合规性管理内容。
（2）培训教育要素部分：按照安全、健康、环保模块设置培训具体内容，以安全活动记录为载体减少基层工作量。
（3）生产设施及工艺安全要素部分：规范设备档案、维护保养及检查台账，增加设备设施标识标牌等现场管理具体要求。
（4）健康要素部分：建立健全基层单位完善的公共卫生安全应急体系，指导基层单位做好事前演练、事后处置，增加健康企业创建内容。
（5）事故与应急要素部分：增加应急管理制度、预案结构完整性、处置卡、培训和物资管理要求，及对事故事件举一反三的要求。
（6）持续改进要素部分：保留安全生产标准化自评要求，增加持续改进的内容。
（7）变更管理要素部分：贴近基层工作实际增加人员、工艺、设备变更的内容。
（8）消防安全要素部分：增加消防设备定期监测、维护保养、消防"三同时"内容。
（9）治安防恐要素部分：增加治安防恐内容。
（10）污染防治要素部分：增加污染防治要素的内容，同时融合生态环境部督察内容。

2. 油库部分

下面就其中部分要素进行描述：
（1）组织机构及责任制要素部分：整合重大危险源机构建立、人员持证上岗、入场前安全教育及双重预防机制的内容。
（2）应急响应要素部分：增加应急演练、应急预案、应急处置卡、应急物资、应急培训的内容。
（3）事故事件管理要素部分：增加环境事件管理及举一反三的内容。
（4）持续改进要素部分：保留安全生产标准化自评方案和自评报告的要求，增加班组安全活动。

（5）能力培训和意识要素部分：增加培训矩阵建立、培训资源的获取、培训效果的评估。

（6）生产运行要素部分：增加安全风险评估、化验管理、操作规程的内容。

（7）污染防治要素部分：增加污染防治要素的内容，同时融合生态环境部督察内容。

（8）治安防恐要素部分：增加治安防恐内容。

（9）健康要素部分：建立健全基层单位完善的公共卫生安全应急体系，指导基层单位做好事前演练、事后处置，增加健康企业创建内容。

（10）作业许可管理要素部分：增加作业许可管控、作业实施过程中风险防控措施落实、监护人员等管理要求。

（11）承包商管理要素部分：完善对承包商全流程管控的要求。

融合后的 HSE 标准化体系既能满足国家法制要求，又具有中国石油特色，减少基层站队负担，有效提高 HSE 管理水平，适应现在人员较少的基层管理形势，把关键业务、关键环节纳入标准中，切实做到资源投入到位，工作指导到位，达标建设到位，提升风险管控能力，实现"零伤害、零污染、零事故"的 HSE 战略目标。

紧扣"三标管理" 提升标准化管理能力

湖南销售公司

湖南销售公司（以下简称湖南销售）主要从事成品油、非油商品批发和零售业务，在营加油站超过640座，自营油库5座。近年来，通过管理、操作和现场三个层级，深入推进HSE标准化建设，体系运行绩效全面提升，连续多年安全平稳运行，多次荣获湖南省安全生产先进单位。

一、以QHSE管理体系审核促标准化管理

湖南销售形成每年分公司、公司和销售公司三级体系审核工作模式；同时依据近三年量化考核成绩对各分公司进行分类，在体系审核时根据类别不同进行差异化抽样。上半年，分公司根据所处的三类、二类和一类分别选取10%、20%和30%比例的加油站数量实行抽样专项审核，湖南销售开展全覆盖各分公司的专项验收审核，迎接湖南销售指导审核；下半年，分公司实行全覆盖量化审核，湖南销售开展量化验收审核，各分公司不少于2座加油站，迎接湖南销售量化审核。应用这一模式6年来，整改不符合项12万余个，通过持续改进有效提升体系运行绩效，实现"低老坏"问题有效解决，三基工作不断夯实，标准化管理全面提升。

二、以专项整治月活动促标准化操作

湖南销售结合法律法规要求、生产经营需要、季节气候特点等，针对关键风险，每月开展专项整治活动：1月防盗防抢，2月交通安全，3月计量，4月防雷防静电，5月防洪防汛，6月安全生产，7月防暑降温和防火防爆，8月环境保护，9月质量，10月施工安全，11月消防安全，12月防滑、防冻和防坍塌。活动将培训教育、专项检查和应急演练等工作作为重要内容，每月组织库站员工开展标准化操作培训，通过检查发现并督促问题整改以持续改进操作行为，针对性开展高风险事件演练以强化应急操作水平，员工在卸油、加油、付油、应急等操作方面标准化程度显著增强。活动开展12年来，成为了湖南销售安全管理的重要抓手，实现了整治一项、好转一项、保持一项的"三个一"目标，助力公司涌现出岳麓大道加油站"6·16"、金鑫加油站"12·13"等成功"处突"英雄团队。

三、以共性问题批量整改促标准化现场

湖南销售针对库站管理模式统一，发生隐患问题重复性大的现状，实施"杜绝项"管理，每年综合分析体系审核、检查稽查等数据，确定库站层面2项易重复发生的隐患问题为年度"杜绝项"，经公司HSE委员会会议审议通过后发布，组织整改销项。目前，已连续开展10年，针对库站三级安全教育、健康体检档案管理、安全帽超有效期使用、防雷防静电接地不规范等20个常见问题批量整改。实施"共性隐患销项承诺"，组织分公司每年结合本单位现状确定2项隐患问题为年度"共性隐患"，经分公司HSE委员会会议审议通过、主要负责人签发公开承诺，组织整改销项。该项工作已连续开展8年，针对库站油气回收集气罩破损、卸油甲醇检测操作不规范等224个问题批量整改，同时开创了领导干部个人安全行动计划的新做法。"杜绝项"和"共性隐患销项承诺"活动的开展，实现了"反复抓、抓反复"，对标准化现场打造起到积极推进作用。

通过紧扣"三标"要求，狠抓HSE标准化建设，湖南销售量化审核成绩由基础C1级升至良好B1级，涌现出长沙岳麓大道加油站"6·16"英雄"处突"团队、含浦加油站全国"安康杯"竞赛"优胜班组"等先进标准化基层站队，湖南销售整体管理水平向自主管理阶段持续稳步迈进。

立足标准化管理 促进执行力提升

四川销售公司

四川销售公司（以下简称公司）成立于1952年9月，主要负责成品油、润滑油、天然气等销售业务，氢能、电能、光伏发电等清洁能源开发利用，以及广告、化工产品、食品、烟酒、地方特产等非油销售业务。公司现有9个职能部门、3家专业公司、22家二级分公司，运营加油（气、氢）站2026座、油库21座。在基层站队HSE标准化建设过程中，公司从标准化管理着手，统一标准、规范管理，促进执行力提升，筑牢管理基础。

一、整合达标标准，统一管理要求

公司以国家安全生产标准化达标要素为基础，以HSE管理体系要求及相关记录为主，与四川省安全科学技术研究院联合开展安全生产标准化与HSE管理体系整合研究，对标要素分析，使其有机融合，形成一套标准，从而减轻基层库站负担，进一步凸显安全生产标准化管理的适用性。经过两次研讨，完成公司、油库、加油（气）站安全标准化达标标准，做到标准相融、程序简化、记录减少，既能满足国家标准又能满足HSE管理要求，并上报当地职能部门备案。同时在对标融合过程中，同步将标准化建设内容与公司HSE管理体系文件，油库、加油站管理规范逐项对照梳理，进一步完善体系文件及相关制度规范。在达标建设时，对通过国家标准化创建的库站，经内部检查、审核，未发现较重大问题，可申报基层站队达标创建验收。表1为安全生产标准化与公司HSE体系融合后的评审表（部分）。

二、探索"盒子"管理，规范基础档案

近年来，库站为满足外部执法需要，逐步积累大量庞杂无序、不成系统的资料文件，导致基层员工疲于应付；加之油站理解与执行不到位，存在较大执法风险。针对此问题，公司采取先试点、再推广的方式，开展HSE基础资料提升工作，形成1套HSE基础资料及其配套索引表，建立资料管理"盒子"。"盒子"管理方式是对库站HSE基础资料的重新设计，其特点是融合度高、便于查找、适用广泛。

表1　安全生产标准化与公司HSE体系融合后的评审表（部分）

A级要素	B级要素	标准化要求	加油站达标标准	中国石油四川销售公司加油（气）站评审标准	评审方法	评审标准	分数	得分
2 机构和职责（100）	2.1 方针目标（20）	1. 加油（气）站应坚持"安全第一，预防为主，综合治理"的国家安全生产方针，组织制定文件化的安全生产方针和目标	1. 主要负责人组织制定符合本加油（气）站实际的、文件化的安全生产方针。2. 主要负责人组织制定符合加油（气）站实际的、文件化的年度安全生产目标。3. 目标或指标应至少包括以下内容：火灾爆炸事故率、泄漏事故率	1. 员工知晓企业的安全生产方针。2. 加油站经理组织制定符合加油（气）站实际的、文件化的年度安全生产目标。3. 目标或指标应至少包括以下内容：安全生产事故、环境污染事故和员工职业健康控制指标及相应的考核措施	查文件：1.HSE管理手册。2. 年度安全环保质量计量责任书或业绩合同	1. 安全生产目标不满足标准要求，一项不符合扣1分。2. 未制定安全生产方针或年度安全生产目标，扣20分（B级要素否决项）	10	
		2. 加油（气）站应与员工签订安全目标责任书，确定量化的年度安全工作目标，并予以考核	1. 签订安全目标责任书。2. 加油站目标责任书至少签订到以下岗位：站长、班长、计量岗位、加油岗位、维修岗位等。3. 加气站目标责任书至少签订到以下岗位：站长、班长、压缩机岗位、加气岗位、维修岗位。4. 定期考核目标完成情况	加油（气）站应与员工签订安全环保质量计量责任书，确定量化的年度安全工作目标，并予以考核	1. 询问员工。2. 查安全环保质量计量责任书。3. 查二级公司绩效考核资料	1. 每缺一个安全环保质量计量责任书扣2分。2. 未定期考核，扣4分。3. 未签订安全环保质量计量责任书	10	

（1）全面融合。将内部量化审核、基层站队标准化与外部安全生产标准化、各级政府执法要求再次对标，将记录、资料深度融合，以管理要素为纲，规范实施证据及实现途径，分类形成册子、档案，按"盒子"管理方式归档，确保标准统一、结构清晰。

（2）编码管理。采用"纸质＋电子"档案索引表，通过"代码＋超链"实现资料准确定位、快速查找。各类档案逐条明确更新频次和管理方式，将庞杂的日常工作从时间节点、实施证据两个维度进行细化，便于油站定期"自检"完成情况。表2为加油站基础资料发布索引表（部分）。

表2 加油站基础资料发布索引表（部分）

要素	内容	要素理解说明	证据编码	证据名称	频次	建档要求	存放置	填报方式	填报要求	备注
1.合规管理	识别和获取适用的安全生产法律法规、标准及政府其他有关要求的管理制度		1101	法律法规文本目录	适时	适时成册	盒一	指导打印	1.公司：年初更新下发法律法规文本目录 2.加油站：打印并每月进行识别、更新	2021年3月31日前更新完成法律法规文本目录并下发
			1102	法律规章文本库	适时	电子版	盒一	指导归档	1.法律法规数据库文本（电子版）保存在电子版资料库 2.随目录文本更新，更新文本库	2021年3月31日前更新完成法律法规文本目录并下发
	按要求开展合规性评价工作		1103	法律法规和其他要求合规性评价清单	半年	年中成册	盒一	指导打印	1.公司：下发符合性评价报告模板 2.加油站：按照模板年中开展符合性评价 3.存放地点：word资料盒	2021年6月30日前，开展法律法规合规性评价，并下发
			1104	法律法规符合性评价报告	半年	年中成册	盒一	指导打印		
			1105	法律法规不符合项整改记录	半年	年中成册	盒一	指导打印		
	用适当的方式、方法，将适用的安全生产法律、法规、标准及其他要求及时传达给相关人员		1106	培训记录及效果评价	月	适时成册	盒三	自主填报	存放地点：存放于盒三培训记录内，标明路径	
	按规定取得各类HSE许可和资质等证照；各类HSE证照在有效期内，且信息与实际情况一致	主要针对加油站合规经营手续及证照	1107	加油站证照管理清单	适时	适时成册	盒一	指导打印	1.公司：下发《加油站证照管理清单》 2.加油站：按要求存放原件，定时更新台账	2021年3月1日已更新

三、以点带面，提升管理水平

1. 破解"让不让用"的难题

采取先试点再全面推广的思路，各单位选择一个站点开展"盒子"管理试点，在试点过程时，多次与地方政府沟通标准、解读档案、争取理解，在迎接外部检查时，展示"盒子"管理成效，根据检查组的意见，进一步完善资料，通过外部检查认可后，在区域内推广。

2. 破解"用与不用"的问题

"盒子"管理一改传统做法，"用"与"用好"同样具有挑战。公司将"盒子"管理作为基础提升工程工作之一，通过专业性会议、培训等机会，由推进好的单位，轮流进行经验分享，反复宣贯、培训、指导，推动工作落地。

3. 破解"能不能用好"的问题

由职能部门挂点帮扶，一个片区一样板，以点带面传帮带。由片区安全管理人员轮流开展线上视频分享、普及基础知识、解答热点难题、分享经验做法，解决各站点"怎么用"的问题。同时，建立督导机制，公司将"盒子"管理纳入每月监督检查，到站必检项，并纳入各层级 QHSE 考核，推动基础管理资料规范，持续提升管理水平。

通过统一标准、推行"盒子"管理，大幅减少了基础档案文件数量、更新时间等，得到政府主管部门的高度认可，也大幅减少了基层工作量，基础资料管理日益规范，基础管理水平持续提升。

夯实基层HSE管理基础
建立标准化建设长效机制

南方勘探公司福山油田项目部马村中转油库

马村中转油库为南方勘探公司福山油田项目部下属基层单位，主要负责原油存储、计量、外输等工作，站内设有 10000m³ 储油罐 4 具，原油中转外输量为 $28\times10^4 m^3$/年。该场站以集团公司 HSE 标准化建设"百千示范工程"要求为指导，以强化风险管控为核心，以提升员工执行力为重点，以标准规范为依据，以激励考核为抓手，建立了标准化建设长效机制，整体上实现油库 HSE 管理科学规范，生产作业活动风险得到全面识别和有效控制。

一、分解指标，逐项推动标准化建设落实

在"零伤害、零污染、零事故"的长远 HSE 工作目标基础上，分解标准化建设目标，根据实际情况建立科学的季、月度工作目标和管理目标，根据场站风险评估的结果，针对制度规程、人员能力、工艺设备、隐患问题等现状，分阶段制定制度规程适用率、隐患问题整改率、员工培训合格率、工艺设备完好率等管理目标，通过目标逐项实现，导向标准化建设管理工作向前推进。

二、对标对表，细化完善建设实施标准

以集团公司标准化站队百千示范工程规范标准为基础，深入细化场站标准化建设管理手册及验收标准，发挥亚热带地区优势，创建具备海南特色的标准化场站。打造包括职业健康、安全、环保、工艺、设备在内的科学化管理体系，建立相应的管理档案，建立 HSE 标准清单六十余条，为业务学习、工作指导、规范操作提供依据，完善全过程管控标准化流程。

三、正向激励，激发员工标准化建设内生动力

编制安全学习手册、岗位操作禁令，按照"创新培训＋一对一指导＋监督执行"形式，执行"一人一卡、一旬一题、一月一考、一年一评比"的方法，采取"指导请进来、

评比走出去"的思路，开展形式多样的安全知识竞赛、消防比武等活动，以赛促学，营造"比、学、赶、帮、超"的学习氛围，设立安全生产、合理化建议、隐患排查等HSE专项奖，提高标准化建设效果，提升全员的安全意识及能力，坚守安全红线，杜绝违章发生。

四、主动预防，提升设备本质安全管理水平

划定工艺设备管理责任片区，逐级分解至班组及岗位，按照集团公司安全目视化导则、设备设施完整性管理等规范，克服海南高温高盐易造成设备蚀腐的特殊困难，开展设备设施三包四定（包设备、包安全、包卫生；定片区、定责任人、定监督人、定措施）、全生命周期管理。每台设备责任到人，制定区域设备维护保养标准，设备整洁无锈常态化，做到"沟见底、轴见光、设备见本色"，同时加密频次对设备设施开展预防性检查维护，减少设备故障率，提高运行本质安全水平。

五、加强管控，深化双重预防机制体系建设

深入开展双重预防机制建设，落实管理人员、班组长、岗位员工三级管理考核。安全生产关口前移，全员参与风险辨识，制订风险防控方案，三级管理明确责任人、巡检人、监督人及其职责，一级对一级负责，制定区域安全三级管理标准，建立三级管理检查表、由表及里，重奖重罚，提升现场巡检标准和质量，各类检查问题数量下降50%，实现控制问题增量，减少问题存量的工作目标。举一反三，对检查发现问题进行分析总结，完善隐患问题整改及时、管理追溯根源清晰、标准规范执行到位的问题闭环管理制度，避免重复问题、低老坏问题反复出现，确保安全风险受控。

马村中转油库标准化建设成效显著，基本实现了"操作技能标准化、安全生产标准化、现场管理标准化"的目标，设备设施稳定运行2400h以上，连续7年无安全生产事故事件，多次被集团公司、油气与新能源分公司评为安全环保先进基层单位。

全面落实标准化建设　有效提升HSE管理水平

安第斯公司

安第斯公司（以下简称公司）现有员工585人，年产量约200×10^4t，运营着14/17和Tarapoa 3个生产区块；共有37个基层生产站队，其中包括24个油田站队和13个重点场站站队。2020年以来，安第斯公司严格按照"三标"要求，选择10个基层站队作为先锋队，开展基层站队HSE标准化建设，培育成熟经验，随后在全部基层站队中全面推广，取得良好成效。2023年1月Johanna Este油田生产大队被集团公司授予"HSE标准化先进基层单位"称号。

一、健全"一单一培一查"制度，实现标准化管理

一是狠抓一个"单"字，即对标每名员工的岗位责任目标，建立"岗位责任清单""安全问题清单"和"隐患清单"，并针对"清单"的内容进行培训宣贯和考核，切实做到每名员工对本岗位安全责任和存在的问题隐患牢记在心，耳熟能详。

二是健全一个"培"字，即建立完善的公司级、部门级和班组级HSE培训矩阵。人力资源部定期组织公司员工参加每年初制订的HSE培训课程，对因故不能按时参加的员工，由公司HSE部安排专人对其进行补课，做到"一人不落，一课不缺"。2022年公司共组织开展参加各类HSE培训57次，共参加3710人次。另外，各基层站队坚持每天班组交接会首先进行安全培训宣讲，重点讲解安全检查的相关要求、当天发现的安全隐患和整改措施等，让每名员工切实做到对安全生产"心中有数，防范有方"。

三是做好一个"查"字，即建立HSE"三级检查"制度。公司领导每季度至少带队开展一次现场安全检查，部门经理每两月至少开展一次安全检查，生产大队领导每月至少开展一次安全检查。2022年全年共开展各类安全检查七十多次，发现各类问题、隐患263个，其中99%以上进行了立查立改。

通过"单""培""查"三个方面相融相促，实现安全生产闭环管理，有效提高全队安全管理水平。

二、管好"一图一单一账"，建设标准化现场

一是更新完善"安全标识图"。公司高度重视油田现场安全目视化管理，对每台设备

设施都在明显的位置设立醒目的安全标识图或者标牌，标注安全注意事项，每年进行粉刷、更新。目前，共对全部 79 个场站、2700 多台各类设备设施，设立安全标识 3600 多个；全面建立起安全目视化管理标准现场。

二是建立设备设施"安全情况清单"。近年来，公司不断实施改扩建工程，始终坚持将所有生产设备设施分类列单，逐项评估分析每个设备设施安全性能情况，建立设备设施"安全情况清单"，并标明下一步改进措施。

三是动态管理"三废台账"，做好"三废"处理。公司三个油田区块均处于热带雨林地区，植被非常茂密，其中绝大部分是印第安人居住区，当地政府部门及环保组织对环保要求非常高。公司高度重视环保工作，在 14/17 区块共建有 2 个废物处理站和 11 个晾晒场；持续开展油污土处理和植被恢复，2022 年共完成油污土处理 4547.78m^3，完成植被恢复 6208.9m^3；定期开展水和空气质量监测，以及生物多样性监测和噪声监测，每周进行一次水质量监测，每月进行水排放和消耗情况监测，每季度进行一次空气排放质量监测，每年进行一次生物多样性监测，每两年进行一次噪声情况监测。科学环保处理"三废"，动态更新"三废台账"，对"三废"情况底子清、情况明。自公司接管以来，从未发生任何环保事件，从未受到任何环境方面的处罚，多次受到当地环保部门表彰。

三、完善"一规一案一卡"，实施标准化作业

一是持续完善 HSE 管理体系，使生产作业有"规"。公司建立了完整的 HSE 管理体系，其中包括 12 个作业手册和 72 个程序、规范；每年组织各生产部门相关人员，结合生产设备设施、作业环境和风险分析等实际情况，对 HSE 管理体系进行评估、改进，2022 年 10 月第三版 HSE 管理体系发布实施，并组织公司全体员工进行了 12 次培训宣贯，共参加 620 多人次。确保安全管理有据，生产作业有"规"。

二是持续改进应急处置方案和岗位应急处置卡（"一案一卡"）。公司基于各站队实际，引入专业咨询公司指导，按照每个岗位安全风险特点，梳理总结以前作业经验教训，分别建立各岗位应急处置方案和应急处置卡，共形成针对性的"一案一卡"27 个，印发给各个生产岗位员工进行学习、掌握，并组织进行考试考核，切实做到"人人讲安全，个个会应急"，有效提高公司各类突发事件应急处置能力。

近几年来，公司坚持将建设基层站队标准化作为 HSE 管理工作的总抓手，取得了良好效果；截至 2022 年 12 月，10 个先锋基层站队全部完成达标验收。2022 年度，各项 HSE 管理指标均处于行业前列，被中国石油国际勘探开发有限公司授予"QHSE 先进集体"；2023 年 6 月荣获厄瓜多尔政府颁发的"杰出环境履约奖"。

深化"两册"应用
推进基层站队QHSE标准化建设

塔里木油田公司

当前,塔里木油田公司(以下简称油田公司)正处于快速发展时期,基层基础管理的重要性更加突显。油田公司通过固化提炼基层站队 QHSE 标准化建设经验,将各类管理制度、工作标准等对基层的要求系统集成,推进以基层"两册"为中心的管理模式,通过标准化建设达标晋级,推动基层站队 QHSE 标准化建设上水平、上台阶。

一、以基层"两册"为中心,创新构建基层管理模式

基层"两册",即"基层管理手册"和"基层操作手册"。"基层管理手册"(框架见图 1)是基层站队 QHSE 标准化建设的总纲,将基层实际工作中用到的制度标准、管理要求等相关内容全部融入手册中,规范统一基层 QHSE 管理,在基层形成管理持续提升的长效机制。"基层操作手册"(框架见图 2)是基层操作标准化、现场标准化建设的基础,规范岗位操作流程、风险提示和应急处置方案,明确与岗位履职挂钩的考核内容,确保每个岗位规范安全操作、责任考核落实到位。目前,在油气开发、工程技术、地面建设、生产辅助等 5 个业务领域建设"基层管理手册"266 册、"基层操作手册"3943 册。

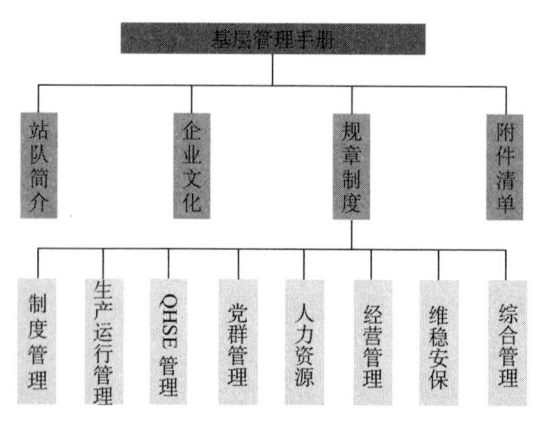

图 1 "基层管理手册"框架

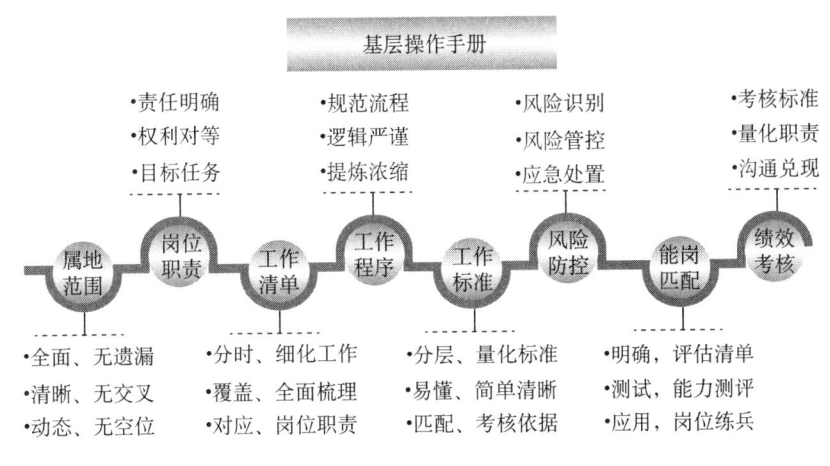

图 2 "基层操作手册"框架

1. 以"属地范围 + 岗位职责"为基础，明晰基层岗位职责分工

划分属地所管区域、设备、工艺流程，明确岗位员工管辖范围、属地职能、管理属地及临时属地。以岗位说明书形式细化生产运行、设备管理等 QHSE 工作要求和赋予的权利等内容，明确职责分工，实现权、责有机结合，职责分工不空位、不越位、不错位。

2. 以"工作清单 + 工作程序"为依托，细化基层岗位工作内容

以工作清单的形式说明各岗位每日、每周、每月、每年及不定期工作的时间、频次及工作内容，明确各岗位、各个时间段具体工作任务。将日常工作过程中涉及跨多部门、跨岗位权限、跨时间节点等工作，以流程图的方式进行描述，明确工作环节之间、相关岗位之间的关系，提高制度的执行实效。

3. 以"工作标准 + 风险防控"为支撑，强化基层基础力量保障

根据管辖范围及巡检、操作等工作标准，分解每步检查、操作步骤并配上现场图示，指导、培训、规范岗位巡检、操作等日常工作，提高员工履职能力及执行力。根据岗位工作内容从静态风险和动态风险两个方面，全面分析岗位中可能存在的风险，并逐一列出控制措施和应急处置措施，确保员工系统识别、防范现场风险，提升基层风险防控能力。

4. 以"能岗匹配 + 绩效考核"为抓手，促进基层管理水平提升

根据岗位工作标准建立岗位能力评估清单，对员工"四种能力"进行量化评估，根据评估结果，对弱项做到举一反三，积极改进，通过培、练、评有机结合，持续提升员工能力评估及培训效果。根据岗位职责确认考核内容，细化职责为工作任务及指标，根据考核内容制定考核标准，正负双向考核。通过建立及实施细化、量化的考核细则及标准，倒逼岗位员工提升担当意识、促进规范履职尽责。

二、以基层"两册"为抓手，推进基层QHSE达标晋级

油田公司持续固化"两册"建设成果和应用效果，每年开展基层站队QHSE标准化建设达标晋级活动，不断推动基层站队QHSE标准化建设水平持续提升。

1. 突出业务部门指导把关

结合工程技术、地面建设、开发储运、生产保障等领域实际，划分业务部门对相应领域、专业"两册"内容指导和把关确认职责，通过业务部门同基层的沟通交流，协同解决"两册"建设中重点、难点问题，促进"两册"内容做实做细。

2. 推行自主建设、自主考评、自愿申报

基层站队以"两册"为核心进行自主建设，依据油田公司达标晋级验收标准进行自主考评，根据考评结果，向所在单位申请预验收。二级单位（承包商单位）依据验收标准对申报预验收的基层站队进行预验收，根据验收结果，自愿向油田申报考评定级。

3. 组织统一验收，提高门槛、宁缺毋滥

油田公司根据各单位申报情况组织统一验收，按照"抓两头、促中间"的要求，对申报油田公司示范、优秀和各二级单位预验收排名倒数第一的达标站队100%验收，合理设定示范站队、优秀站队、达标站队不通过率指标，提高验收门槛、宁缺毋滥。

4. 实施对标排序、动态管理、正向激励

根据验收结果，进行排序定级，对获评示范、优秀的站队进行授牌，对获评示范、优秀排名第一的进行业绩考核加分，对验收排名倒数第一的达标站队在业绩考核时进行扣分，在排名靠前的示范站队召开标准化建设现场交流会分享建设经验。同时对达标晋级实行年度动态清零，每年对基层站队重新考评、重新定级，重新奖励，示范站队复验不通过予以摘牌，引导全员争先创优，营造比学赶帮超的积极氛围。

油田公司不断深化基层"两册"应用，做到"一个基层站队一本管理手册、一个岗位一本操作手册"，切实推动基层培训以手册为重心、工作以手册为标准、演练以手册为内容、检查以手册为依据、考核以手册来量化，促进了基层站队QHSE标准化建设和达标晋级，切实把安全责任、安全措施落实到岗位上，彻底打通了安全管理的"最后一公里"，不断筑牢了油田公司健康发展、平安发展、绿色发展根基。

优化创建标准　强化建设执行
推动公司站队风险防控能力本质提升

华北油田公司

华北油田公司（以下简称公司）面对当前安全管理的新形势、新问题，按照集团公司基层站队 HSE 标准化建设要求，在不断推进"百千"示范工程基础上，对安全生产标准化工作进行再细化、再提升，进一步规范基层站队安全管理基础，筑牢风险防线，不断提高员工安全意识和综合素质，推进基层站队标准化水平全面提升。

一、固化组织模式，确保标准化做深做实

公司通过"公司统筹+专班推进"工作模式，为标准化工作做深做实提供"双引擎+双保险"。公司成立由总经理挂帅、分管领导任副组长、处室长为成员的标准化建设领导小组，按照既定方案对建设过程中的重要事项和突出问题进行研究决策，保障各专业领域标准化建设工作统筹推进。公司对应标准化创建任务，成立了由各专业部门业务主管人员组成的工作专班，制订专项工作方案，通过"周调度+月总结"运行机制，定期跟踪进度，对创建试点站队开展指导帮扶、检查验收，总结推广典型经验做法，助推公司安全标准化整体水平上台阶。

二、优化创建类型，确保重点风险全覆盖

公司紧盯重点领域和关键环节，深入各基层单位开展现场调研、意见征集和交流研讨，按照"试点先行、分步推进、巩固提升"的总体思路，根据各单位具体业务和风险特点，选取了油气生产站场、施工作业现场、电力站场、新能源项目、物资仓储库房 5 类业务站队作为安全标准化创建试点（表1），确保重点风险类型场站全覆盖。

三、细化创建要点，确保标准化做优做精

公司坚持顶层设计，针对当前基层站队安全管理的短板弱项，紧紧围绕管理标准化、操作标准化、现场标准化，分专业明确管理要点，分业务规范措施要求，明确了安全生产责任制标准化、岗位安全培训标准化、高危作业管理标准化和现场安全目视标准化等

10项创建任务（表2）。公司对每一项创建任务进行分解，明确完成时限、负责部门和配合部门，形成了工作任务计划表，挂图作战，做优做精创建成果，确保创建任务优质高效完成。

表1 华北油田公司标准化建设试点站队统计表

序号	试点类型	站队类型	站队名称
1	油气生产站场	油气联合站	任一联合站
2		油气联合站	巴彦联合站
3		油气接转站	王四转油站
4		油气接转站	深大转油站
5		气处理场站	煤层气处理中心
6		气处理场站	文23储气库集注站
7		气处理场站	河间LNG调峰储备库
8	电力站场	变电站	任东220kV变电站
9	施工作业现场	井下作业队伍	第一采油厂X08557队
10	施工作业现场	井下作业队伍	第三采油厂X04561队
11	施工作业现场	地面施工队伍	天成利德公司采一项目部
12	新能源项目		北京城市副中心地热供暖试点示范项目
13	新能源项目		采油四厂分布式智能电网示范项目
14	新能源项目		采油三厂留路零化石能源消耗示范项目
15	新能源项目		任丘西部新城地热供暖热源站
16	物资仓储库房		物资分公司所属任丘仓储物流中心仓储综合库
17	物资仓储库房		物资分公司所属任丘仓储物流中心井下材料库

公司通过固化组织模式、优化创建类型、细化创建要点，不断推进各站队创建过程靠实落地，编制完成油气站场"安全目视化建设指导手册""施工现场标准化及特殊作业风险管控图示手册"（图1、图2），其他各项工作正在有序推进。接下来，公司将继续按照集团公司标准化站队建设要求，以"三基"工作为引领，推进各基层场站风险管控能力显著提升，为新时期新华北安全生产根基有效夯实奠定坚实基础。

表2　华北油田公司标准化建设专项任务表

标准化类型	标准化建设内容	具体事项
标准化管理	安全生产责任制	1. 优化"一岗一清单"; 2. 明确安全职责; 3. 完善目标指标体系
	安全生产规章制度	1. 形成规范性管理"拳谱"; 2. 形成标准化基层"两册"
	"双重预防"机制建设	1. 做实风险清单化管理; 2. "两清单一台账"运行; 3. 构建问题资源数据库
	岗位安全培训	1. 规范三级培训计划; 2. 健全培训资源库; 3. 编发应知应会口袋书
	安全考核评价	1. 深化精准考核激励; 2. 健全基层岗位"负面清单"; 3. 施行差异化能力评估
	安全文化建设	1. 编制思想提升培训教材; 2. 编制安全文化手册; 3. 深化安全文化固化
标准化操作	常规操作及设备设施安全管理	1. 规范岗位巡回检查; 2. 健全操作执行标准; 3. 强化基层隐患排查
	应急管理	1. 完善"一案一卡"; 2. 规范应急队伍保障
	高危作业管理	1. 明确高危作业管理要点; 2. 完善市场管理系统平台; 3. 发挥风险预警系统效用
标准化现场	现场安全目视化	1. 规范风险告知标识; 2. 规范安全警示标识; 3. 规范安全操作提示

图1 安全目视化建设指导手册（局部）

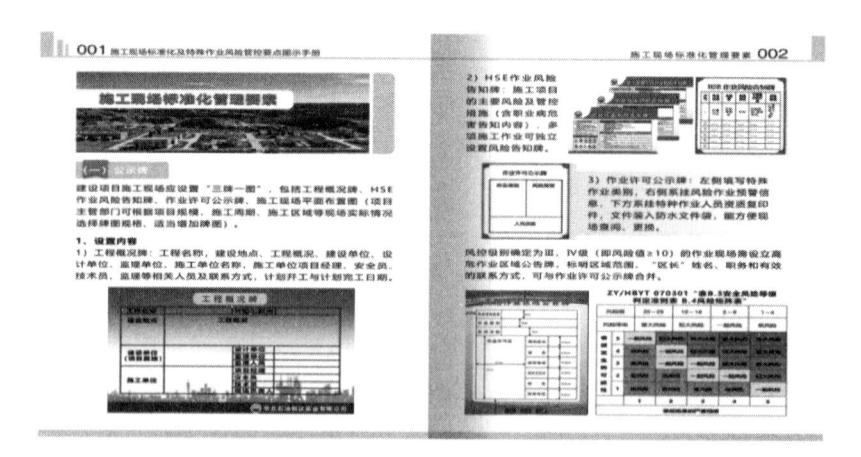

图2 施工现场标准化图示手册（局部）

构建"一企一册、一岗一册"助推安全生产责任有效落地

山东销售公司烟台分公司莱山盛泉加油站

全面建设标准化站队是提升基层安全管理水平的一项具体实践。一直以来，中国石油天然气股份有限公司山东销售公司烟台分公司莱山盛泉加油站（以下简称加油站）始终在 HSE 标准化站队创建上走在前列。加油站坚持牢固树立安全责任意识，把安全生产作为一项"生命工程、系统工程和效益工程"常抓不懈，创新建立"一企一册、一岗一册"，规范岗位安全行为，减少"三违"现象，提升员工现场操作和应急处置水平，不断巩固和扩大标准化站队建设成果。2020 年，盛泉加油站荣获山东省青年文明号，2020 年—2022 年连续三年获得中国石油山东销售公司先进集体称号。

一、以责任清单为重点，推进管理精细化

根据新《中华人民共和国安全生产法》要求，重新梳理全员安全岗位责任制，编制岗位责任清单，结合加油站实际情况，重点从基础管理、规章制度、安全教育培训、应急预案演练等四方面入手，将关键检查项目、操作要点和应急措施汇编成册，形成"一企一册"，为加油站总体安全管理工作有章可依提供了必要条件。

二、以岗位流程为关键，推进操作标准化

将加油站岗位手册设置为站经理、安全员、值班长和营业员等几个关键岗位，按照操作员工的工作程序、工作标准、危害识别、培训教育、应急处置五大模块为编制重点，明确安全巡检内容、安全巡检标准，逐个岗位制定"一岗一册"，载明岗位说明书、安全操作规程、风险点及管控措施、异常状况应急处置措施等有关信息，实现了工作流程清晰化、程序化。

三、以监督考核为抓手，推进现场规范化

为全面推广"一企一册、一岗一册"工作，加油站将"一企一册、一岗一册"应用纳入安全生产日常监督考核内容，重点检查员工安全岗位手册是否符合岗位实际，查看

员工是否对岗位清单内容熟练掌握，真正做到人员与岗位匹配真实，使"两册"真正运用到日常生产工作中。"一企一册"内容清单见表1。

表1 "一企一册"内容清单

1. 企业基本情况	5. 双重预防管理体系
2. 安全责任制建立情况	6. 安全教育培训
3. 安全生产责任清单	7. 应急管理
4. 安全标准化建设情况	8. 其他制度

"一岗一册"内容清单（以站经理岗位为例）见表2。

表2 "一岗一册"内容清单（例：站经理岗位）

1. 岗位说明书	5. 岗位应急处置手册
2. 岗位操作规程	6. 岗位安全教育培训记录
3. 岗位作业指导书	7. 岗位应急演练记录
4. 岗位风险管控清单	8. 岗位劳保领用记录及其他

加油站以创建"一企一册、一岗一册"为抓手，扎实推进管理精细化、操作标准化和现场规范化，真正做到人员与岗位匹配真实，让员工明确了自身安全职责，明白了安全工作该干什么、怎么干、谁来干，真正让岗位作业活动符合标准，让员工行为规范成为习惯，逐步实现由严格监管向自我完善、自主管理的转变。

编撰QHSE指导手册
打造加油站基础资料标准化建设

河南销售公司开封分公司

河南销售公司开封分公司（以下简称公司）成立于1999年，公司下设三部一室，目前在营加油站35座，多次获得"安全生产工作先进企业"。面对加油站基础资料薄弱、人少、面广、政府职能部门检查多的特点，经过总结分析，公司编撰了一套适用于内、外部检查的指导手册，强化基层标准化建设。

一、总结分析，找症结

针对安全环保监管形势日趋严峻，总体呈现层面高、水平高、频率高、法律法规理解偏差等的特点，对近年来应急、环保等各部门对加油站检查发现问题进行归类总结分析，发现加油站基础资料不规范、不统一、资料多样化等问题，既增加了基层整改劳动强度，也使公司存在处罚风险。对此，公司成立了QHSE指导手册编撰委员会，历时4个月，结合现行法律法规、部门规章、公司规章制度、销售企业量化审核工作手册等相关资料，针对加油站特点和适用性，编撰了公司"QHSE指导手册"。

二、精心谋划，定方向

"QHES指导手册"包含："QHSE管理制度手册""加油站综合日巡检记录""加油站设备及工具维护保养记录""加油站QHSE培训及应急演练记录""QHSE管理体系月度台账""QHSE管理体系审核台账""QHSE年度管理台账""QHSE计质量管理台账"。8本册子按照加油站年度内所需开展的各项工作，以日、周、月、季、年为时间主线，将加油站"日设备巡检、消防检查""周设备维护保养""月员工培训""月应急演练""月隐患排查""月计量盘点""季审核""年危害因素辨识、年责任状签订"等相关内容进行表单化汇编，涵盖了加油站安全、环保、计量、质量等全部业务范围，明确了开展各项工作的时间节点和规定动作，大大减轻了加油站基础资料的编撰工作，实现了加油站基础资料的规范化、统一化、定制化。

三、编撰下发，见成效

"QHES 指导手册"具有全面的覆盖性和较强的适用性、针对性，实现在标准体系框架内，进一步梳理和细化了工作程序，提炼核心业务内容，实现加油站日常 QSHE 工作全覆盖，同时将工作流程及相关要求用标准的形式加以固化，形成标准统一、要素规范、运行高效的业务流程模板，为加油站标准化建设提供遵循。

（1）"QHSE 管理制度手册"依据加油站综合应急预案备案材料中规章制度及操作规程的要求及量化审核中关于"合规性评价"的规定，收集汇总了现行适用于加油站的法律、法规、部门规章和公司相关规章制度，实现了加油站制度汇编，更加便于加油站迎接执法部门检查的需求。

（2）"加油站综合日巡检记录"根据加油站实际，将设备、环境安全巡检和油气回收系统环保巡检相结合，同时根据消防"日巡检"的要求，增加消防专项检查，实现了切合加油站实际的日巡检记录。

（3）"加油站设备及工具维护保养记录"依托于销售公司《加油站设备及工具维护台账》，进一步细化了检查频次和检查标准，将前期的维护保养优化成每周设备检查后进行问题的汇总及设备的维护保养，使加油站便于开展设备及工具的日常维护保养和记录。

（4）"加油站 QHSE 培训及应急演练记录"在制订加油站年度应急演练和员工培训计划的基础上，明确了加油站应急演练日和员工培训日及内容，机关通过现场指导和视频监督的方式，确保加油站按时、保质保量地完成演练和培训。

（5）"QHSE 管理体系月度台账"在销售公司"QHSE 量化审核标准 HSE 部分"基础上对定期目标指标的考核、月度体系自行审核、月度隐患排查表、月度隐患台账、"四新"的判定及培训、职业健康设备设施台账、劳保台账等进行表单化，使加油站更加易于理解和实操。

（6）"QHSE 管理体系审核台账"依据"QHSE 量化审核标准 HSE 部分"中的内容进行优化，分公司每周开展三座站，季度全覆盖，重点关注问题的整改，实现年度滚动式内部体系审核促提升，确保体系管控落实落地。

（7）"QHSE 年度管理台账"对风险辨识进行重新梳理，加油站结合本站实际进行判断，建立适合本站的风险清单，将安全环保责任状、一岗双责、安全责任清单等内容纳入台账，装订成册，员工年初统一签认，实现资料一册装订，规范档案管理。

（8）"QHSE 计质量管理台账"依据"QHSE 量化审核标准质量部分"的检查要求，对加油站设备铅封登记台账、油品接卸的质量验收情况、每月付出量自检、液位仪手工比对、储存油品超期化验等进行表单化，进一步规范了加油站计质量进销存的管理。

目前，公司已将"QHSE 指导手册"推荐至开封市应急管理局安全评价专家组，其中，兰考县应急管理部门对于手册给予了高度评价，并拟将手册作为辖区内加油站日常检查标准使用。下一步，公司将在手册日常运行中，结合实际情况，不断总结提炼，进一步优化加油站基础资料标准，为河南销售公司安全发展、绿色发展、高质量发展提供有力的保障。

全面推进"五型"班组标准化管理
筑牢安全发展根基

辽阳石化公司

辽阳石化公司（以下简称公司）以风险管控为核心，以坚持固本强基和安全生产为主线，实施标准化管理、标准化现场、标准化操作、标准化应急、标准化应知应会，建立健全"班组标准化管理手册"和"班组标准化操作手册"，打造学习型、安全型、清洁型、节约型、和谐型基层标准化班组，提升基层班组管理规范化、标准化和精益化水平，打通体系运行"最后一公里"，筑牢长治久安高质量发展基石。

一、领导带头，精准策划

成立以执行董事和总经理为组长的"五型"班组标准化创建领导小组，制订"'五型'班组标准化创建工作实施方案"和"创建基层 HSE 标准化'示范站队'工作方案"，组建专业联动机构，成立指导帮扶专班和"一对一"辅导站，按照"周指导、月例会、季评比"模式，公司主要领导亲自组织召开工作例会，统筹推进基层标准化站队建设工作，协调解决难点、堵点、卡点和薄弱点。

围绕管理、操作、设备、环境等内容，将 HSE 管理的共性要求与专业领域风险管控的特性充分结合，以风险管控核心，突出工艺安全、作业安全、行为安全三条主线，按照"一部一案"和"一站队一标准"的原则，编制差异化"'五型'班组标准化建设标准"，全面推进"五型"班组标准化创建工作。

二、"五型"并进，创新举措

按照"1252"为总体思路，遵循"试点先行、全面推进、巩固提升"的原则，以风险管控为核心，坚持固本强基和安全生产两条主线，以实施基层标准化管理、标准化现场、标准化操作、标准化应急、标准化应知应会五个标准化为抓手，全面梳理、优化管理编制内容丰富、要求具体、结构清晰的"基层标准化管理手册"和"基层标准化操作手册"，做为基层工作行动的总纲，打造学习型、安全型、清洁型、节约型、和谐型基层班组，全面推进基层班组标准化建设。

（1）标准化管理方面，建立健全基层班组标准化管理标准，编制"班组标准化管理手册"，量化各项工作目标和指标，明确岗位行为规范，规范班组各项台账记录，明晰责任及相关标准要求。

（2）标准化操作方面，建立健全基层班组标准化操作标准，编制"班组标准化操作手册"，严格遵守操作规程，执行"手指口述"操作，杜绝自选动作，完善操作规程等班组管理标准。

（3）标准化现场方面，以"6S"管理和清洁生产为抓手，推进现场目视化管理，从人员、工器具、工艺标识、设备设施、施工作业区域、生产作业区域等方面全面标准化管理，落实班组包机责任制管理，明确个人责任分工，强化全员参与。

（4）标准化应急方面，突出"1+3+5"应急处置，进一步完善操作规程和岗位应急处置卡，强化班组个人应急能力提升，熟知岗位一分钟应急核心工艺处置程序，熟练穿戴使用空气呼吸器、防火服、消防设施等，不断提升个人应急技能。

（5）标准化应知应会方面，认真开展技能培训，把操作规程、工艺卡片、设备设施、应急处置卡作为岗位应知应会的根本，作为岗位风险管控能力的根本，开展"百问不倒 熟记在心"活动（表1），分类分级提升班组员工综合技能素质。

表1 员工"百问不倒 熟记在心"应知应会内容分级表

档级	人员范围	掌握模块	掌握字数
高级	距法定退休时间5年及以上高技能人才、班组长、全日制大专及以上学历在岗操作技能员工	9	9000
中级	距法定退休时间5年及以上在岗操作技能员工	6	6000
初级	距法定退休时间5年内在岗操作技能员工	3	3000

三、动态奖评，激发活力

实施基层班组标准化达标动态激励机制，达标评审与激励机制紧密结合，充分调动基层班组标准化管理的积极性，打造高标准、高质量的优秀班组和标杆班组。

1. 定期评审

（1）二级单位自主达标评审，每半年开展一次，评审达标的基层班组开展"对抗赛"择优推荐给公司评审验收。

（2）公司达标评审，每半年验收一次，二级单位自主达标评审后进行。

2. 激励机制

（1）星级制奖励，奖励周期为6个月，即一个达标评审周期，分为五个级别（表2），即：基层达标（一星）、基层优秀（二星）、公司达标（三星）、公司优秀（四星）、公司标杆（五星）。

表2 星级"五型"班组奖励标准

星级	班员奖励	班长奖励	达标要求
一星	50元/月	100元/月	自主评审达标
二星	75元/月	150元/月	自主评审优秀
三星	100元/月	200元/月	公司评审达标
四星	200元/月	400元/月	连续3次公司达标
五星	300元/月	600元/月	连续5次公司达标

（2）奖励取消，设立20项否决项，创建、评审和奖励期间有否决项事件发生的立即取消奖励，1年内不得参加评审。

四、固化经验，稳步提升

（1）大力推广典型经验。总结推进工作中发现的典型经验，选取推进工作中形成的最佳实践进行全面推广，固化标准化建设成果，推动"五懂、五会、五能"工作落实落地，增强班组凝聚力与战斗力。

① "五懂"即懂工艺技术、懂危险特性、懂设备原理、懂法规标准、懂制度要求。
② "五会"即会生产操作、会异常分析、会设备巡检、会风险辨识、会应急处置。
③ "五能"即能遵守工艺纪律、能遵守安全纪律、能遵守劳动纪律、能制止他人违章、能抵制违章指挥。

（2）重点培养基层班组长业务管理能力。常态化开展班组长业务能力培训班，通过加大班组长培训力度，重点培养一批优秀班组长，突出基层站队标准化建设工作中班组长的重要作用，畅通班组长成长成才通道；为班组长逐步赋权、赋能，赋予生产指挥权、应急处置权、人员调配权、考核分配权，提升班组的组织力与执行力。

（3）开展基层站队标准化管理对抗赛活动。以"季季考""知识竞赛""消防大赛""应急对抗赛"等形式开展基层站队对抗赛活动，激励其他基层站队以优秀的站队为对标对象，学经验、找差距、促提升，促进基层站队HSE标准化建设工作不断提升。

五、结束语

经过几年来"五型"班组推进工作，"属地责任无限大"和"自己人干自己活"的理念逐步深入人心，基层员工精神面貌和主动性较以往有较大转变，安全意识和基本技能有明显提升，基层班组的管理、操作、作业、设备、环境逐步实现了规范化、标准化。

"一般企业看高层、优秀企业看中层、卓越企业看基层",班组是生产一线最基层的单位,特别是炼化企业大部制改革后,班组将成为企业执行力更加重要的支柱,是贯彻"四全""四精"管理理念的关键环节,辽阳石化公司将深入落实集团公司"指导意见"要求,以"五型"班组为抓手,细化创新管理举措,总结推广典型经验,不断夯实"三基本"工作建设,努力构建安全生产长效机制,加快打造特色产业特色产品巨人,为集团公司建设基业长青的世界一流企业贡献力量。

开展"零伤害单位、零泄漏装置、零违章班组"创建活动 确保安全平稳生产

华北石化公司

华北石化公司（以下简称公司）为千万吨级炼厂，主要生产汽柴油、航空煤油、聚丙烯、芳烃等三十余种产品，现有机关处室 10 个，直属部门 4 个，二级单位 13 个。公司地处京津冀腹地，紧邻雄安新区，社会关注度高，安全环保压力大。为应对越来越严峻的安全环保形势，从 2021 年开始公司开展"零伤害单位、零泄漏装置、零违章班组"创建活动，旨在进一步强化各单位自主管理，落实全员 HSE 职责，确保安全平稳生产。

一、制订"零伤害单位、零泄漏装置、零违章班组"创建活动方案

1. 明确创建主体和创建标准

严格落实"四全"原则，明确公司全员为"三零"创建主体。"零违章班组"创建方面，明确 11 家二级单位的 44 个大班组为创建主体，从劳动纪律、工艺纪律、操作纪律及作业监护 4 大方面制定创建标准 32 条。"零泄漏装置"创建方面，明确 9 个二级单位的 29 套装置为创建主体，每套装置单独制定零泄漏装置创建标准。"零伤害单位"创建方面，明确 27 家单位为创建主体，从 7 个方面确定否决指标。

2. 科学精密制定考核条款

公司将各单位按照风险大小划分为 3 个等级，在单位等级基础上，再根据员工个人级别确定奖励基准。每季度根据违章数量、发生事故事件的影响后果等分别对班组、装置、单位，在奖励基准基础上扣减一定比例奖励。同时运行部领导班子及管理技术人员对班组、装置进行承包，公司各处室长对装置、单位进行承包，并跟班组、装置处罚挂钩。

（1）"零违章班组"扣减原则：发生有影响的事故事件扣减 100%；1 次违章扣减 30%，2 次违章扣减 60%，3 次及以上违章扣减 100%，连续违章，1 次违章扣减 50%，2 次及以上违章扣减 100%；运行部承包人为班组员工扣减比例的 50%。

（2）"零泄漏装置"扣减原则：按照发生泄漏事件的影响后果扣减一定比例奖励直至

扣减100％；该装置的管理技术人员和领导班子成员为班组员工扣减比例的50％；公司级承包人为班组员工扣减比例的30％。

(3)"零伤害单位"扣减原则：按照发生事故事件的影响后果扣减一定比例奖励直至扣减100％；发生在岗期间人身伤害事件，视情况扣减一定比例奖励；公司级承包人为运行部扣减比例的30％。

二、每季度统计分析实现螺旋提升

每季度由牵头处室负责，对"三零"创建情况进行总结分析。质量安全环保处牵头梳理班组违章事项和单位伤害事件，机动设备处牵头梳理泄漏事件，按照考核条款落实考核，形成总结材料后，在公司例会上通报，并要求有违章的班组、有泄漏事件的装置及有伤害事件的单位制订管理提升措施，班组、装置、单位等三个层级共同发力，实现公司安全管理水平提升。

三、全力抓实班组建设

1. 制定公司"加强班组建设工作实施方案"

坚持"一条主线"，把握"一个关键"，做到"六个坚持"。以"一二三四五"为工作主线，即推进一流班组建设、党小组和班组"两组"融合共建、牢牢守住"三无"底线、赋予班组长"四项权力"、持续深化"五型"班组创建。把握"一个关键"，就是要运用系统观念。站在推动公司高质量发展的战略高度，公司党委、专业部门、运行部和基层班组加强协调联动、统筹推进，把班组建设作为一项"强基固本"的工程抓好抓实。做到"六个坚持"，就是坚持党的领导、党建引领，坚持守正创新、与时俱进，坚持齐抓共管、一抓到底，坚持权责明晰、责权对等，坚持依靠基层、服务基层，坚持效益导向、结果导向。

2. 开展"监护人能力提升百日安全竞赛"

明确实施细则，制定评比标准，集体从施工作业违章率、属地自查问题率、监护人能力测评考试、监护人线下作业模拟对抗4个方面评比，个人从监护时长、自查作业违章问题数、违章率3个方面评比，通过评比进一步压实监护人职责，立标杆、树典型，做好正向引导，实现全员监护履职能力提升，施工风险安全受控的目标。

从开展创建以来，零伤害单位、零泄漏装置、零违章班组的数量逐年增加，2021年全年有12个班组、21套装置、24家单位实现了"零违章、零泄漏、零伤害"，2022年全年有15个班组、21套装置、25家单位，2023年上半年有20个班组、22套装置、25家单位实现了"零违章、零泄漏、零伤害"，创建效果逐步显现。2021年、2022年公司连续两年获评集团公司质量健康安全环保节能先进企业。

"五步法"助推班组安全活动创建标准化班组管理

大庆石化公司炼油厂加氢二车间

加氢二车间隶属于中国石油大庆石化公司炼油厂，共由加氢裂化、加氢精制、制氢三套装置联合组成，主要以石油一次加工装置的蜡油为原料的二次加工装置，产品涵盖轻石脑油、重石脑油、航煤、柴油和尾油等。班组安全活动是提高安全意识和技能、促进安全管理制度、落实安全生产责任制的一种重要培训方法。经过多年的持续改进，虽然已经被广泛接受，但仍然存在很多问题。车间通过采取班组安全活动"五步法"后，员工安全意识能力提升效果明显，自2019年至今曾2次荣获集团公司级、3次石化公司级年度先进HSE标准化站（队）。

一、重视班组安全活动

班组长作为日常生产现场安全相关负责人，在开展日常安全活动中地位举足轻重，坚持开展好每周一次的班组安全活动，分析存在的问题，及时总结经验，彻底消除思想上的无所谓态度。每位员工都要充分认识到安全活动对提高自身素养和保障安全工作的积极作用，始终以领头羊的身份引领班员，积极思考，充分交流，把安全活动变成一个解决自身疑惑、提高业务技能、提升安全意识的大课堂。

这就要求组织者要自始至终掌握好会议进程，发挥每位班组成员的特点，把对事故通报的学习，转化为自己对本职工作的反思，从自己或身边的事开始查不足、找差距、订措施。针对工作中暴露的不安全现象，按照四查的精神严肃对待。安全活动会上应做到不护短、不藏拙、不懂就问，从自身谈起，通过相互讨论、相互交流，达到共同提高。

二、班组安全活动形式多样化

目前，许多班组的安全活动形式单一，一般是班组长或安全员念文件资料，其他班组成员以听为主，所以在活动形式的选择，对于班组安全活动的有效开展至关重要。车间需要结合季节特点及生产实际，灵活改变安全活动形式，如可以采用现场会、座谈会、应急事故演练、安全知识竞赛、安全技术培训等，使班组所有成员感觉到安全活动的趣味性，容易学以致用，从而提高员工的安全生产积极性。

还应该定期对员工进行调研，接受建议。利用现有的网络优势，采取微信群及接龙方式，提前一周与员工进行调研，共同确定下一周的安全活动形式。车间管理人员将员工有兴趣事故事件资料进行汇总，由班长前期进行熟悉掌握，并设计会议环节，将学习内容融入多样化的班组安全活动形式中进行详细讲解。同时车间还借鉴班组"传、帮、带"方法，鼓励经验足的员工将自身发生过、经历过的事故事件与班组其他人员进行经验交流。

三、班组安全活动内容丰富性

目前各班组的安全活动内容较贫乏，一般多限于上级部门下发的有关安全生产文件、事故通报等。其实作为班组长来说，在每次开展安全活动时，应结合本班组的生产实际及存在的问题，有针对性地选择学习内容，并结合近期其他企业的事故情况，依据大庆石化公司安全规章制度的有关条文加以分析讨论，鼓励大家发言，以起到吸取教训、总结经验、集思广益的效果。

车间定期收集大庆石化公司安全部门检查的典型违章通报，违章问题要与现行大庆石化公司的各项安全规章制度结合学习，车间对典型违章问题汇总成ppt文件下发班组，并定期进行更新。班长要求每期5名员工在历年典型违章问题ppt中自己挑选典型问题，利用多媒体教学一体机在班组安全活动上进行分享，参与对违章问题的违章依据、存在风险、如何避免等问题与班组员工进行交流，其他员工可以对分享者的观点进行补充完善。

四、班组安全活动突出针对性

班组安全活动缺乏针对性，这是所有班组的通病。在每次班组安全活动前，班组长应针对当前大范围的安全形势和本单位的具体情况，以及一些较普遍的重点、难点问题，选择1~2个可操作性强的课题进行学习和讨论。安全会内容不在多、在于精，每个班组长必须事前选好主题，做到安全活动有计划、有重点，让每个班组成员参与讨论、分析，总结经验教训时能够结合实际。

通过前期采取的班组安全活动方法后，员工对班组安全活动的参加积极性得到显著提升。班组安全活动可以就1~2个课题为主，内容必须为当前安全急需解决的问题及员工需要协调的安全问题，以竞赛的形式，由班长带领员工进行探讨或辩论，员工利用日常学习的安全规程制度及规范进行交流探讨，同时车间管理人员参会，以评委的身份，对员工在讨论过程中的疑问进行补充讲解，最终真正达到"人人讲安全、人人学安全、人人议安全"的效果。

五、班组安全活动与普法结合

新《中华人民共和国安全生产法》的公布标志着我国安全生产工作又迈进了一大步，责任的明确、责任的落实，责任的追究是主要关注点之一，尤其强调落实"一岗双责""三管三必须"，强化遵法守法意识，因此，员工的普法学习对保障安全生产是至关重要的。

每期班组安全活动前，由班长指派员工准备一个2min涉及安全生产的普法视频分享，以通俗易懂的方式为员工解读法律条款。班长结合安全生产的典型案例，深入讲解与员工自身安全密切相关的法律条款，发挥以案释法的教育作用。同时，车间管理人员还可以通过法律条款普及隐患排查、应急处置等知识，引导员工提升安全生产法治意识和日常应急处置能力。

通过实施新形式的安全活动，使员工从"不敢说"到"大胆谈"的转变。结合安全活动内容，班组员工能够在日常岗位操作、巡检及监护中，发现及排查问题累计100余项，并利用所学习的安全技能有效整改，并根据问题危害程度向上级申请员工敬业奖。通过全员传播安全文化，唤醒员工对安全健康的渴望，激发员工"我要安全、我会安全、我能安全"的激情，树牢了"一切事故皆可避免"的理念，并努力将车间的安全文化传递下去。

风险防控和隐患治理

（23篇）

推行作业规范化管理
提升非常规和高风险作业安全管控水平

塔里木油田公司轮南采油气管理区轮南采油作业区

塔里木油田公司轮南采油气管理区轮南采油作业区（以下简称作业区）主要管辖轮南油田、提尔根气田和吐格尔明气田，负责7座计量间、1座集气站及201口油水井的生产运行。轮南油田历经三十多年的开发历程，装置运行时间长，改造工程多，同时油井故障频发，清蜡测试等非常规和工程改造等高风险作业数量直线上升，为防范和化解老油田接踵而至的作业风险，通过规范强化作业前安全分析、现场监督检查及高风险作业程序化管控，推进站队作业安全管控水平持续提升。

一、建立工作安全分析模板库

老油田非常规和高风险作业种类繁杂，为规范各类作业前工作安全分析，针对现场常见高风险作业，分类制订工作安全分析（JSA）模板库，为作业前风险辨识及防控提供参考依据。

1. 划分大类

成立工作安全分析模板化工作小组，确定了现场常见的五大类作业（表1），即维护保养类、生产组织类、清蜡测试类、应急抢险类、工程检修类。

表1 工作安全分析模板库建立思路

类型		主要内容
工作安全分析手册	维护保养类	主要针对抽油机拆装及维护保养、注水泵拆装及维护保养等作业
	生产组织类	主要针对抽油机洗井、管线解堵作业、生产工艺流程改造等作业
	清蜡测试类	主要针对通井清蜡、能谱水流、流温流压梯度测试等作业
	应急抢险类	主要针对各类管线穿孔刺漏处理作业
	工程检修类	主要针对管线更换、容器检修、管线检测等作业

2. 筛选整合

小组分工收集资料，对收集的五大类作业的 JSA 进行筛选、整合，针对 40 项高危作业建立 JSA 分析模板，形成 JSA 模板手册。

3. 验证发布

对整合后的 JSA 模板开展现场适用性验证，通过现场讨论验证，重新修改工作安全分析内容，最终将 5 大类 38 项分析内容汇编成册，发布并在作业现场推广使用。

二、编制高危作业旁站监督手册

由于部分现场监督人不清楚各类高危作业标准和重点监督内容要点，监督效果无法保证，已成为现场作业一大风险点。为强化作业过程中监督检查，针对高风险作业监督管控要点，编制了"轮南采油作业区高危作业旁站监督手册"，手册包含 16 项检查表，明确监督人职责，细化突出现场各类高危作业及设备实施检查监督要点，手册内容丰富齐全、外形小巧玲珑便于携带，使得现场监督事半功倍，有效提高了现场作业的安全监督质量，解决了旁站监督人员不会监督、监督不到位的问题。

三、制作高风险作业"三卡两表一规程"

随着油田开发年限增加，油井数量增多，清蜡测试作业也愈加频繁，目前作业区每年测试三十余井次、每年清蜡四十余井次，清蜡测试一般涉及吊装、高处和管线打开等高危作业，风险相对较高。为切实管控住现场风险，作业区大力推行高风险作业程序化管理，即针对作业全过程编制作业前安全确认卡、作业中现场检查卡、应急操作卡和操作规程，针对高风险点建立相关评价、检查表，确保高风险作业现场风险管控无死角、可操作。

以油井清蜡测试作业为例，制作了图示化操作指导卡及现场施工作业的"三卡两表一规程"（"三卡"即安全确认卡、作业检查卡、关键操作与应急确认卡，"两表"即危害辨识与风险评价表、钢丝检查记录表，"一规程"即清蜡测试操作规程），全方位对清蜡测试作业风险因素进行辨识，对现场风险管控措施进行验证，对清蜡测试作业施工步骤进行规范，实现清蜡测试作业清单化、标准化，切实降低清蜡测试作业现场安全风险，牢牢牵住高风险作业"牛鼻子"。

作业区通过推行一系列作业规范化管理方法，进一步强化了现场非常规和高风险作业安全规范管理，提升了作业监管效率和质量，作业现场检查发现问题占比同比下降了 61%，站队现场作业安全管控水平得到明显提升。

筑牢安全生产"五道防线"
提升炼化装置安全管理水平

四川石化公司生产三部

四川石化公司生产三部（以下简称生产三部）牢固树立安全生产发展理念，通过深入分析炼化装置生产运行特点，强化安全风险管控能力，有效落实安全生产主体责任，在"思想、责任、治理、应急、监督"五个方面筑牢安全生产防线，持续夯实安全生产基础工作，提升炼化装置安全管理水平，为四川石化公司高质量发展提供坚实可靠的安全保障。

一、强化学习教育，筑牢思想防线

生产三部紧密结合学习贯彻习近平新时代中国特色社会主义思想主题教育，认真学习贯彻习近平总书记关于安全生产重要指示批示精神。一是引导全体员工树牢安全发展理念，努力在中心工作中踔厉奋发、担当笃行，凝聚新时期干事创业的精神力量，着力增强安全生产思想自觉，坚决扛起维护生产安全的政治责任。二是坚持在安全工作中厚植党建优势，把作业现场转化为主题教育的实践基地和考核场所，以凸显党员先锋模范作用为牵引，推动党建和中心工作的深度融合，以"绿色氢能——党员先锋岗"活动保障燃料电池氢项目施工作业安全，将"专项工作党员突击队"活动植入"安全生产月"系列活动等。

二、推进管理提升，筑牢责任防线

生产三部深刻认识HSE管理体系建设是抓安全工作的根本制度保障，努力实现基础工作、专业要素、管理体系的"点、线、面"深度结合，持续推进安全管理提升。一是树立系统观念，坚持以体系运行为抓手，加大正反典型选树和考核奖惩力度，推动重点工作和责任制度有效落实，形成安全"严管"的常态化和长效机制，提升安全管理水平。二是建立部门"讲清楚、回头看"工作落实机制，将部门内部发生生产异常、公司内部事故事件、行业近期典型事故收集整理，逐一梳理并针对性开展排查，按照"整改一项问题、提升一类管理"标准，分析清楚生产异常和事故事件发生的原因，制订切实可行的具体整改措施，确保同类事故事件不再发生。三是严格执行"四步操作确认"工作法，在原有"四有一卡"基础上，梳理出装置"双人操作"的关键操作清单，要求内外操在操作时做到手指口述、操作后确认、同岗位及班组长监护，坚决杜绝误操作，逐步实现无扰动操作。

三、加强风险识别，筑牢治理防线

生产三部积极推进双重预防机制建设，形成风险识别管控在前、隐患排查治理在后的两道保险，有效防范遏制生产安全事故事件。一是积极组织全员安全风险辨识工作，运用好安全风险矩阵和相关风险评估工具，扎实开展风险识别评估工作，落实好风险分级管控，增强全员生产安全风险排查与管控能力；鼓励全体员工强化现场管理，主动发现安全隐患，报告安全问题，提出安全建议，防范事故于未然。二是定期研究隐患及生产瓶颈管理问题，定期组织召开专题会，对各套装置存在的隐患实施动态管理。每项隐患均按照"五定"要求落实整改措施、责任人、整改时间、监控消减措施和应急预案，确保装置隐患处于受控状态。

四、提升处置能力，筑牢应急防线

生产三部着力提高基层班组应急处置能力，积极组织开展应急演练，持续优化梳理异常情况下的应急措施并持续优化完善应急预案。一是高标准开展应急演练，在完成既定演练计划基础上，还组织开展部门级双盲演练，确保实战演练效果，并完成年度综合应急预案和应急操作卡修订工作。二是基层班组每个夜班推演一个应急处置卡，在推演学习过程中检验操作卡适用性，重视推演总结，针对提出问题定期修订应急处置卡，以达到提高岗位员工应急处置能力和应急处置卡实用性的目的。

五、狠抓关键环节，筑牢监督防线

生产三部牢牢把握安全生产的关键环节，在重要工作、重要节点上设置多重落实保障机制，并多角度、多层面加强安全监督。一是严格落实作业研判，从源头把控施工作业风险。严格执行作业研判管理要求，从源头把控施工作业风险。各专业合理统筹管控作业计划，部门领导每日组织作业研判分析会，统筹作业时间，调配监护力量，研究风险管控措施。二是创立部门综合监督检查机制，加大自查违章和考核力度。每日部门领导和管理人员组成4人督察小组，对作业现场的票证办理、作业开展、监护人履职、风险管控措施落实等进行检查。截至2023年7月，已累计开展督查220余期，查出并整改现场作业及其他各类问题1000余项。

生产三部围绕提升炼化装置安全风险管控能力、提升装置本质安全水平和提升全员安全履职能力水平，以防范风险、消除隐患、避免事故发生为目的，通过"思想、责任、治理、应急、监督"五个方面入手，有效落实了安全生产责任体系，推进双重预防机制在基层落地生根，全面提升了炼化装置安全管理水平。

聚焦关键风险 突出全流程防控
提升公路付油精细化管理水平

西北销售公司长沙分公司长沙油库

西北销售公司长沙分公司长沙油库（以下简称长沙油库）于 2013 年 10 月投产运行，占地 353 亩[①]，共建有钢制内浮顶储罐 18 具，总库容 $40 \times 10^4 m^3$。主要依托"兰州—郑州—长沙"成品油管道、湖南成品油支线管道、铁路和水运资源，构建起"三进四出"的成品油集散运行框架，现阶段由于铁路栈桥在建，故现行采用"二进一出"，即管输入库、水路入库和公路出库的运行模式。油库公路付油区建有 7 个全品种货位，主要承担湖南地区成品油保供任务。近年来，长沙油库聚焦公路付油作业风险管控，大力推进公路付油作业管理自动化、信息化、数字化、智能化建设，实现付油作业全流程、全过程标准化、精细化水平和风险受控能力显著提升。

一、建立入库"四必查"系统，防范输入性安全风险

长沙油库共有两个一级重大危险源罐区，外来检查和监管要求较高，而公路付油作业为主要对外窗口，存在外来车辆多、车况核查难度大、提油司机变化快等管理难题，导致入库安全检查面临项目多、车辆排队时间长、手工记录溯源难度大等现实问题。为切实践行西北销售公司"服务创造价值"核心理念，守牢安全管理底线，长沙油库建立了入库安全"四必查"系统，充分利用系统车辆号牌识别、司押人员掌纹验证和静电溢油检测仪实测等技术手段及安检员目视化检查等方式，实现车辆证件、司押人员资质、罐车静电溢油、人员违章情况等 14 个必检项自动核验和警示标识、安全附件等 7 类目视化检查项"一站式"快速确认并长期留存检查记录，单车检查时长由 12min 下降至 3min。"四必查"系统的建立，在有效提高人工检查效率、数据准确性和可溯源性的同时，切实守牢提油车辆、司押人员等外来输入性风险。

二、建立作业"步步确认"联锁，防控作业过程风险

长沙油库公路付油采取司机自助操作提油方式，每日提油车辆约 110 辆左右，作业

---
① 1 亩 = (10000/15) m^2。

过程仅有 1 名操作人员全程监护。受制于提油司机流动性大、能力素质参差不一、监护力量薄弱等因素，导致装油设备安装确认不规范、设备连接步骤不遵守、作业结束静电不释放等"三违"问题监管难度较大，给公路付油作业带来较大安全风险和潜在安全隐患。为有效防范作业过程风险，长沙油库通过升级公路付油定量装车系统，将公路付油"十二步"操作法进行有机整合，增加仓位识别、钥匙管理和语音提示功能，进一步优化作业流程，实现操作步骤、过程确认和静电释放硬联锁，真正做到操作过程"步步有提示、步步有联锁"，有效防范作业量与荷载量不匹配、静电溢油设备故障和人员误操作带来的潜在风险。

三、建立"立体化"监管模式，提升应急保障效率

公路付油作业油品泄漏、溢油风险长期居高不下，逐步成为困扰日常安全监管的难点和现场监管的薄弱点。为进一步提高公路付油作业过程生产安全事故应急处置效率，真正做到第一时间、第一现场的初期事故处置能力，最大限度调动所有岗位人员，减少事故损失，长沙油库通过逐步探索建立了"立体化"的监管新模式。主要通过在现有视频监控、应急广播系统的基础上，增加"一键对讲"系统，满足中控室与提油司机、现场安全监护远程双向对讲应急联动，由中控室直接参与现场问题处置指导、初期事故事件的应急处置指挥，及时掌握最新处置动态等。在"全天候、全方位"的"立体化"监管新模式加成下，切实补齐多货位同时作业监护难以覆盖的短板，实现作业过程事故预防和事故事件快速响应的应急保障。

综上，长沙油库通过聚焦公路付油作业全过程关键风险，秉持风险系统防范和源头防控工作理念，建立入库安全"四必查"系统、付油作业"步步确认"联锁系统和"立体化"安全监管模式，有效防控公路付油作业全过程安全风险，切实保障生产运行长周期稳定运营。

清单化、标准化、合规化
夯实放射安全管理责任

青海油田公司测试公司测井二大队

青海油田公司测试公司测井二大队主要负责油田各油气藏勘探开发重点井、高压井动态监测技术服务和生产测井用放射性同位素管理工作。在放射性同位素管理方面，测井二大队采用资料记录清单化、操作应用标准化、健康管理合规化方式，确保放射性同位素安全管理责任落地见效，形成了测试公司总负责、测井二大队专责执行的责任管理体系。放射性同位素生产、配送、接收、分发和使用全过程执行闭环管理，建立了高效、安全的"三化"（清单化、标准化、合规化）管控模式，全面部署监控、定位设备，形成空地一体化、动静相结合、技防全覆盖的监控格局，实现放射性同位素管理的本质安全（图1）。

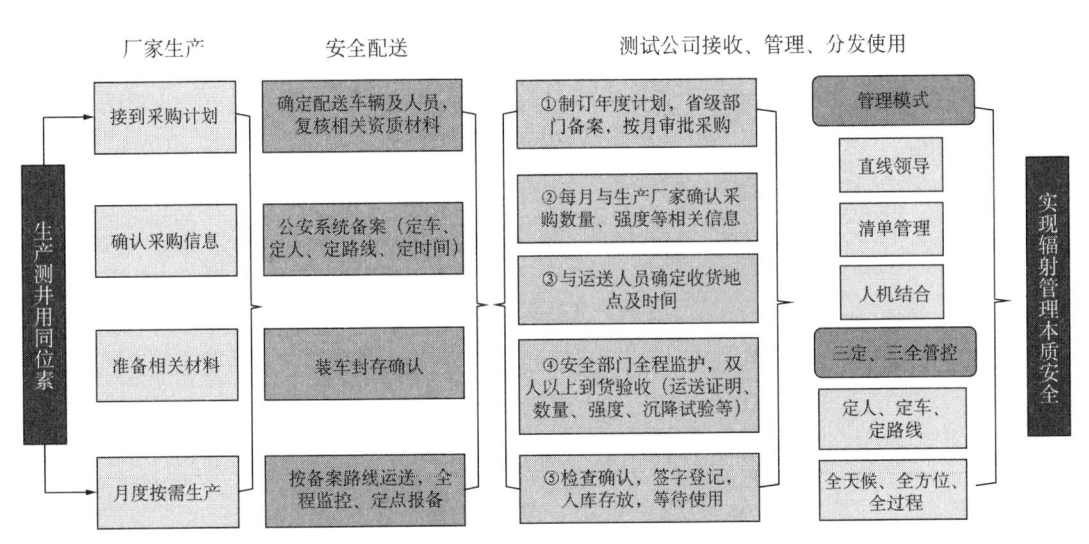

图1 测试公司生产测井用同位素生产、运输、接收全流程管控图

一、放射性同位素的清单化管理

对放射性同位素的管理和使用实行清单化管理，从同位素的材料计划上报、验收入

库管理、日常分发使用、废物回收处置等全过程均实行双人工作制，安全确认验证到位，以制度标准清单化为管理依据、监督检查清单化为管理手段，用现场岗位操作标准化和从业人员健康管理合规化进行全流程受控监管，确保了放射性同位素的合规、安全、高效管理和使用。

1. 制度标准清单化

按照购置、安全配送、接收入库、存储、分装、运输、使用、废弃物处置、职业健康、劳动保护等十个环节进行管控，修订《测试公司放射源、同位素与射线装置安全管理办法》等 6 项管理办法，梳理 20 项管理制度清单，优化 19 个记录表单和 8 个管理台账，明确放射源主体责任（表1）。

表1 测试公司生产测井用同位素监管制度清单化管理
（测井二大队配置岗适用规章制度清单）

序号	制度名称	制度主控单位	颁布文号	颁布日期	备注
1	测试公司生产运行管理办法	生产运行科	石油青测试〔2021〕38 号	2021-06-07	
2	测试公司应急管理办法	生产运行科	石油青测试〔2021〕38 号	2021-06-07	
3	测试公司安全生产管理办法	质量安全环保科	石油青测试〔2018〕34 号	2018-06-07	
4	测试公司安全生产违章管理办法	质量安全环保科	石油青测试〔2021〕44 号	2021-06-30	
5	测试公司环境保护管理办法	质量安全环保科	石油青测试〔2021〕43 号	2021-06-30	
6	测试公司生产安全事故管理办法	质量安全环保科	石油青测试〔2021〕21 号	2021-04-11	
7	测试公司有毒有害作业人员保健津贴发放管理办法	质量安全环保科	石油青测试〔2020〕65 号	2020-08-21	
8	环境污染事件（违规违章）管理办法	质量安全环保科	石油青测试〔2020〕65 号	2020-08-21	
9	测试公司放射源、同位素与射线装置安全管理办法	质量安全环保科	石油青测试〔2020〕75 号	2020-11-26	
10	测试公司职业健康管理实施细则	质量安全环保科	石油青测试〔2016〕64 号	2016-04-23	
11	测试公司个人劳动防护用品管理办法	质量安全环保科	石油青测试〔2020〕65 号	2020-08-21	
12	测试公司道路交通安全管理办法	质量安全环保科	石油青测试〔2020〕76 号	2020-12-09	
13	测试公司放射性同位素与射线装置管理办法	质量安全环保科	石油青测试〔2018〕65 号	2018-10-16	
14	测试公司安全环保检测器具管理办法	质量安全环保科	石油青测试〔2018〕69 号	2018-10-29	
15	测试公司 QHSE 职责及岗位职责	人事科（党委组织科）	石油青测试〔2016〕111 号	2016-08-26	

续表

序号	制度名称	制度主控单位	颁布文号	颁布日期	备注
16	测试公司劳动管理办法	人事科（党委组织科）	石油青测试〔2021〕10号	2021-03-06	
17	测试公司设备管理考核实施细则（试行）	资产装备部	石油青测试〔2020〕51号	2020-07-14	
18	测试公司北斗监控系统管理办法	质量安全环保科	石油青测试〔2020〕75号	2020-11-26	
19	测试公司安全生产记分管理办法	质量安全环保科	石油青测试〔2020〕75号	2020-11-26	
20	测试公司关键岗位管理办法	人事科（党委组织科）	石油青测试〔2021〕33号	2021-05-07	

2. 监督检查清单化

在梳理完善放射性同位素管理制度清单的基础上，各级监管人员依照制度标准及个人安全生产承包点计划开展监督检查，明确检查填写频次，实现管理制度的去繁就简，查缺补漏，对标对表检查，促进管理制度落地执行（图2）。

图2　测试公司生产测井用同位素监督检查清单化管理

3. 操作标准清单化

针对不同测井设备、不同工作岗位、不同测试井项目，建立操作标准化手册，采用清单目录形式对设备操作规程、岗位操作卡和施工作业操作卡进行归类梳理和系统规范，用以明确具体操作程序步骤，实现分装配置、现场领用、使用回收全流程闭环管理。利用数字化、可视化、智能化手段，从入库、存储、配置、拉运、使用、回收处置等环节，采用固定编号的专用同位素释放器对放射性同位素进行盛装专项记录，设置定点和移动监控系统对放射性同位素进行实时远程监控，安装定位监控移动报警装置对放射性同位素固定存储间进行监控报警，实施定点打卡巡检，多措并举优化全过程管控，确保放射性同位素全生命周期受控管理（图3）。

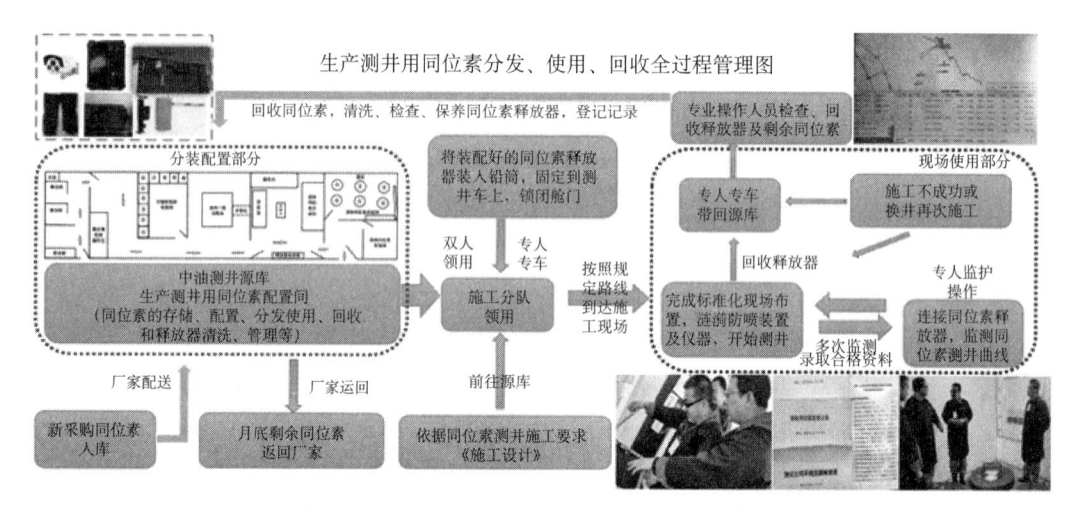

图3 测试公司生产测井用同位素分发、使用、回收全流程管控图

二、放射性同位素测井作业现场施工管理标准化

测试用放射性施工现场（注入剖面测井施工）实行标准化管理。载有放射性同位素的专用测井车严格执行公司"三限"行驶（路线、时速、区域）要求，车载定位系统监控网络每日进行实时监控，确保行车轨迹运行受控。到达指定施工井场，开启远程监控系统，施工区域实时监控。施工时划分警戒区域，从业人员穿戴专用防护器具，专人拆装同位素释放器，并随车定点存放于释放器屏蔽铅筒内。施工分队配备X-γ放射剂量当量（率）仪和电离放射防护用具，每日对施工区域开展环境监测并做好记录，实现了放射性同位素测井作业现场的标准化施工管理（图4）。

三、放射性同位素操作从业人员健康管理合规化

采用半自动智能分装屏蔽操作系统进行同位素分装使用，大幅减少放射操作人员的直接接触时间，有效减少放射伤害。开展放射防护知识及法规培训，开展个人放射性剂量检测（图5），严格放射操作人员岗前、岗中、离岗前职业健康体检和工作期间两年一次专项体检，规范建立放射操作人员个人剂量和健康档案，确保人员健康合规管控。

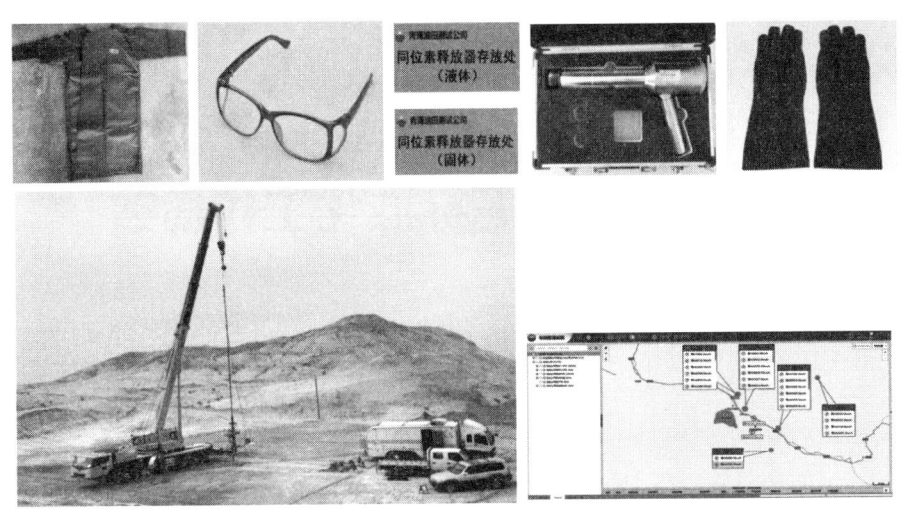

图 4　测试公司放射性同位素测井作业施工现场标准化管理图

图 5　放射性同位素操作从业人员证件、剂量卡和现场安全检测图

放射安全事关重大。测井二大队通过清单化管理、规范化操作、标准化施工、合规化管控等手段，增强了操作人员的放射安全管理意识，从制度上、执行上确保了放射安全的有效管控，筑牢了放射管理的安全防线，实现了放射性同位素在全油田范围内使用的全生命周期"绝对受控"管理。

标准化固本 规范化强基 常态化推进 全面提升HSE标准化工作质效

玉门油田公司油田作业公司压裂作业经理部

玉门油田公司油田作业公司压裂作业经理部（以下简称经理部）组建于2009年8月，现有员工75名，主要负责玉门油田各辖区压裂酸化施工任务，针对压裂酸化施工高压、强酸、高风险特点，经理部始终坚持以标准化固本、规范化强基、常态化推进为工作主线，致力打造标准化站队。开展建设以来，荣获了集团公司"千队示范工程示范单位""先进HSE标准化站（队）""金牌队"，玉门油田"安全生产先进集体"等荣誉称号。

一、规范流程，整章建制，筑牢标准化建设根基

一是整章建制，建立一套完整的岗位标准化手册。内容包括岗位HSE责任清单、管理网络、压裂施工现场标准化布置、风险辨识和防控清单、巡回和回场检查路线、设备操作规程、应急处置程序等，用制度管队伍，靠标准除隐患控风险，实现管理从"人治"向"制度"管理的转变，风险控制向"标准"靠齐，将标准化建设的根基筑牢筑实。

二是深入基层，发挥每一名员工的责任和力量。经理部梳理出巡回检查路线17条，检查点122个，交接班必须交接清楚的六个方面23项内容，强调岗位员工在巡回检查、交接班、班前安全活动、隐患排查、风险辨识等岗位基础工作，发挥班组长和经理部在监督检查、帮扶指导、资源支持等方面的作用，让每位员工成为标准化工作的发力点。

二、重在落实，持续推进，确保标准化建设实效

压裂酸化施工是高风险的集体作业，经过十几年标准化推进建设，经理部在生产实践中总结出"一个贯彻、两个推行、三大法宝"的经验成果。

1. 一个贯彻

坚决贯彻落实推进标准化建设，确保全体员工在思想上统一认识，使日常各项工作真正走上规范化、标准化的轨道。干部带头执行各项规范标准，带头执行压裂队管理手册，引导全员提高自身能力，自觉执行标准，促进各项工作规范开展。

2.两个推行

一是全面推行标准化体系建设,把 HSE 管理措施落实到实际工作中。在行车风险管控中,始终坚持安全行车"六确认"(出车前岗位人员进行行车风险确认、人员状态确认、车辆车况确认、行车道路风险确认,行车过程中乘车负责人进行驾驶员和乘车人员的行为确认,返回后驾驶员对车辆状况进行回场检查确认)和回场检查(每周专人对所有车辆进行全方位回场检查和问题整改)等交通风险管控措施,做到员工情绪不稳定不出车、身体不适不出车、车辆问题未整改不出车、道路风险辨识不清不出车、风险控制措施不到位不出车,从而确保行车安全。在压裂施工现场风险管控中,始终坚持执行工艺流程和操作规程,坚持重点工序、关键环节步步确认法,坚持每一步质量标准不放松,确保每道工序都有专人负责、施工质量有专人把控、质量效果专人确认,风险隐患管控到位,让任何一项工作都按照规程进行,坚决杜绝盲目蛮干违章施工,确保现场风险管控到位。长途行车中途的安全教育如图 1 所示。

图 1 长途行车中途的安全教育

二是推行理念立队,建设安全生产无隐患、无违章的 HSE 标准化班组。通过 HSE 标准化管理体系来提升安全风险管控能力,以风险管理为核心,以预防机制落实为手段,强化事前预防和持续改进,进一步推动 HSE 标准化管理、标准化操作和标准化现场成为安全文化。员工在行动上用行为文化约束自己,始终牢记"只有规定动作,没有自选动作"。将党支部主题教育与 HSE 标准化建设有机融合,建立"干部身边无隐患、党员身边无违章"党员干部安全保障机制,干部员工自觉积极落实行车和操作安全管理措施,全员主动担负起推进标准化管理的责任,自觉整治工作中的"低、老、坏、软、懒、散",查处施工中的"三违"行为,让标准化管理、标准化操作和标准化现场成为员工工作常态。

3. 三大法宝

一是设备管理亲情化。树立"我为设备负责、设备为我服务"的思想,把压裂设备当作亲人般加以爱护,日常维护保养坚决不走过场,不让设备带病待岗。建立"一人一车一表"机制,每台车、每次检查发现的问题必须由车辆责任人负责,按月度考核兑现。

二是行车安全闭环化。"每车一个号、行车一条龙、停车一条线",每次出车坚持安全教育、车辆引导、按号行驶、尾部押车等一系列措施,不让任何一辆车从路线、车速、车距、人员疲劳度控制等方面脱离车队,保持车队就是一辆车的闭环管理措施,以此确保行车交通安全。长途行车标准化车队如图2所示。

图2　长途行车标准化车队

三是井场施工规范化。压裂井场布局和操作指令执行统一标准,车辆摆放做到整齐划一,高低压管汇的连接和井口连接坚持紧扣,管线拆卸回收前先回收残液,施工指令明确简洁,执行回复清晰明了。依照压裂施工开工前检查表对现场的每一台设备、每一个环节、每一个岗位逐一进行检查核实,确保各项施工准备满足施工标准方可开泵施工。压裂施工标准化现场如图3所示。

图3　压裂施工标准化现场

经理部通过持之以恒地推进 HSE 标准化建设，做到了管理标准化、标准规范化，队伍强基固本工作显著加强，各项工作规范有序，员工素养显著提升，标准化已经深深植入了经理部各项工作当中，为经理部的持续发展注入了强大的动力。

全方位管控高风险 为安全生产保驾护航

哈法亚公司油田中心处理厂

伊拉克哈法亚油田合同区面积288km², 共有三座油田中心处理厂（CPF），负责全油田原油、天然气的处理和外输，设计日处理能力 40×10^4 bbl/天。公司始终坚持"以人为本、预防为主、遵守法纪、精益管理"的安全生产方针，追求"零事故、零污染、零伤害、零损失"的HSE管理目标。以全面开展"反违章专项整治""隐患排查治理"，在强化现场安全基础管理的同时，狠抓安全队伍建设，全面提升安全生产管理水平。尤其是通过全方位手段对CPF高风险的管控，取得了较好的实际效果。

一、开展隐患排查，完成风险辨识，明确管控对象

开展风险防控，要先进行风险辨识，明确具体问题也就是需要管控和治理的内容，而近年来开展的隐患排查就是很好的做法。主要从以下几个方面规范此类工作：

1. 完善风险防控制度

结合CPF实际情况完善安全生产管理制度，如"风险评价及控制"，主要涵盖危害和影响管理过程（HEMP）、HSE关键设备和系统（HSECES）、工艺变更管理等；再如"作业执行"，主要涵盖了安全标志和注意事项（如"保命规则"的标识是一直着重强调的）、作业票（PTW）、工作危害分析（JHA）、个人防护装备（PPE）等，尤其PTW和JHA的申请和管控有效地降低了风险。

2. 加强安全隐患排查

隐患排查工作要以风险辨识管控为基础，细化隐患排查的事项、内容、频次，并将责任逐一分解落实，推动全员主动开展隐患排查。各个场站配备了专业的国际HSE雇员和当地HSE人员，指导和监督全员参与隐患识别和整改的活动，及时汇报各类安全事故。全员参与安全隐患排查；生产管理人员和HSE人员一起开展各个CPF场站的隐患识别登记工作，制订整改计划和整改的措施，将隐患降低到可以接受的程度；场站的领导层履行领导承诺，定期开展LSV（领导现场观察）和发现安全隐患。

3. 严格落实治理措施

制订并实施严格的隐患治理方案，做到责任、措施、资金、时限和预案"五到位"实现闭环管理。对排查的隐患及时治理，消灭在萌芽阶段，以防引发CPF整个系统的次生问题和连锁问题，导致风险和隐患超出控制。

4. CPF七大主要风险

结合哈法亚油田产出液高矿化度、高H_2S，当地农民阻工影响施工和抢险，CPF场站部分主要设备老化的实际情况，将筛查出的风险进行分类分级，主要高风险有七项，包括：原油泄漏风险、污水泄漏风险、天然气泄漏风险、污水罐或外输水罐冒罐风险、管线腐蚀穿孔泄漏风险、化学药剂使用、联合站停电的应急处理。

二、严格执行管理制度，加强考核，推行高风险防控措施

高风险作业管理是个长期持久性工作，要从根源上处理这类问题，主要从制度、规定和过程管理等方面着手。

1. 规范管理制度，严格执行并考核

这类措施从管理的角度出发，属于通用措施范畴。具体做法有：
（1）严格执行操作规程，杜绝违章操作。
（2）严格执行高危作业提前风险识别，将风险识别和控制措施标准化。
（3）严格履行高危作业属地监管和应急处置。
（4）严格按安全生产管理制度考核，对违反安全禁令或规章制度实行"零容忍"，定期对"三违"行为公布曝光。
（5）每周组织1次安全事故经验分享交流会，通过观看历年来安全事故案例视频，开展结合站内实际高危风险作业讨论。
（6）实行考核制度，对未通过考核的员工不允许参与检维修作业活动。

2. 制订针对性防控措施，强化作业全过程管理

针对不同的风险，编制相对应的针对性防控措施，尽量做到量化，增强可操作性。针对高危工艺、设备、物品、场所和岗位等重点环节，高度关注运营状况，及时调整风险等级和管控措施，确保安全风险始终处于受控范围内。CPF自运行以来，着重加强对现场检维修施工作业的风险管理，通过强化事前控制、过程监督和应急控制，使施工现场安全状况得到切实改善。严格管控重大安全风险，杜绝"三违"，强化安全生产保障措施落实。具体风险和防控措施见表1。

表1 哈法亚油田CPF风险及防控措施表

序号	高风险名称	防控措施
1	原油泄漏	1. 控制事故污染面积，将污染物用集中收集后，运到指定地点进行存放，并且恢复现场生态环境。 2. 每日对工艺系统进行检查，至少每天4次。 3. 按时校验压力及液位显示仪表，确保仪表完好
2	污水泄漏	1. 每日对工艺系统进行检查，至少每天4次。 2. 按时校验压力及液位显示仪表，确保仪表完好
3	天然气泄漏	1. 每日对工艺系统进行检查，至少每天4次。 2. 按时校验压力及液位显示仪表，确保仪表完好
4	污水罐或外输水罐冒罐风险	1. 按照电器仪表相关规定定期检测仪表，确保仪表完好。 2. 岗位员工每日对水罐及仪表检查，每天至少4次。 3. 冬季加强对油水储罐现场检查，防止假液位造成冒罐
5	管线腐蚀穿孔泄漏风险	1. 控制事故污染面积，将污染物集中收集后，运到指定地点进行存放，并且进行恢复现场生态环境。 2. 岗位员工每日对站内主要管线进行巡检，每天至少4次。 3. 及时对管线闸门进行维护保养
6	化学药剂使用	1. 加强化学药剂存储管理。 2. 操作人员应熟知各类化学药品危害和泄漏后的应急处置。 3. 操作人员应穿戴好防护用品
7	全站停电的应急处理	1. 停电后立即切换事故流程，脱水转油站将来液倒入不合格油罐，并严密监视油、水系统各罐液位，避免发生冒罐事故。 2. 增压系统倒通旁通流程，使进站分离的伴生气直接到火炬放烧。 3. 值班人员组织抢险组及时恢复系统供电

3. 做好预防性和纠正性维护，保障主要设备稳定

CPF相当一部分设备已运转十多年，老化问题凸显，因此在完成主要生产设施的日常维保的基础上，要做好关键设备的大修、升级等工作。CPF部分维保作业清单见表2。

表2 CPF部分维保作业清单

序号	维护内容	备注
1	CPF1消防水罐更换TR机组	
2	CPF1罐体内部检查和维修	
3	CPF非标油箱内部检查	
4	CPF1电脱盐内部检查	
5	CPF1电脱水内部检查	

续表

序号	维护内容	备注
6	CPF1 放空槽电缆整流	
7	CPF1 完成为注水泵站、高压系统服务器重新配置	
8	CPF1 污油泵大修	
9	CPF1 蒸发池 CCTV 升级完成	
10	CPF2 缓冲罐内部清洗和检查	
11	HPS 冷却塔内部检查和清洁	
12	CPF3 油—水热交换器内部清洗、检查、整改	
13	CPF3 稳定气体压缩机预防性维护	
14	CPF3 仪表空气压缩机的预防性维护	
15	CPF3 水软化橇配置为自动模式	
16	CPF3UPS 电池维护保养	
17	CPF1、CPF2、CPF3 高压气体压缩机 8000h 保养	
18	CPF1 和外输泵站流量计标定	
19	压缩机、外输泵年度保养	
20	消防系统和发动机的性能测试	
21	接地、避雷的检查和整改	
22	CPF1 和 CPF2 化工棚烟火探测器的安装和调试	

4. 加强承包商管理，保证站内施工安全有序

承包商的管理也是风险管控的一项重要内容。生产部场站每月召开各级承包商论坛会议，检查安全 KPI，传达总部的安全管理要求，分享安全事故，开展安全警示活动，提出安全管理的要求，制定隐患整改目标和措施。

每年年初对承包商运维人员进行入场教育。通过播放入场安全教育 PPT 课件，对现场承包商人员进行安全培训。培训内容包括伊拉克地理位置、政治形势、国情、风俗习惯、哈法亚油田简介，最近安保形势，出行安保要求；现场登高作业、受限空间作业、动火作业、临时用电作业、现场工艺流程、疫情防控等要求。

5. 开展针对性培训，增强风险防控意识

针对上述存在的高风险，将可能引发的危害和注意事项列出，开展专门性培训。制订了周密的学习培训计划，定期对员工培训并检查员工对培训内容的掌握情况，利用工

作间隙和营地轮休时间有序开展员工安全知识学习培训活动。定期对所有员工进行工作许可、硫化氢环境下安全作业、正压呼吸机使用等培训。同时根据现场重点工作安排及 HSE 检查结果开展相应的 HSE 培训，如每月开展一项保命原则的宣贯活动，处置硫化氢泄漏、临时用电、有毒气体泄漏、疫情防控、安全防控等培训。由于公司国际化程度高，人员来自多个国家，培训语言以英语为主，培训形式采用课堂授课结合专题讨论和桌面推演等方式。培训记录见表3。

表3 培训记录

序号	培训名称	培训主要内容	培训时间
1	安全培训	讲解十大保命法则	2022年1月
2	安全培训	海外安全防恐培训	2022年1月
3	安全培训	油气田如何防止和处置硫化氢泄漏	2022年2月
4	安全培训	大庆炼化"8·10"窒息事故	2022年2月
5	安全培训	临时用电安全管理规范培训	2022年3月
6	安全培训	大连石化"2·22"窒息事故	2022年3月
7	安全培训	受限空间管理规范培训	2022年4月
8	安全培训	播放"2·15"硫化氢中毒事故经验分享	2022年4月
9	安全培训	大庆建设"9·4"火灾事故	2022年5月
10	安全培训	现场应急处置培训	2022年6月
11	安全培训	辽阳石化"7·14"爆炸火灾事故	2022年6月
12	安全培训	观看中暑的预防和急救视频	2022年7月
13	安全培训	大庆油田"12·23"起重伤害事故	2022年7月
14	安全培训	危险化学品作业安全培训	2022年8月
15	安全培训	大庆油田"7·20"机械伤害事故	2022年8月
16	安全培训	对员工进行急救知识培训，讲解人工呼吸方法	2022年9月
17	安全培训	大庆油田"10·15"中毒窒息事故	2022年9月
18	安全培训	包括三不伤害原则、现场注意事项等	2022年10月
19	安全培训	大庆油田"8·6"车辆伤害事故	2022年10月
20	疫情培训	疫情期间日常防护注意事项——消毒培训	2022年10月
21	安全培训	包括：灭火器的使用范围、使用方法、制止火灾的基本措施、火场逃生等	2022年11月
22	安全培训	渤海装备制造公司"7·1"物体打击事故	2022年11月
23	安全培训	对办公室的不安全因素分析及防范等	2022年12月
24	安全培训	职业健康与环境保护	2022年12月

6. 积极开展高风险应急演练，提升处理突发状况的能力，保证风险和损失可控

针对站内的高风险和可能引起的突发情况如全厂停电、溢流、H_2S 泄漏等，均编制了相应的应急预案和应急操作处置指南，通过演练不断丰富、完善各类应急预案，使应急预案更加贴近实战，如针对油田高含硫管线易腐蚀穿孔演练管线泄漏和 H_2S 泄漏的预案，针对夏季高温、风大、干燥的环境下极易发生火灾的情况进行加强演练等等。参加人员分别来自中国、苏丹、印度、伊拉克等多个国家，全过程用英语进行沟通，对行动组织的要求相当高，通过演练提高了现场人员处理复杂情况下的应急能力，将高风险突发事件造成的损失和伤害控制在最小范围内。2022 年开展各类演练 12 次，累计参加演练人员 162 人次，逐步实现"人人讲安全，个个会应急"。

综上，通过开展全方位的风险管控，使 CPF 的 7 大高风险处于可控的状态。在保障了油田安全生产的同时又提升了管理水平，取得了较为理想的效果。下一步将继续改进高风险的全方位管控手段，如完善各项管理制度、规定，深入开展隐患排查和治理，管控好各类风险，争取形成好的模式进行推广。

融合四大管理模块　标准化管理写新篇

渤海装备公司华油钢管公司制管三厂

渤海装备公司华油钢管公司制管三厂（以下简称制管三厂）于2008年10月建成投产，是国内首条预精焊生产线，可生产X52-X120钢级、ϕ660mm～ϕ2235mm系列螺旋埋弧焊钢管，先后承担了西气东输管线、陕京管线、中靖线、中俄东线等国脉工程。投产以来累计生产钢管近130×10^4t，在国家能源管网建设中谱写了辉煌篇章，荣获集团公司授予的"绿色基层队（站）""装备制造精益管理标杆工厂（车间）"等荣誉称号。

近年来，制管三厂积极推进基层HSE标准化站（队）建设，融合绩效考核、6S检查、注册安全工程师检查、双控管理四大管理模块，为现场标准化管理续写新篇。

一、融合员工绩效考核，提升员工安全能力

制管三厂以绩效考核为"压舱石"，汇编"六合一"HSE信用评分管理办法，将违章管理、现场6S管理、HSE记录管理、双控管理、疫情防控管理、HSE管理清单管理统一考核，现已纳入特别严重违章33项条款、严重违章39项条款、一般违章56项条款、现场6S管理21项条款、疫情防控6项条款等，全面为HSE体系运行保驾护航。HSE信用评分管理办法以20积分为考核档，累计循环，既体现管理过程，也实现量化考核和精益管理；并结合实际持续改进，将管理缺陷写进制度，促进安全管理系统化，实现有法可依、有章可循的安全标准，让员工知晓哪些行为受控，懂得如何去约束自己，不断提升员工安全能力。

二、融合现场6S管理，提升现场表现力

制管三厂针对厂房占地面积18336m²、使用设备55台套、拥有22个生产工序、当班用工不足30人，24h连续生产模式等特点带来的6S管理难题，建立区域责任包干、目视化定制、常态化6S检查等机制，推动6S管理的精益化。一是公共区域（含安全通道）常态化专人负责，非公共区域划分为生产班组轮流负责，细化责任人。二是"试点先行、以点带面"的工作思路，通过"效率优先、效益优先"两优先原则和"现场观察与沟通、方案论证、低成本改善"分步实施方法，推动目视化管理。三是常态化6S专项检查和信用评分考核机制，督促全员履职尽责。生产线逐渐形成了"物有主、主有责；物有位、

物在位；物有名、名准确；物有数、数合理；物有容、容有积"的标准化现场。

提升现场标准化水平，为员工创建一个"开心工作，快乐生活"高效文明的作业环境，实现自我管理，自我愉悦，体现了"以人为本，持续改进"的安全发展理念。

三、融合公司注安检查，提升现场本质安全

制管三厂按月推动注册安全工程师检查（设备专项检查）问题整改，源源不断为分厂现场建设提供新动能。运用安全"四查"（查思想、查管理、查技术、查纪律）方法，找出问题根源，直面问题本质。结合自身技术优势，不断推广新的技术应用，尤其是在环保、职业健康方面投入大量人力、物力，不断改善作业条件。

近年来，先后完成管端磨削机器人、自动喷标机器人、钢管综合测量平台、模块化真空吊具、智能化机组集中控制室等，变革了传统作业方式和作业工艺，利用科学技术消除风险隐患，提升现场本质安全。

四、融合全员双控管理，提升全员安全意识

制管三厂采取自上而下，各级管理者带头实施的"双控"管理模式，形成车间、班组、岗位三级联动。以"秦安安全APP"为载体，让员工亲自参与隐患排查，建立全员防控体系，实现风险管控、关口前移，把安全风险挺在隐患前面，把隐患排查治理挺在事故前面。以问题为导向，积极落实问题原因、整改措施、整改结果、培训教育和事故预防，形成完整的隐患治理机制。

经统计，2022年发现有价值的安全隐患4项，均给予"吹哨人"物质奖励，最高奖励额上千元。这是企业对隐患的负责态度，是严格推行国家"双重预防"工作的现实体现。通过岗位隐患排查，既消除了隐患，也提升了"我要安全，我会安全"的安全意识。

四大管理模块的绩效考核是标准化管理的压舱石，是对标准化管理的在线监测。现场6S管理是标准化建设的颜面，是验证标准化管理的窗口。注册安全工程师检查是标准化管理的本质安全。双控管理是标准化管理的未雨绸缪，是海因里希法则的具象化。制管三厂通过标准化建设融合四大管理模块，积极推动安全标准化工作，实现了生产线目视化、工序流程规范化、岗位操作数字化，助推生产时率提升10%，安全"无伤害、无事故、无污染"，打造了渤海装备公司对外的"窗口"，螺旋焊管行业内生产线的新样板，全年迎接包括中国石油集团领导、国家管网集团领导在内的六十余次、四百余人次参观指导，极大提升了企业市场竞争力和社会影响力。

推行"十步法"工作模式
提升基层风险管控能力和员工执行力

新疆油田公司采油二厂注输联合一站

新疆油田公司采油二厂注输联合一站管理着 81# 联合处理站、72# 三采联合处理站、82# 转油站。其中 81# 联合处理站是国内陆上油田最大的联合处理站，于 2021 年 12 月 27 日投产运行，担负着采油二厂的原油交接工作，以及东油区的来液脱水处理、采出水处理任务。该站以 HSE 风险管理为核心，总结形成"十步法"风险管理做法，促进了基层风险管控能力和员工执行力提升，初步实现管理无缺项、操作无违章、现场无隐患。

一、统一思想，明确全员理念

这是风险管理的第一步。把风险防控作为核心，全员灌输并达成"四个什么"（图1）共识。即"我们的理念是什么？一切事故都是可以避免的""我们要杜绝什么？人的不安全行为、物的不安全状态、管理缺陷""我们重点工作是什么？辨识风险、消除隐患""我们最终的目的是什么？管理标准化、操作标准化、现场标准化"。

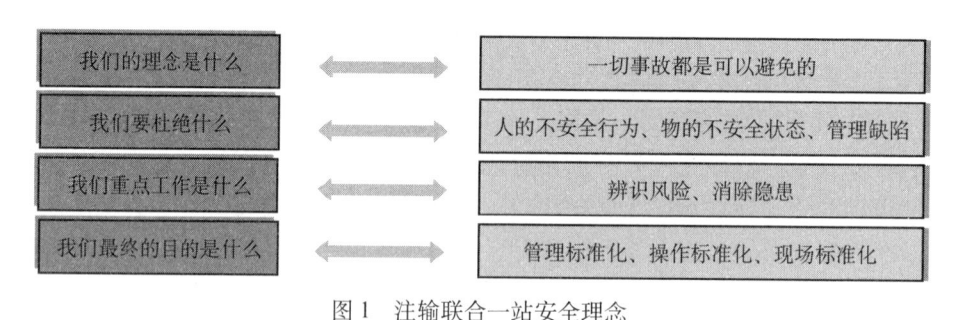

我们的理念是什么	⇔	一切事故都是可以避免的
我们要杜绝什么	⇔	人的不安全行为、物的不安全状态、管理缺陷
我们重点工作是什么	⇔	辨识风险、消除隐患
我们最终的目的是什么	⇔	管理标准化、操作标准化、现场标准化

图 1 注输联合一站安全理念

二、全员进行风险培训，温故知新

这是管理第二步。注输联合一站实施标准化培训模式（图2），注重 HSE 培训实效。站队、班组分级培训，注重"理论+现场"培训，课堂设在装置区，培训简单、直接；次次培训有考核，培训效果有体现。

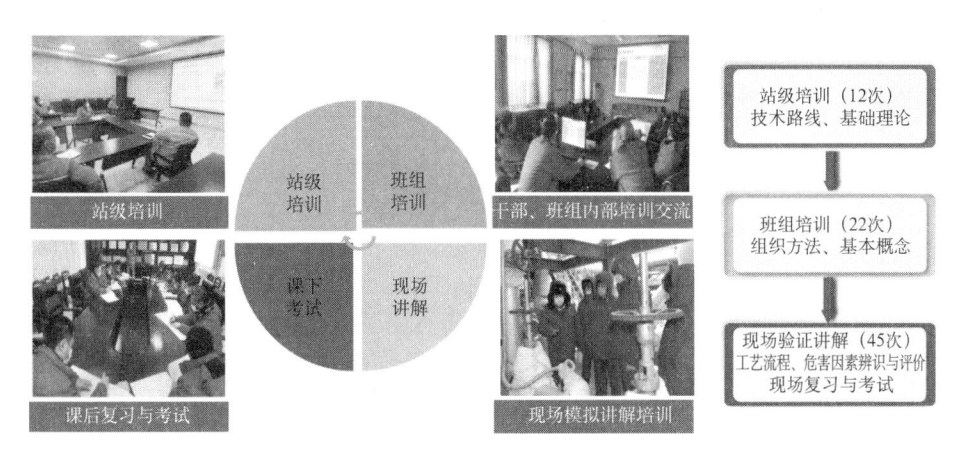

图 2 站队标准化培训模式

三、划分属地，明晰责任

这是管理第三步。划分单元与业务职能，明确责任，针对装置划分七大单元，围绕班长、中控、巡检三大重点岗位，明确属地运行管理职责，形成属地区域划分图（图3）。

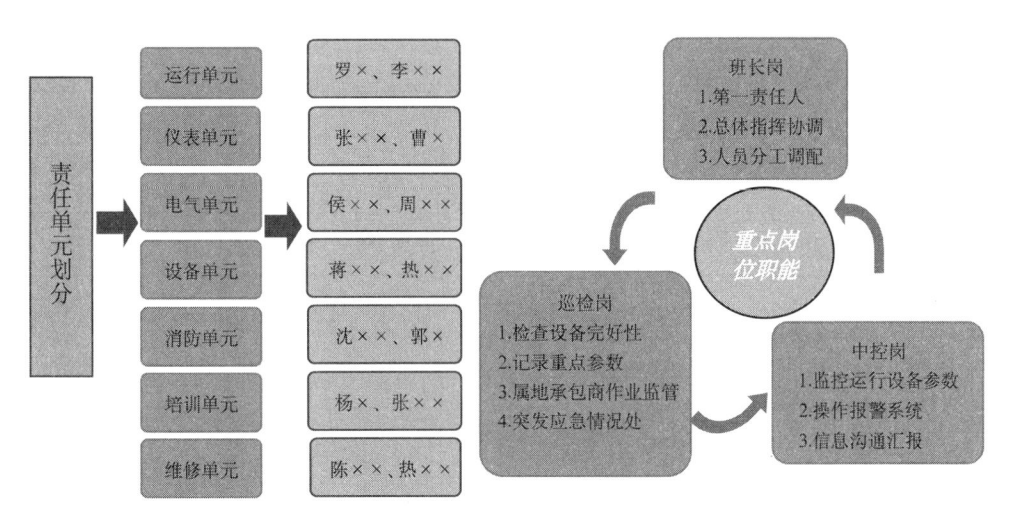

图 3 属地区域划分图

四、全员参与，制订落实管控措施

这是管理第四步。每年开展一次危害因素辨识评估，全员参加"识风险、写风险、说风险"，动态更新危害因素辨识清单（图4）。依据风险等级合理确定针对性的风险防控措施，各岗位严格落实风险分级管控各项要求，将风险控制在可接受范围。

操作单元

序号	操作项目名称	操作步骤		危害因素	风险（可能导致事故类型及后果）
		典型操作步骤	细分操作步骤		
	油气分离器投运、停运操作	检查和准备	检查所有阀门开关正确（安全阀下端控制阀开启并锁定）	安全阀未打开或未全开	憋压，油气刺漏
			封闭侧人孔，将分离器进满水后封闭顶部人孔	分离器内未进满水，投运时产生静电	着火爆炸
				封闭人孔时密封性不好	油气泄漏

设备单元

设备设施	关键部位	检查标准	危害因素	风险（可能导致事故类型及后果）
热油循环油泵	电动机	检查联轴器间隙在 3～5mm	未能及时发现联轴器间隙过大导致机泵松旷	机泵损坏
		检查电机有无异常振动或响声	地脚固定螺栓松动	机泵损坏
		检查电机有无过热及异味现象，电压（360～400V）、电流（小于23A）正常	未能及时发现电机过热	电机损坏
			电面负荷大或室内温度过高，电机自冷风扇损坏	设备损坏
		检查电机接线盒及电缆头	未能及时发现电机相关线路损坏	漏电、触电

管理单元

序号	生产管理活动			
	一级	二级	三级	四级
655	综合组	意识形态及民族团结工作管理	负责民族团结及"一家亲"工作	每月入户走访及社区走访
656			负责意识形态管理工作	及时传达学习文件、案例内容	做好不稳定人员思想摸排
657		人民信息管理	负责请销假管理工作	及时更新请销假系统

图 4 危害因素辨识清单

五、对标责任清单，落实全员责任

这是管理第五步。对标安全生产责任清单（图5），明确各岗位HSE责任，逐级制定差异化过程控制目标与指标，确保责任书内容与岗位风险相适应，达到明确目标指标，动态量化考核目的。

注输联合一站 维修班班长岗 安全生产责任清单		
岗位名称		岗位级别
	（姓名）	责任概要
序号	安全生产职责	工作任务	工作标准
1	学习、贯彻落实国家有关安全环保法律法规、标准规范、上级部门及站内有关安全环保工作的要求	1.参加建立适用于本业务有关安全环保生产的法律法规及规章制度清单	及时通过办公系统或会议获取油田公司及采油二厂关于生产管理制度及要求；及时将站库制度与新颁布或修订的法律法规及规章制度进行对标；根据对标结果提出本业务制度修订建议
		2.参加本业务开展适用的法律法规及规章制度培训学习	及时参加新颁布或修订的法律法规及规章制度培训学习
2	负责本站所辖电气设备设施日常巡检、维护保养QHSE管理工作	1.负责监督检查电气设备设施，对所属区域的电气设备进行区域划分落实到个	制定电气检查表，定期检查填写记录
		2.做好维护保养工作及记录	电气设备保养要有记录

图 5 安全生产责任清单

六、强化制度规程学习，规范做事

这是管理第六步。注输联合一站梳理、制修订操作规程146项，坚持全员日学习、周巩固、月提升。针对81#站的消防系统特点，重新修订操作规程，实现一键启动，大幅度缩减消防系统反应时间，降低岗位员工操作难度，切实提升安全操作技能。

七、完善应急方案，提升处突能力

这是管理第七步。制订"注输联合一站应急处置方案"，细化32项应急处置流程和分工，应急物资"专人专管"模式，确保物资随时"在位在状态"，助力应急处突能力有效提升。

八、细化检查表，提升全员HSE技能

这是管理第八步。按照"重实用、细落实"原则，开展岗位检查表（图6）编制工作，明确现场检查责任人、区域、内容和频次。

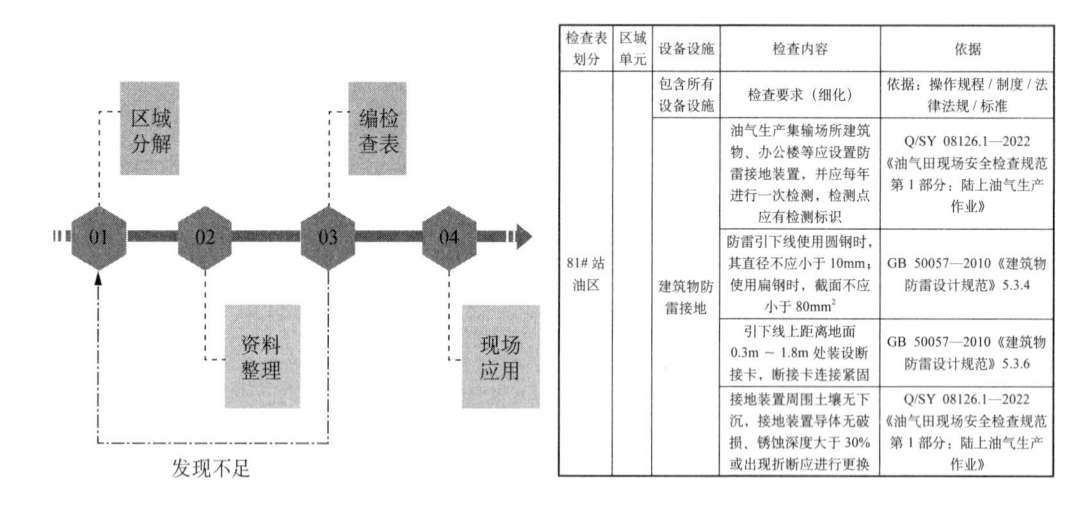

检查表划分	区域单元	设备设施	检查内容	依据
		包含所有设备设施	检查要求（细化）	依据：操作规程/制度/法律法规/标准
	81#站油区	建筑物防雷接地	油气生产集输场所建筑物、办公楼等应设置防雷接地装置，并应每年进行一次检测，检测点应有检测标识	Q/SY 08126.1—2022《油气田现场安全检查规范 第1部分：陆上油气生产作业》
			防雷引下线使用圆钢时，其直径不应小于10mm，使用扁钢时，截面不应小于80mm²	GB 50057—2010《建筑物防雷设计规范》5.3.4
			引下线上距离地面0.3m~1.8m处装设断接卡，断接卡连接紧固	GB 50057—2010《建筑物防雷设计规范》5.3.6
			接地装置周围土壤无下沉，接地装置导体无破损，锈蚀深度大于30%或出现折断应进行更换	Q/SY 08126.1—2022《油气田现场安全检查规范 第1部分：陆上油气生产作业》

图6 编制现场检查表

九、定期隐患分析，查找管理薄弱环节

这是管理第九步。每月阶段性开展隐患分析，查摆在安全管理的薄弱环节，2022年上级部门查处隐患共计8处（较大隐患2处），站队自查自改隐患1134处。

十、打造美丽站场，提升现场标准化

这是管理第十步。强化属地意识，从区域警示、设备状态、HSE提示、物料走向、环境卫生等方面确保每一区域都有专人负责；开展现场目视化工作（图7），实现风险提示目视化、显性化。2022年获得新疆油田公司HSE标准化站队称号。

图 7　现场目视化

经过风险管理"十步法"的全面实施，注输联合一站实现了生产安全风险防控深化、细化，将风险防控工作与基层 HSE 标准化站队建设、双重预防机制等工作相结合，将风险防控要求落实到日常工作中，做到关口前移、预防为主。

推行"五化"工作法
落实全链条管理　实现吊装作业风险过程受控

渤海钻探工程公司

渤海钻探工程公司（以下简称公司）是一家从事油气勘探开发的国际化石油工程技术服务公司，拥有施工作业队伍一千多支，主要从事钻修井等石油工程技术服务，拥有完整的油气工程技术服务产业链和雄厚的工程技术服务总承包能力，施工作业点多面广战线长，每年仅钻机拆搬安就达两千多次，吊装作业频繁，作业风险高、管理难度大。为切实加强吊装作业安全管理，公司推行吊装"四化"工作法，落实全链条管理，实现了吊装作业风险全过程受控。

一、按照"三统一"，实现吊点改造标准化

1. 统一吊点颜色

用红、黄、蓝三种颜色标注吊装物的吊点，与吊索具颜色相对应，吊装作业时便于员工直观、正确地选用吊索具。

2. 统一吊点标准

将开口式吊点改成闭合式吊点、圆形吊点挡板改成水滴形吊点挡板、设备内吊点改成外吊点、钢筋环吊点改成隐藏式吊点，彻底解决吊装时受力不平衡易脱钩、吊点强度不够断裂的隐患。

3. 统一吊点位置

将柴油罐、循环罐、野营房等设备设施的上吊点改造成下吊点，避免人员登高作业；为液气分离器、封井器、油桶等无明确吊点的设备，制作专用吊装工具；去除不合格吊点，确保吊点的唯一性，做到专物专用，规范管理。

二、按照三个"规范",实现吊索具使用标准化

1. 规范吊索具使用

编制"常用钢丝绳吊索具选型配套标准推荐表",根据设备重量、外观尺寸明确吊索具使用规格、肢数,降低因选错吊索具发生事故的风险。

2. 规范吊索具配备

明确单肢、双肢、四肢钢丝绳和圆形吊带配备型号,严禁使用扁平型吊带、链(钩)式吊索具,确保吊索具使用安全。

3. 规范吊索具管理

严禁使用无出厂标志和检验合格证书的吊索具;使用钢丝绳套或吊带时,应直接将其挂入吊钩的受力中心位置,严禁挂在钩尖部位或在吊钩上缠绕拴扣;及时清除吊索具上残留污物,加强吊索具报废管理,达到报废标准的,剪断销毁严禁再次使用。

三、按照三个"明确",实现吊装方式标准化

1. 明确无固定吊点设备吊装方式

水龙带、点火装置等设备采用吊带锁死的方式吊装,独立箱体、过桥梯子等设备加装吊点,根除吊装过程中吊物滑脱的风险。

2. 明确有棱角、易散落的设备吊装方式

井架等有棱角的设备采用"钢丝绳+吊带"的方式组合吊装,套管等易散落的设备用吊带吊装,杜绝吊装过程中应力剪切钢丝绳、钻具散落伤人的风险。

3. 明确中心不居中的设备吊装方式

明确水龙头、倒绳机等设备吊带栓位置,进行目视化标记,彻底解决吊装重心不居中,吊物倾倒的问题。

四、按照三个"完善",实现吊装流程标准化

1. 完善预约报备流程

作业单位至少提前一天向上一级业务部门和安全管理部门报告拟实施的吊装作业项

目，包括作业风险和应当采取的安全措施或者作业方案。上一级业务部门和安全管理部门评估当日作业量和作业风险，对作业项目的实施做出统筹安排。

2. 完善承包商检查标准

明确承包商起重机械检查点项和具体要求，安全保护装置要灵活有效，取得地方行政主管部门颁发的使用许可证，作业前双方签字确认后再进行作业。

3. 完善升级管控要求

将辨识的各类吊装作业项目纳入"作业许可项目清单"，细化特殊敏感时段升级审批、升级防范、升级检查、升级监督措施，确保吊装作业过程受控。

五、按照三个"加强"，实现吊装管理标准化

1. 加强吊装作业监管

将起重机械缺少限位、吊索具存在缺陷、人员操作站位不规范等行为纳入特别严重违章行为进行严厉惩处、实施销项管理。

2. 加强作业人员管理

制定现场负责人、安全监督、监护人、起重机械司机、司索指挥、司索作业人员53项工作职责，捋清管理界面，作业时各司其职、各负其责。

3. 加强作业分区管理

落实现场挂牌、"区长"制等要求，根据起重机械移动、物件移动或物件可能脱落范围，划定警戒区域，设置警示标识；吊装过程中警戒范围区严禁人员或者车辆经过，特殊敏感时期严格落实一台吊车一名监督人员的升级监管措施，确保现场作业安全。

通过实施吊装作业"五化"工作法，渤海钻探工程公司各施工作业现场设备设施无有效吊点、使用报废吊索具、人员站位不合理、指挥人员信号混乱、吊装作业流程不完善等管理缺陷和违章行为得到有效遏制，吊装作业得到有效管控，构建了吊装作业安全管理的长效机制。

绘制工序安全风险提示图
助力提升班组风险管控能力

工程建设公司新疆油建公司管道事业部李阳班组

新疆油建公司管道事业部李阳班组（以下简称班组）是一支长期从事长输管道全自动焊接作业的班组，近年来先后参加过中俄东线、福建漳州LNG、西气东输四线等重点项目建设，已成长为公司长输管道建设的王牌班组。班组在安全风险管控上，推陈出新绘制了工序安全风险提示图，将风险和管控措施可视化、图片化，便于班组作业人员在作业期间随时可以进行查看，指导班组管理人员对各项措施的检查并落实，助力班组提升风险管控能力，从而实现安全管理目标。

一、设计思路

班组将管道全自动焊接作业流程划分为若干工序，以工序为单元，按照思维导图的表达形式，将工序、安全风险及相应的控制措施绘制成图片。工序图分为三个区域：工序名称、工序风险、控制措施。各区域用不同的颜色表达：工序名称为墨绿色，工序风险为红色警示色，控制措施为蓝色指令色（图1）。同时，在工序名称区域下部添加工序风险控制思维导图，以便施工现场作业人员核对。

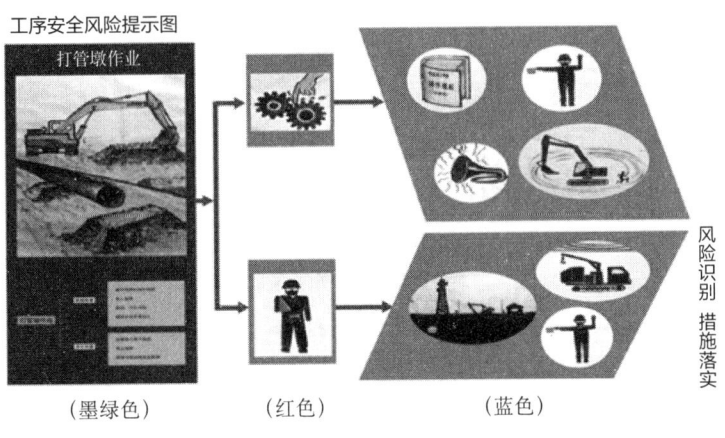

图1 工序安全风险提示图设计分区示例

二、制作流程

1. 作业工序梳理

针对管道全自动焊接作业，根据现场实际作业情况，梳理其流水作业的各个工序。李阳班组将全自动焊接作业划分为：打管墩作业、布管作业、坡口清理作业、坡口加工作业、管口组对作业、管口中频加热作业、根焊作业、热焊及填盖焊接作业、外观检查及处理作业。以上工序名均以班组日常口语表达习惯命名，便于理解。

2. 工序风险及控制措施明确

组织相关人员，针对不同作业工序开展风险辨识，针对辨识风险制订相应的安全控制措施，并以思维导图形式展示（图2）。

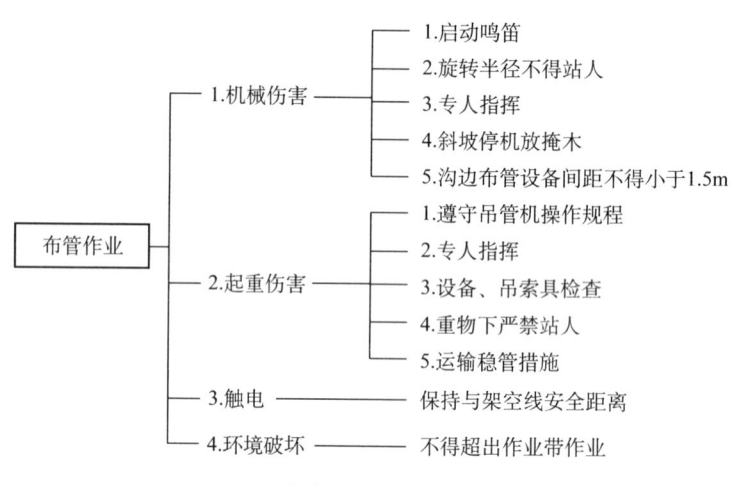

图 2　工序安全风险思维导图示例

3. 图形设计和绘制

将各工序安全风险思维导图内容转化为图形表达。工序图片按照现场实际绘制，一目了然，观察者看到图片，就知道此工序是什么。风险因素图片参考标准警示图集，以手工绘图形式进行制作。对无标准图集的，根据现场实际，进行形象绘制。控制措施图片按措施内容形象绘制，促使作业人员在看到图片后，能立即明白要做什么、不能做什么、应注意什么。图形绘制完成后，组织机组人员进行评审，对图形意思表达不清楚的，进行重新设计和绘制。最终形成生动、直观，能够清晰表达工序风险和控制措施的工序安全风险提示图（图3、图4）。

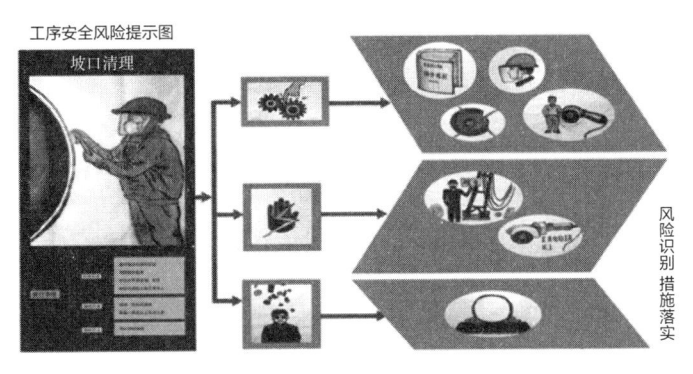

图 3　工序安全风险提示图示例（坡口清理）

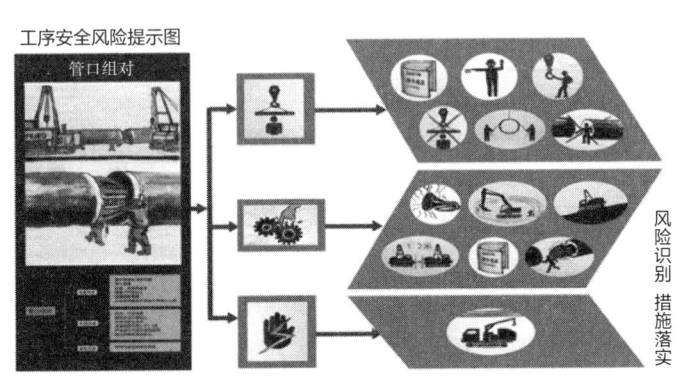

图 4　工序安全风险提示图示例（管口组对）

4. 现场张贴、展示

应用目视化管理，将工序安全风险提示图粘贴在作业可能涉及的各类设备设施、场所等显著位置，便于作业人员直观了解作业工序，熟知作业风险及相关注意事项。

班组在探索和实践工序安全风险提示图的过程中，锻炼了班组人员风险识别能力，加深了对风险管控的认识和理解，提升了班组人员的风险管控能力。该提示图投入到现场应用后，对各岗位起到了很好的提醒及警示作用，收到基层一线作业人员的一致好评。

推行"三篇三卡" 规范盾构工程施工管理

北京项目管理公司兴油公司中俄东线长江盾构监理部

中俄东线长江盾构穿越工程是目前世界油气领域单向掘进距离最长、埋深最深、水压最高、直径最大、施工环境最复杂的管道穿江盾构工程。针对项目施工存在的超长距离运输及通风、高水压下常压换刀和管片拼接缝防水、竖井和隧道施工区域沼气清除等风险，北京项目管理公司兴油公司中俄东线长江盾构监理部（以下简称监理部）根据盾构工程特点编制"三篇三卡"监理工作标准化文件，明确盾构施工工艺流程、关键工序及工作要点，指导现场规范施工，确保盾构工程安全、有序、高效推进。

一、竖井施工篇

竖井工程作为盾构的关键性工程，具有技术复杂、危险性大、施工周期长、涉及学科多等特点，为实现全过程监督，全工序确认，有效指导施工标准化管理，监理部依据现行国家标准规范、设计图纸，以长江盾构穿越工程北岸始发井为例，整理并总结了竖井地基加固、围护结构、支护与土方、主体结构、防水工程、基坑降水等分部分项工程关键控制参数及管理要求，指导开展现场管理工作，规范现场施工行为，有效提高现场管理水平。

二、盾构掘进篇

监理部整理并总结了盾构机参数、盾构机吊组装、泥水处理、管片拼装、同步注浆、带压进仓换刀等关键工序的控制参数及管理要求，有效控制现场掘进施工质量。

三、管片预制篇

盾构管片作为盾构施工的主要装配构件，是隧道的最内层屏障，承担着抵抗土层压力、地下水压力及一些特殊荷载的作用。盾构管片是盾构法隧道的永久衬砌结构，盾构管片质量直接关系到隧道的整体质量和安全，影响隧道的防水性能及耐久性能。监理部以长江盾构穿越工程为例，整理并总结了钢筋工程、混凝土工程、模板工程、管片养护、管片试验、管片成品检验等分部分项工程关键控制参数及管理要求，指导开展现场管理工作。

四、竖井工程关键工序确认卡

监理部采用表格和图片的形式，对竖井地基加固、围护结构、支护与土方、主体结构等关键控制参数及管理要求进行汇总形成关键工序卡，易于现场管理人员掌握相关知识和检查要点，指导开展现场管理工作，规范现场施工行为。

五、盾构掘进关键工序确认卡

监理部采用表格和图片的形式，对盾构机参数、盾构机吊组装、泥水处理、管片拼装、同步注浆、带压进仓换刀等关键工序的控制参数进行汇总形成关键工序卡。

六、管片预制关键工序确认卡

监理部采用表格和图片的形式，对钢筋工程、混凝土工程、模板工程、管片养护、管片试验、管片成品检验等分部分项工程关键控制参数及管理要求进行汇总，形成关键工序确认卡。

"三篇三卡"的推广与使用，使所有人员清楚掌握了盾构施工的全工序管理内容及要求，规范了工程管理行为，提升了施工实体质量，确保了工程现场安全受控。监理部连续两年获得国家管网集团建设项目管理分公司QHSE管理体系量化审核第一名，并荣获各级检查组"四个到位"（专业素养到位、现场管理到位、资料管理到位、问题解答到位）的高度评价。

应用"四图评价"法 精准管控HSE风险

川庆钻探工程公司

川庆钻探工程公司（以下简称公司）是国内油气工程技术行业综合实力强、井筒业务链完整、一体化优势突出的综合服务商，公司现有二级单位25家，员工总量2.5万人。为深化HSE体系建设，量化评价HSE管理情况，将大数据分析方法应用到HSE管理体系建设中，总结形成了HSE风险评价方法——"四图评价"法。

一、建立四图评价标准模板

"四图"包括事故事件、违章隐患、动态风险、短板要素分布图，通过各类图表对事故事件、违章隐患、动态风险、短板要素等安全大数据进行多维度对比分析，查找规律、趋势、特点和不足，有的放矢、精准施策。

通过折线图（图1）、柱状图（图2）、雷达图等各类图表，对事故事件发生的数量、时间、级别、类别、原因、工况等进行统计对比，找出事故事件发生根源。对违章隐患的查纠人、数量、分类、岗位、区域、时间等进行对比分析，理清违章隐患分布趋势。对人员风险、设备风险、工艺风险、环境风险、管理风险五类动态风险进行分析，找出阶段存在的重点风险。将所有发现的问题按照QHSE管理体系要素归类分析，查摆体系运行的短板漏洞。针对四图评价反映出的各层面管理现状，得出结论、提出措施。

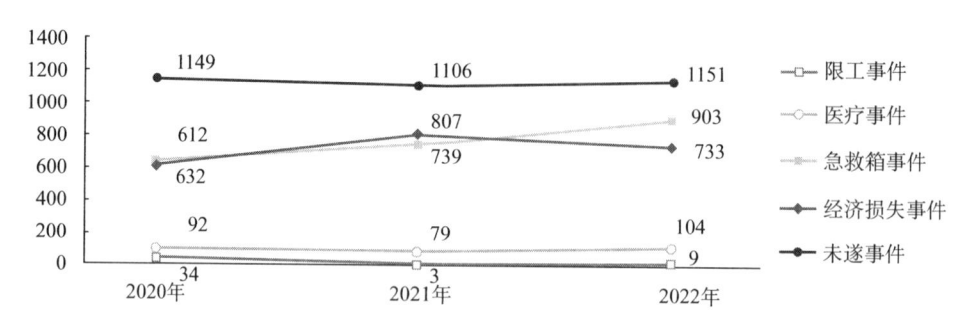

图1 近三年事件分级对比图

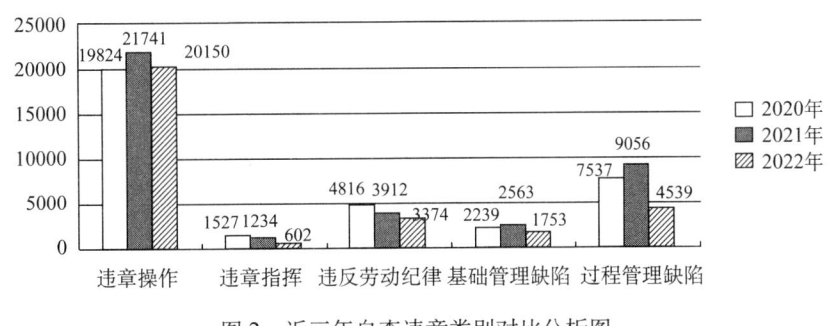

图 2　近三年自查违章类别对比分析图

二、完善四图评价机制

优化事件管理模式，按照风险等级、百万工时数，科学分级各单位事件上报指标，利用加分奖励方式鼓励对典型事件进行经验分享。深化量化查患纠违机制，按照各单位、各岗位、各专项检查分级下达查患纠违指标，形成全员查纠氛围。建立动态风险分类模型，明确五类动态风险划分标准，建立动态风险模板。绘制短板要素气象指数图，对各要素按五分制打分，用红、橙、黄、蓝四色绘制出短板要素气象指数图，多角度表现体系运行现状。

三、四图评价实施流程

1. 数据收集

事故事件数据：各单位及时录入事故事件信息，分析时从集团公司 HSE 信息系统导出数据。违章隐患数据：各单位每天录入违章隐患信息，分析时从公司预警系统中导出数据。动态风险数据：定期统计上报人员、设备、工艺、环境、管理动态风险数据。短板要素数据：上、下半年公司审核发现问题数据。

2. 数据分析

事故事件分析：分单位、分月份、分时段、分频次、分级、分类对比事故事件数据变化。违章隐患分析：分单位、分时间、分级、分类对比违章隐患数据变化，违章数据还可以按违章员工工龄、违章员工岗位、违章记分多少等维度对比。动态风险分析：人员、设备、工艺、环境、管理动态风险数据，进行类别对比、趋势对比、占比对比等多角度分析。短板要素分析：上、下半年公司审核发现问题按要素分类，对比问题占比变化。

3. 制订措施

事故事件：根据分单位、分月份、分时段、分频次、分级、分类对比事故事件数据变化，制订针对性改进措施。违章隐患：根据分单位、分时间、分级、分类对比违章隐患数据变化，制订针对性改进措施。动态风险：根据人员、设备、工艺、环境、管理动态风险数据多角度分析结果，制订针对性管控措施。短板要素：根据上、下半年公司审核发现问题，按要素分类对比数据变化，制订短板要素改进措施。

四、四图评价结果应用

将四图评价结果应用与事故事件管理、违章隐患整治、动态风险管控、HSE 体系的改进提升、业务部门责任落实、HSE 业绩提升相结合。一是提升管理的有效性。根据评价结果，有针对性地调整年度上报事件、违章隐患等 HSE 绩效考核指标，充分发挥考核的导向作用。二是提升管理的针对性。定期根据评价结果，有针对性地下发典型事件、违章隐患和动态风险提示函，及时召开专题会、座谈会，实施精准帮促，指导业务直线部门和相关单位精准防控各类风险。三是提升专项整治效能。根据评价结果，及时组织开展专项、专题整治，有针对性排查整改同类问题，整治效果明显。

运用"四图评价"，决策更精准，管理更精细，管理的有效性、精准性持续提升，公司 HSE 业绩稳步提升，2022 年公司杜绝了一般 C 级及以上生产安全事故。

推行"五专"管理　保障大型吊装作业安全

海洋工程公司海洋工程事业部场地保障中心机械作业队

海洋工程公司海洋工程事业部场地保障中心机械作业队现有员工24人，大型设备19台套，主要负责海工建造场地吊装和平面运输生产任务，同时负责管理外雇大型吊装设备四十余台套及同车司机。深入贯彻落实集团公司、油田技术服务有限公司（中油技服）吊装安全工作要求，不断总结、提炼吊装现场管理经验，形成了"五专"大型吊装作业安全管理成果，保障了海工大型吊装作业安全。

一、成立专业吊装小组，明确吊装管理责任

贯彻集团公司作业许可安全管理办法，明确海工项目分段建造经理为属地单位负责人兼任区长，机械作业队队长担任现场监护人，起重班长担任吊装作业指挥，事业部专职HSE监督担任现场监督，明确了各职人员在吊装作业当中的责任。

二、制订专项吊装方案，确保吊装安全高效

结合被吊结构与起重机特点，起重人员采用过程推演的方法，策划吊装方式和初步方案，力求方案简练、合理、可靠。在此基础上，一级、二级吊装由施工设计单位进行专项吊装建模、碰撞校核、数据计算和吊装资源匹配，专业吊装小组对方案进行评审；三级吊装由机械队队长组织制订吊装方案，分段建造经理审定吊装方案；做到"一事一议、一吊一案"。

三、开展专项安全分析，全面辨识吊装风险

机械作业队按照"四环节风险管控"实施吊装作业过程管理，每一次吊装前，均组织召开工具箱会议，按照施工方案进行现场推演，开展工作前安全分析，实施安全和技术交底，使每名参与吊装人员均掌握吊装技术难点、安全风险与安全技术保障措施。吊装负责人组织按照车辆站位图、总装流程图对现场复尺，查勘场地完整性，清理吊机旋转、行车路径的障碍物。

四、实施专项检查消项，杜绝吊装安全隐患

机械作业队按照吊机专项检查表对吊机进行专项检查和确认。属地负责人、吊装监护人、吊装指挥及 HSE 监督按照"大型吊装 CHECK LIST 清单""吊装作业检查表""吊装操作计划"，对照吊装作业许可证的各项安全措施，在现场对措施落实情况进行逐项确认，有效确保检查不漏项、现场无隐患，在此基础上签批作业许可证。

五、落实专人过程监护，保障现场安全措施到位

吊装作业现场严格落实"十不吊""十必须"管理要求，对吊装区域实施封闭隔离，机械队队长作为监护人在现场全程监护，HSE 监督全程进行现场监督检查。在复杂、大型吊装中，为吊装指挥配备辅助指挥，保障指挥视线无死角。大型起重执行试吊措施，重物离地 20cm 静置 3～5min 观察安全状态。按照吊装方案，严格控制各起重机过程载荷，要求各车每加载 20t 载荷进行一次报告。各职人员保持现场通信联络，密切配合，各司其职，保障了吊装作业安全受控。

通过不断总结吊装作业经验，推行"五专"管理，一年来，机械作业队安全、高效地完成各类吊装作业任务三百余次，仅在陆丰 12-3 亚洲第三大导管架建造项目实施期间，就开展 100t 以上大型联合吊装 115 次，其中 500t 以上联合吊装 7 次，最大吊装重量超 800t、最大吊装高度超 100m，创造了海洋工程公司场地联合吊装重量最大、高度最高双纪录。

推行"134"安全管理模式
化解基层风险管控难题

运输公司新疆配送分公司

新疆配送分公司（以下简称分公司）成立于 2004 年 8 月，拥有生产车辆 856 台，在全疆设立 8 个成品油配送中心、10 个燃气配送车队，为新疆维吾尔自治区 1153 座加油、加气站和两千余个机构客户提供成品油及天然气配送运输服务。针对从业人员队伍庞大、配送区域覆盖面广、运输线路长的风险特点，分公司坚持安全隐患源头治理，织密风险防范责任网络，加强运输全过程的风险管控。2021 年被集团公司评为"HSE 标准化建设示范站队"以来，分公司持续巩固 QHSE 体系建设推进成果，不断总结建设经验，形成了自有的"134"安全管理模式（图 1），持续稳步推进示范站队建设工作。

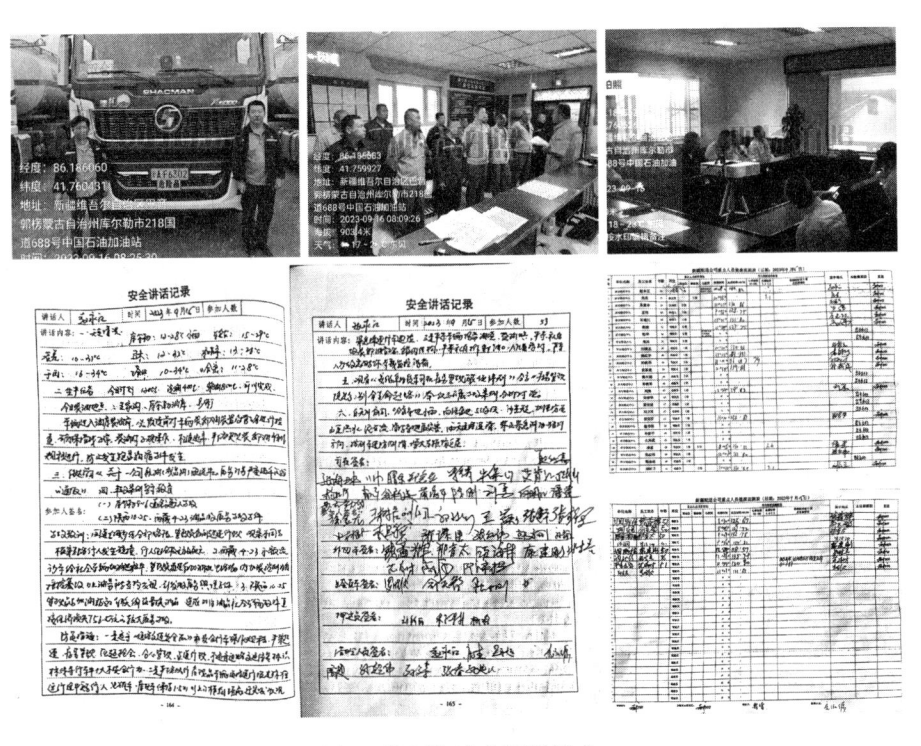

图 1 "134"安全管理模式

一、挂牌

领导班子成员轮流挂牌，担任一天"安全员"，负责督导当天各生产运行环节的安全管理工作。制定了"安全员"管理工作的范围、职责和目标，在配送中心醒目处挂牌公示，全员进行监督。从第一台出车到最后一台收车，挂牌"安全员"负责督导当天各生产运行环节的安全管理工作，并送、迎每一位驾驶员"安全出行，平安归队"，既让驾驶员感受到安全叮嘱，又体会到企业的关怀，不断增加驾驶员的安全意识和对企业的归属感。

二、督办

督办每天安全教育和健康监测"规定动作"执行情况，安全员针对50岁以上及身体健康状况异常（高血压、糖尿病等疾病）的驾、押人员，督办出车前常态化健康监测率100%和服药、督促入院治疗的方式进行干预，有效规避"带病"运行风险。安全部门针对规定动作，每天对"规定动作"的完成情况通过水印照片和智能执法仪录像，对完成的工作数据和质量进行复核检验，对没有按时完成的中心，坚持每天进行点名曝光，并纳入月度奖金考核，让基层无缝可钻，无机可乘，推动分公司安全教育和员工健康管理的要求，落实到岗位、执行到单车。

督办车辆归场检查和故障整改"规定动作"执行情况。将每天结合车辆维修项目开展风险辨识、安全提示作为规定动作，切实增强了开工前安全交代的针对性和实用性。将许可管理作为规定动作，严格许可审批，并配备安全监督。设备管理部门每天通过归检APP系统和智能执法仪，对各配送中心车辆安全检查执行、高风险作业风险管控情况进行督办，对车辆检查过程中发现的问题整改情况，坚持做到跟踪整改，对车辆安全检查结果不合格不予放行，确保车辆的设备安全隐患，及时得到有效整改。

督办车辆运行"三规一限"和关键风险管控"规定动作"执行情况。按照"四全"管理要求，重点针对早晨、中午、黄昏三个事故高发时段运行的车辆，利用车辆主动安全系统、车载语音系统及时进行天气预警和安全警示，时刻提示驾驶员按章操作，及时警示制止驾驶员疲劳驾驶、超速行驶等违章行为。

三、验证

带班领导及科室值班人员每天通过执法仪和车载视频，"一"是验证配送中心早放车5个100%（重点驾驶员健康排查、出车三交代、归检放行单、GPS、车载视频完好、开具出门证）五项规定动作落实情况，在岗带班值班情况、高风险作业执行情况，坚持做到车不停、人不歇；"二"是安全监管部门（监督站）每月通过现场安全监督检查，验证各配送中心基层岗位设置安全履责清单的落实情况，对失职人员坚持做到记分考核和曝光；"三"是分公司QHSE领导小组每半年通过QHSE体系内部审核，验证配送中心QHSE体系建设和标准化示范站队的达标建设情况，不断提高基层标准化管理水平；"四"是分公司通过全年阶段性的升级管理，验证各配送中心在重大节假日等关键敏感时期，对"六项较大风险"的升级管控情况，不断提升基层应对突发事件的应急处置能力。

新疆配送分公司通过持续落实"一三四"工作法，进一步固化各项安全管理规定动作在基层一线的执行落实，实现了以"日保周、周保月、月保年"，盯住车头、人头，以"实干"铲除隐患的安全管理模式。初步为持续探索可复制、可借鉴的基层配送中心安全环保管理积累了经验，持续推动风险管控上水平上台阶。

"人防+技防"织密织牢安全防护网

天然气销售公司宁夏中宁门站

中石油昆仑燃气有限公司中卫分公司中宁门站位于宁夏回族自治区中卫市中宁县宁安镇古城村，于 2010 年 5 月 31 日建成，占地面积 6440m³，是集分输、计量、调压等功能于一体的站场。自 2010 年 12 月 3 日投产以来，连续平稳运行 13 年之久，累计向中宁县供气 $12 \times 10^8 m^3$（标准状况条件下），三次荣获集团公司"HSE 标准化先进基层站队"，天然销售分公司基层站队 HSE 标准化建设"示范站"等荣誉 14 项。多年的实践，总结出的"人防+技防"做法对深化 QHSE 管理体系建设、精益管理和提质增效起到积极作用。

一、"三方法"促进基础管理，提升人防水平

1."点兵点将"培训工作法

"点兵点将"采取人人轮流坐庄制"打擂"或"竞赛"，由"擂主"随机"点"一名人员进行答题，赢者加分，输者扣分，积分成绩纳入当月个人绩效考核（表1）。每一名人员都有可能被点的随机性促发所有员工主动学习意识，想要赢得积分必须慎终如始"时刻准备着"。"不甘落后"的竞争环境激发员工不认输的精神，真正形成了你追我赶、比翼齐飞的团队建设氛围。"点兵点将"培训工作法荣获天然气销售公司 2020 年"创新工作成果优秀奖"荣誉称号。

表1 "点兵点将"培训工作法
（中宁门站第一轮点将得分排名统计）

序号	姓名	分数统计	排名	备注
1	雍××	11		
2	张××	10		
3	李××	9.5		
4	韩××	11		
5	闫××	10		
6	曹×	12	第一	

续表

序号	姓名	分数统计	排名	备注
7	李××	9		
8	杨××	9.5		
9	蔡××	9.5		
10	郭×	8.5	倒一	

2. "超越目标人"考试激励法

"超越目标人"要求每人根据自己的考试成绩排名定下需要超越的目标人物，匹配了相应的考核机制，超越了目标人给予奖励成为每个人不断前进的动力，未超越目标人给予考核同样带来了压力，形成人人在竞争环境中共同激流勇进，在对决中互敬互畏，营造通过卧薪尝胆地学习从而实现力争上游的"超越"氛围。

表2 "超越目标人"考试激励法
（中宁门站超越目标人成绩统计）

序号	站队	姓名	一季度目标人	1月成绩	2月成绩	3月成绩	考核情况	四季度平均分	备注
1	门站	闫××	闫××	95.00				31.67	+50
2		韩××	闫××	92.00				30.67	−50
3		曹×	闫××	91.00				30.33	−50
4		李××	蔡××	90.00				30.00	+50
5		蔡××	郭×	89.00				29.67	−50
6		郭×	韩××	93.00				31.00	+50
7		杨××	郭×	90.00				30.00	−50

说明：
1. 所选的目标人必须是比自己的排名高出3名以上，第一名的目标人是大于自己3分。
2. 考核情况，凡是每个月考试超越目标人的加50，连续3个月超的加100直到中断为止，凡是每个月考试超越不了目标人的扣50，连续3个月没有超的扣100直到能超为止。每个月的奖金分配中体现。
3. 第二名、第三名、第四名的必须选第一名，第一名每次考试必须还是第一名。
4. 一个季度可以更换一次目标人。

两种方法以充满趣味性、挑战性、竞争性吸引员工积极参与安全培训和岗位练兵，不断挖掘、开发、培养全员基础素质。

3. "六步走"隐患整改工作法

中宁门站通过对六级安全检查提出的各类问题进行汇总分析，发现一些"低老坏"

问题屡禁不止，对此提出了全年安全隐患整改"六步走"工作计划，以两个月为一个周期，集中力量攻克一类隐患、消灭一类隐患，坚决向"低老坏"和"重复问题"宣战。2022年全年消除9大类共计43项隐患，2023年计划整改15大类隐患。

表3 "六步走"隐患整改工作法
重复问题、低老坏问题整改"大步走"计划

序号	六步走	月份	整改项目	负责人	监督人	备注
1	第一步	1—2月份	1. 橇装压力管道检测点防锈底漆、防锈漆恢复。 2. 穿墙套管检查封堵	李×× 韩×× 闫××	张××	
2	第二步	3—4月份	1. 防爆失效排查整改。 2. 橇装设备基座除锈补漆。 3. 设备跑、冒、滴、漏排查整改	李×× 韩×× 闫××	张××	
3	第三步	5—6月份	1. 锈蚀螺栓、螺丝除锈、补漆、更换。 2. 燃气管线除锈补漆。 3. 陈旧老化、翘边起皮标识逐批次更换	李×× 韩×× 闫××	张××	
4	第四步	7—8月份	1. 开关牌老化更换。 2. 安全通道、巡检通道、井盖标识补漆。 3. 放空管线、排污管线除锈补漆	李×× 韩×× 闫××	张××	
5	第五步	9—10月份	1. 埋地管线标识更换。 2. 防尘帽老化更换	李×× 韩×× 闫××	张××	
6	第六步	11—12月份	1. 橇装调压器指挥器及引压管加保温。 2. 锁定阀门锁具、铅封更换	李×× 韩×× 闫××	张××	

审核：×××　　　编制：×××　　　编制时间：2023-01-01

二、"五科技"赋能智慧型场站，夯实技防基础

（1）视频AI监控系统能方便而准确地查出外来人员安全帽、防静电服、劳保鞋是否穿戴整齐，有无使用火种等情况。

（2）激光云台24h不间断全覆盖扫描检测是否有燃气泄漏（图1），达到立查立改的本质安全。

（3）生产管理系统利用防爆终端将员工从各类记录报表中解脱出来，轻轻松松完成设备设施的日常维护检查（图2）。

（4）应急单兵系统在紧急情况快速报警和处置突发事件的过程中向指挥中心上传相关材料如录音、录像、图片等，同时指挥中心对处置突发事件过程进行监管。

图 1　激光云台泄漏检测

图 2　防爆终端应用

（5）一键连锁报警 24h 监控门站防恐防暴情况，紧急情况下能够立即报警，为员工生命安全提供坚实的保障。

中宁门站站控室，信息化管理水平显著提升，各式各样先进的仪器设备让人大开眼界，门站利用"人、物、技"织密了一张从"外"到"内"、从"上"到"下"安全大网。"硬核"科技的使用让安全运行有了"千里眼、顺风耳、灵敏鼻"，有力保障了天然气的安全平稳供应。

多年来，中宁门站始终坚持安全是业绩的"天花板"，安全是压倒一切的"天字号"理念，在稳步提升场站示范站建设的基调上不断总结经验，在遵循场站标准化建设的基础上不断打造独有的特色，在培训教育、创新创效、绿色发展、科技建设、隐患治理总结提炼出自主管理工作法，逐步形成安全依合规经营，依体系运行，靠全员达成，靠文化提升的安全管理模式。

编制入库培训小手册　带动安全管理大提升

黑龙江销售公司齐齐哈尔分公司富拉尔基油库

富拉尔基油库作为黑龙江销售齐齐哈尔分公司所属二级油品分销库,该库年周转量 45×10^4 t,入库提油车辆日均 27 台。入库油槽车安全检查培训是油库安全的重要堡垒,是恪守"四条红线"的前置关口。油库警消班组严守岗位安全职责,狠抓安全生产关键节点,为保障入库安全检查培训的规范、高效,因需而生的油槽车辆培训手册"身量"不大、作用不小。

一、以风险管控为目标,确立编制思路

1. 抓住"关键少数",确立编制目的

油库警消班组对全部有业务往来的油槽车及司机登记建档,共登记油槽车 27 台、司机 44 名。其中,入库油槽车归属中国石油运输公司 18 台,占比入库车辆总数的 60%,归属社会加油站 9 台,占比入库车辆总数的 40%。登记司机 21 名来自中国石油运输公司,占 47%,23 名为社会槽车司机,占 53%。占少数的社会油槽车却登记了占大多数的槽车司机,社会油槽车与司机不能向运输公司看齐,做不到专人专车专用,每一次入库提油都是"第一次"。抓住占少数的社会油槽车入库前的安全检查与教育培训,提升入库油槽车司机的安全意识和安全能力是把守风险预防关口前移的关键。

2. 锚定"管控对象",把握编制方向

明确了编制的目的,借鉴油槽车起火事故案例的分析总结,富拉尔基油库把标准的操作流程、规范的制度要求作为手册编制切入点。强化培训手册的实用性、准确性、高效性,同时,作为入库司机的便捷学习工具,克服司机安全意识淡薄,对安全制度、操作规程执行力弱的现状,力求最大限度杜绝"三违"行为,预防事故的发生。

二、紧盯关键要素,形成"5+1"框架模式

根据《销售公司成品油库公路装卸作业安全管理规定》《中国石油黑龙江销售公司运油车辆"专车专运"管理规定》等入库管理相关要求,围绕 AQ 3013—2008《危险化学

品从业单位安全生产标准化通用规范》5.5.1 培训适应性管理要素，经专家指导，对外部油槽车司机发放培训需求调查问卷。40 份有效问卷结果显示，除操作规程、制度规范外，油槽车司机对风险辨识、应急处置措施的培训需求均达到 95% 以上。为此，确定《油槽车辆入库安全培训手册》（以下简称《手册》）基本内容由 "5+1" 框架组成，即 "油库简介模块" "制度规范模块" "操作规程模块" "风险应对模块" "应急处置模块" 和 "人员基本信息"。

《手册》设计风格上采用蓝底、彩色印刷，正反两面折叠卡式。用图文并茂的方式将五项内容合而为一，彰显企业安全文化与服务意识，保障入库司机感官舒适清晰，便于随身携带，随时取阅学习。

具体内容规划方面：

（1）油库简介模块，主要介绍油库建设时间、油品储量、重大危险源分级情况，在推荐主营业务的同时实现主要风险的有效告知，方便司机辨识风险，做到风险辨识有指导。

（2）制度规范模块，主要介绍付油区安全须知、成品油静电安全规程等相关安全要求，落实属地安全管理要求的沟通，确保制度宣传准确到位。

（3）操作规程模块，将 "公路发油操作十二步法" 以分幅图文的方式明确步骤规范要求，指导油槽车司机现场提油操作，保障实操学习有对照。

（4）风险应对模块，强调防火防爆基本要求，结合付油现场风险要素、石油产品特性提出针对性措施，指导油槽司机有效应对作业现场安全风险。

（5）应急处置模块，包括干粉灭火器使用和操作，付油现场应急处置措施等，构筑风险管控最后一道关口，有效提升应急处置能力。

（6）人员基本信息为预备填充留白部分，用于入库油槽车司机基础信息登记录入，便于建档管理，是细化入库管理的有效延伸。

通过 "5+1" 框架模式编制的《油槽车辆入库安全培训手册》（图 1），方便入库槽车司机能够全面清晰地掌握入库要求、操作要点、风险应对、应急处置的关键要点，有利于提升入库人员及车辆的本质安全。《油槽车辆入库安全培训手册》精准把控油槽车辆入库薄弱环节，通过定向针对 "关键少数" 的油槽车司机进行专业、立体的入库安全培训教育，旨在帮助油槽车司机提升综合安全素质的同时，实现对油库外来输入性风险的有效管控，有利于油槽车入库的安全管控。通过实施关键节点的前置防范，系统提升油库整体风险管控水平。

《油槽车辆入库安全培训手册》印发后，得到上级公司、当地政府的大力支持与充分肯定。截至目前，《油槽车辆入库安全培训手册》已发放 600 余份，组织培训考核 19 次，首次通过率达到 95% 以上。一般性油槽车司机违章由原先的 26 次/年，降至 4 次/年，降幅达 85%。《油槽车辆入库安全培训手册》的编制与实施，大大提升了油槽车司机安全意识和能力，为油库安全稳定运行提供了坚持保障。

图1 《油槽车辆入库安全培训手册》全貌（正面和反面）

建立JSA风险辨识库
加强员工危险作业风险辨识管控能力

克拉玛依石化公司质量安全环保处HSE监督中心

克拉玛依石化公司作为危险化学品生产企业，具有易燃、易爆、高温、高压、有毒、有害等危险特性，由于作业所在单位管理人员在施工管理方面经验阅历不足，作业风险辨识管控能力欠缺，存在作业前风险识别不到位、作业交底不全面、风险管控措施检查落实不到位等问题。现场作业引发事故的原因，主要源于大部分的员工对作业可能带来的潜在风险辨识不全面。为有效降低石化行业事故发生率，进一步加强危险作业风险识别管理，做好作业前安全交底，从而降低作业风险，编制克拉玛依石化公司危险作业JSA风险辨识库。

一、施工作业主要安全风险排查

收集汇总各单位动火、受限空间作业等9类高危作业的作业管控方案、工作前安全分析表单等作业风险管控资料，从中提炼出高危作业主要的安全风险，再结合生产特点制订相应的风险管控措施，形成工作前安全分析（JSA）标准模板。标准模板明确作业准备阶段、作业过程中、作业结束后全过程重要安全风险的管控要求。

二、基层单位转化运用

克拉玛依石化公司各基层单位依照标准模板，在施工作业前编制完成具体作业的JSA，基层单位JSA不仅要囊括标准模板中规定的风险类型和安全管控措施，还要根据现场情况补充完善，做到风险辨识无死角，安全措施有针对性。

三、培训和定期总结

克拉玛依石化公司HSE监督中心组织所有基层单位施工作业安全管理人员、安全监督员进行JSA标准模板使用培训，通过培训和交流沟通，统一各单位JSA编制和现场使用管理方法，同时要求各单位定期开展JSA编制及使用效果检查总结，结合实际作业风险防控情况开展讨论，查找风险辨识不全面、防控措施制定不细致、落实不到位的问题并制订改进措施，不断提高管理人员作业风险辨识和管控措施制定能力。

四、管理提升

克拉玛依石化公司每月组织各基层单位开展施工作业管理情况分析，对各单位施工作业安全管理情况进行打分排名，查找风险辨识及防控措施制订方面存在的问题，提出管理改进要求，对管理落后的单位开展帮扶，切实提高基层单位作业风险辨识和防控措施制订能力有效提高。

JSA 风险辨识库建成后，各基层单位编制的施工作业 JSA 有了很大改变，基本消除了风险辨识不全、安全防控措施制订不细致无可操作性等问题；进一步规范了各单位施工作业管理方式方法并显著提高了作业管理人员的风险辨识和管控能力；经过风险辨识模板培训、各级安全管理人员检查、管理提升措施不断落实，目前克拉玛依石化公司施工作业管理已形成以风险辨识为基础，风险管控措施制订落实为着力点的较为规范的模式，为安全施工提供了有效保障。

创新安全管理宣教形式
携手家属筑牢安全"后防线"

运输公司福建分公司厦门配送中心基层站队

中国石油运输有限公司福建分公司厦门配送中心（以下简称配送中心）坐落于美丽的海滨城市厦门，主要承担中国石油福建销售公司在厦门市、漳州市、龙岩市三个地级市152座加油站配送业务和169个社会机构客户的配送业务，拥有生产车辆61台、员工95人。厦门配送中心始终秉承老一辈石油运输野战军精神，坚持"以人为本，安全第一"的安全理念，创新安全管理，改变单一枯燥的"填喂式"宣教，发动员工家属，实现家企联动联防联治，筑牢安全"后防线"，用一把"亲情锁"牢牢锁住安全。

一、"违规违章"常曝光

配送中心组建家属群，每天在群内整理公布车辆动态监控数据、违章通报，每月将驾驶员ABC动态考核、"红黑榜"评选结果、质量计量综合排名等情况，与员工家属进行信息共享，让家属在家里了解自己亲人在工作岗位上的一举一动。同时配送中心定期开展"致员工家属一封信"活动和常态化开展"员工家属违章告知书"活动，通过活动拉近与员工家属的距离，增强家属对企业的认同感，引导家属真正参与到安全管理上来，生产车辆智能管理系统平台报警数据同比下降30%，驾驶员交通违法行为同比下降60%，员工安全意识得到大幅提升。

二、"严管厚爱"送到家

配送中心组建员工家庭群，依托"党建三联"活动，9名党员包联员工家庭，利用入户走访、远程电话访、重点约访和定期回访相结合的方式，让家庭成员了解爱人的工资薪酬，通过访谈掌握员工身体健康状况，与受访员工家属签订家庭助安承诺书、送教进家庭等活动，确保不漏一人、不漏一户。配送中心的"大家庭"对接员工的"小家庭"，用心用情把组织对员工的关心关怀落到实处。对回访中了解到的一些苗头性、倾向性问题进行及时化解，确保家企的良性互动，推动配送中心员工家属树立良好家风，吹好员工"枕边风"工作。今年以来厦门配送中心党支部入户走访22次、电话回访240次、重点约访12次，签订家庭助安承诺书70份，送教进家庭8场次，通过多种形式拉近家企距离，打通安全生产的"最后一公里"。

三、"亲情关爱"在眼前

配送中心将员工家属安全寄语等内容制作成配有全家福照片的看板，悬挂在配送中心显著位置，通过亲情提醒每位员工时刻注意安全，让员工时刻绷紧安全弦，筑牢安全思想防线。配送中心一线员工来自五湖四海，结合很多员工家属在外省的实际情况，配送中心以季度为周期定期组织召开员工家属线上访谈，与员工家庭良好互动。同时配送中心定期开展"最美贤内助评选"活动，评选出了一批日常在协助安全管理上参与度高、关注度高的"贤内助"，充分调动了家属参与安全管理的积极性，形成了家企联动齐抓共管的良好局面。

通过企业与家庭联动系列活动的开展，配送中心安全管理取得了良好的成效，员工安全意识大幅提升，干群关系进一步加强，员工的归属感获得感持续增强，责任交通事故呈现逐年下降的良好态势，安全生产管理基础得到不断夯实。

推行现场隐患举一反三整改管理模式
持续提升屡查屡犯问题整改效果

煤层气公司

煤层气公司成立于 2008 年 9 月 8 日，主要从事煤层气、致密气的勘探、开发、生产、储运、销售等业务，目前公司高风险作业主要由承包商实施，对现场监管带来了极大挑战。为提升现场风险管控水平，整治现场屡查屡犯"低、老、坏"问题，公司摸索创新并不断完善隐患整改"举一反三"管理模式，逐步形成一套简单、高效、适用于现场的举一反三"六步法"隐患排查治理工作模式，达到杜绝或减少屡查屡犯"低、老、坏"问题的目标。

一、主要做法

1. 做计划、查隐患

编制隐患整改"举一反三"工作计划，明确各步工作开展时间节点、责任部门，划定工作范围，明确各阶段工作周期、工作任务；持续开展隐患排查，发现隐患后录入隐患库，完善隐患信息并持续更新，动态管理，为安全管理工作提供基础依据。

2. 找原因、对标准

针对发现隐患，由现象向本质挖掘，利用鱼骨分析法（图 1）对隐患发生原因进行分析，既要从现场实际出发，分析隐患出现的直接原因，也要从员工责任心、工作作风、管理责任落实等方面，找准隐患存在的管理原因，明确问题追溯管理层级；根据隐患描述及产生原因查找隐患对应标准规范（法律、法规、国家标准、行业标准、集团公司或煤层气公司规章要求等），梳理标准规范要求，对标管理。

3. 定措施、筛典型

在压实属地责任的同时，由属地责任向直线责任延伸，明确同类问题控制单位及控制岗位，根据判定的隐患级别、标准规范要求，制订相应级别的管控措施，梳理管理制度、操作规程、安全检查表等管理文件,将风险管控措施融入生产流程和关键控制点,确保预防措施有效;梳理隐患关键词,如判定为屡查屡犯"低、老、坏"问题,列举同类问题,扩大适用场所,建立并录入隐患整改"举一反三"管理清单(表1)。

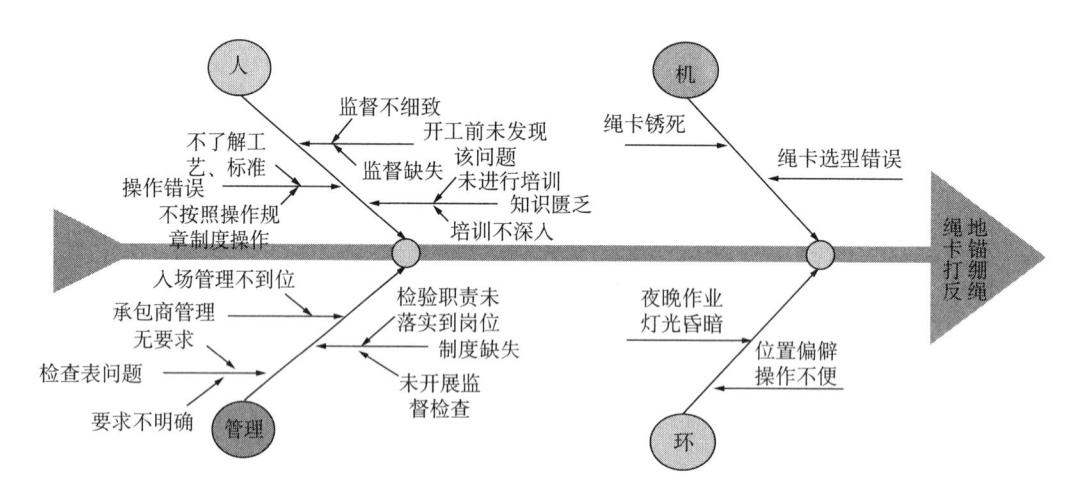

图1　鱼骨分析法分析隐患发生原因

4. 建档案、强培训

根据隐患整改"举一反三"管理清单,编制隐患"举一反三"管理卡(图2),管理卡与隐患级别对应分为"红、橙、黄、蓝"四色管理,内容包含隐患级别、产生原因、整改措施、整改前后对比图片,并列举同类问题,扩大适用场所信息等,打印汇编成册,便于现场培训应用;组织相关人员对照相关内容开展培训,强化"低、老、坏"问题整改,提高基层安全意识,提升隐患排查能力。

5. 严整改、夯责任

各单位根据管理卡上列举的隐患在适用场所同时开展举一反三排查,针对发现问题,制订措施、统一整改、闭环管理;举一反三隐患排查治理完成后,各基层管理人员签字背书,从管理层到基层,层层传递压力、压实责任,确保"低、老、坏"问题从源头消除、消减。

6. 重总结、再提升

持续开展"低、老、坏"问题回头看工作,检验典型问题治理效果,核实背书承诺,进一步巩固前期工作成果。定期对举一反三隐患治理效果进行评审,总结经验,查漏补缺找不足,持续优化和完善工作流程,提升举一反三整改实效。

表1 建立隐患"举一反三"管理清单

编号	问题信息							原因分析			对标管理			控制单位	控制岗位
^	问题描述	地点	业务	检查单位	隐患评估	发现时间	发现人	直接原因	管理原因	问题追溯管理层	标准号/制度	标准名称/制度	对应条款	^	^
WZCC-0002	韩城分公司安全环保科提供的物料安全技术说明书汇编手册中"防冻液""丙烯酰胺""聚合氧化铝"等项化学品安全技术说明书内缺少化学品分子式、企业标识、危险性描述、理化特性等多项信息，无法说明相关化学品的危险性	第2集气站	物资仓库	集团公司体系审核检查	一般隐患	2018-4-30	某审核员	危化品生产厂家未严格按照GB/T 17519-2013《化学品安全技术说明书编写指南》出具安全技术说明书	对指南的培训不到位，管理人员未向生产厂家提出明确要求	业务部门级	GB/T 17519-2013	化学品安全技术说明书编写指南	3.1 化学品及企业标识 3.1.1 化学品标识 化学品标识的填写应遵循以下原则: a) 标明化学品标签上的名称，中英文名称与标签上的名称一致，化学品属于物质的可填写其化学名称或常用名（俗名）	设备物资部	物资采购岗
WZCC-0003	危化品库设计为防爆区域，但仓库内所使用的照明灯开关为非防爆开关	物资供应站	物资仓库	集团公司体系审核检查	较大隐患	2018-6-30	某审核员	设计未按防爆要求进行设计	1. 危险品库房设计未执行相关防爆标准 2. 建设管理部门管理不到位	业务部门级	GB 50275-2014	电气装置安装工程爆炸和火灾危险环境电气装置施工及验收规范	6 火灾危险环境的电气装置 6.1 一般规定 6.1.1 根据火灾事故发生的可能性、后果以及危险程度、火灾危险环境（包括本列以下）： 1 具有闪点高于环境温度的	设备物资部	仓储管理岗
WZCC-0004	韩城分公司第2站于2013年投运已达4年，未对防爆电器做定期检查	第2集气站	物资仓库	集团公司体系审核检查	较大隐患	2018-4-30	某审核员	防爆设备管理职责不明变更视职责不明确，现场及管理人员对防爆电气知识掌握不足	无相关防爆电气管理规章制度，人员学习培训不足	业务部门级	AQ 3009-2007	危险场所电气防爆安全规范	第7.1.3.2条规定：定期检查应委托具有防爆专业资质的安全生产检测机构执行，一般不超过3年	设备物资部	集输设备管理岗
WZCC-0005	废旧发动机用冷却水箱、码放不规范，存在滚落和倾倒的风险	物资供应站	物资仓库	公司体系审核检查	一般隐患	2018-10-8	某审核员	废旧物资未按规范码	管理不到位，对废旧物资要求不严格	基层站队级	Q/SY 13123-2017	物资仓储技术规范	4.3 堆码技术要求 4.3.1 库房内存储的物资的分类堆码 a) 库房内存放的物资要求分类限额存放、平坦、坚固耐摩擦、货架应靠墙并柱基线排放以外、每堆占地面积一般不超过150m²，每堆堆放要"上轻下重，左整右齐、后整前零" b) 物资要做到"上轻下重，左整右齐、后整前零"	设备物资部	仓储管理岗

109

图2 建立隐患"举一反三"管理卡

二、工作成效

1. 形成了103项隐患举一反三管理卡

组织所属单位建立隐患库,对收录的2938项隐患进行分类,筛选关键词1752个,对重复出现的669项隐患进行系统性对标分析,分级制订并落实管控措施,建立隐患举一反三管理卡 103 项，为整治"低、老、坏"、重复性问题打下了坚实基础。

2. 编制了修井作业、吊装作业 2 项标准化作业指导手册

在重点场所中，根据作业频次及发现问题数量情况，优先选择修井作业及吊装作业两个场所，建立标准化作业指导手册，从作业前、作业中、作业后三个方面，明确设备设施检查、操作注意事项和离场检查等工作要点，做到全流程、分阶段管理，确保每一环节的每个关键点有据可依，辅助员工能力提升，进一步促进承包商自主管理。

3. 重复性问题明显下降

2019 年各级检查发现问题 1253 项，其中屡查屡犯问题 238 项，重复问题出现率 19%；通过实行隐患举一反三管理模式，持续巩固屡查屡犯问题整治成果，现场问题发生率降低 16%，重复问题出现率低至 6%。

推行网格化隐患排查　打造标准化输油站队

长庆油田公司第二输油处庆咸集输作业区庆咸首站

庆咸首站位于甘肃省庆阳市西峰区，2006年11月建成投产，站区占地52亩，具备"四进两出"密闭输油工艺流程，总库容$30\times10^4\text{m}^3$，年输油能力$800\times10^4\text{t}$，是陇东油区储输能力最大的站库，一级重大危险源，甘肃省一级重点风险防控单位。庆咸首站厚植"求实创新，走在前列"的团队文化，先后荣获"全国总工会工人先锋号""全国质量信得过班组"、甘肃省工会"工人先锋号"、集团公司"百个标杆单位"、长庆油田"十大标杆"等荣誉称号。

庆咸首站网格化管理通过依标识别"点"状风险、分层承包"线"性逻辑、区域分解"面"状覆盖，融合安全风险分级管控和隐患排查治理双重预防机制，形成了"细织一张网格、用好两个工具、实施四级排查、强化三项监督、严格三级考核"的"12433"网格化管理方法。

一、细织"一张网格"

按照"覆盖全面，界面清晰，工作均衡，无缝衔接"的划分原则，将庆咸首站划分7个网格区域，每个网格实行三级承包管理，岗位人员履行一级职责，场站干部履行二级职责，作业区干部履行三级职责。庆咸首站网格化管理划分见表1。

表1　庆咸首站网格化管理一览表（部分）

网格区	网格单元	三级承包	二级承包	一级承包
网格一区	1#罐区	1季度：运行1班 2季度：运行2班 3季度：运行3班 4季度：运行4班	徐××	张××
	庆化体积间（监管）			
	联络线来油计量间			
	减阻剂间			
	外输咸阳发球区			
	联络线来油收球区			
	外输泵棚区			
	降凝剂间			

续表

网格区	网格单元	三级承包	二级承包	一级承包
网格二区	2# 罐区	1 季度：运行 3 班 2 季度：运行 4 班 3 季度：运行 1 班 4 季度：运行 2 班	肖××	曾××
	庆化转油泵房（监管）			
	庆化计量间（监管）			
	外输计量间			
	喂油泵房			
	药品间			
	联络复线来油阀组区			
	换热器区			
	中控室			
……				

二、用好"两个工具"

庆咸首站在用好 ACT 卡、安全观察与沟通等方法的同时，在推进网格化管理的过程中，重点应用培训需求矩阵、安全检查表两项工具，旨在提升员工能力素质，强化依标发现、整改隐患问题的能力。

编制培训需求矩阵（表2），有针对性地开展岗位风险隐患知识培训，实现能岗匹配。

表2 培训需求矩阵（部分）

序号	培训项目	培训要求				岗位			
		培训课时	培训方式	培训效果	培训师资	1 副站长	2 技术员	3 运行监控岗	4 巡检维护岗
1	通用 HSE 知识								
1.1	灭火器材使用	0.5	课堂或会议	掌握	副站长	√	√	√	√
1.2	应急逃生知识	0.5	课堂+现场	掌握	副站长	√	√	√	√
……									

编制安全检查表（表3），将生产现场与标准规范、规章制度相对应，明确检查标准、检查内容和检查频次。

安全检查表的实践应用，为培训矩阵表的优化指明了改进方向；培训需求矩阵的动态优化，为安全检查表的使用提供了能力支撑。

表3 安全检查表（部分）

序号	检查单元	类别	项目	检查项目标准
1	1#储油罐区	仪器仪表	温变、压变、温度表、压力表、温度计、可燃气体探测器	核对显示参数与实际运行参数无超限、仪表检验在有效期内、检验合格证齐全、安装无渗漏、松动现象、可燃气体无超限失效、可燃气体探测器显示及报警正常
2		三沟	排水渠、排水池、阀井、电缆沟观察井	排水系统畅通，水位无超限、无杂物堵塞、坍塌现象，无油污窜入、排洪阀正常处于常关状态，电缆沟观察井内无积水
3		消防应急	灭火器、消防柜、水龙带箱、消火栓、消防高炮、冷却水阀、泡沫阀、支线放空阀、泡沫发生器	灭火器压力充足、消防柜、水龙带箱物品数量齐全完好、消防阀门开关灵活保养到位、泡沫发生器完好、检查记录齐全
4		阀门	A类、B类、C类（排洪阀）	阀门附件齐全、开启灵活、转动无卡堵、无渗漏、保养到位
5		设备设施	管线、法兰、储油罐、波纹补偿器、单流阀	附件数量齐全并完好、无渗漏、运行无异响、润滑油加脂保养到位、显示运行参数与实际相符无超限
6		附件	安全阀、呼吸阀、阻火器、扶梯	附件运行良好、安全阀、无渗漏卡堵现象、扶梯完好、滚轮保养到位
7		冬防保温	管线、阀门、罐体	无裸露、保温层无开裂、破损
8		防洪防汛	罐区	罐区及防火堤无塌陷、排水畅通
9		接地	管线、设备、仪器仪表	接地装置锈蚀或机械损伤情况、断接卡子螺母接触是否均匀牢靠、接地周围有无下沉现象
10		现场管理	现场卫生、目视化	标识清晰、无脱落、缺失、现场卫生干净、无跑冒滴漏现象，物品摆放整齐

三、实施"四级排查"

遵循隐患排查"自下而上"的原则，建立岗位、班组、场站、作业区四级隐患排查架构（图1），确保隐患排查重点明、层次清、常态化。2023年上半年排查治理一般隐患123项，排查发现较大隐患6项，其中4项已自主治理，2项上报主管部门立项治理，有力削减了问题存量，有效遏制了隐患增量，确保了安全生产始终处于受控状态。

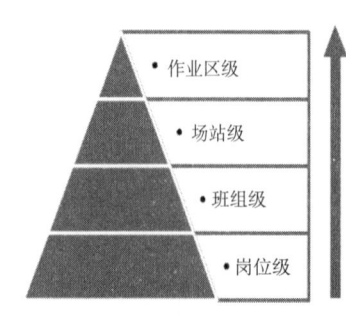

- 作业区级：作业区结合季节特点、重要时段及公司专项要求，每月组织对避雷防静电、燃气、防汛、高温、冬防保温等进行监督排查
- 场站级：场站干部负责每周对储油罐区、危险作业、消防系统、应急器材等进行派工排查
- 班组级：班组长负责每班对现场非常规作业、外部环境要害部位等进行重点排查
- 岗位级：岗位员工每2h对现场设备设施、工艺参数、仪器仪表等进行巡检

图1 四级排查职责

四、强化"三项监督"

建立以"预警监督、过程监督、质量监督"为核心的隐患排查治理监督机制（图2），通过提醒、考核、激励等手段，做到隐患治理"事前、事中、事后"全过程监督。2023年上半年预警3次，实施过程监督6次，质量监督6次，保质保量地按时完成了隐患整改治理，确保了问题查得"准"，隐患治得"实"。

预警监督

质量安全环保岗汇总所有隐患问题，并对整改情况进行动态跟踪，对即将到期未整改隐患进行三级预警提示。

- 第一级 隐患整改到期前3天（提醒班组长）
- 第二级 隐患整改到期前2天（提醒场站干部）
- 第三级 隐患整改到期前1天（提醒作业区干部）

过程监督

应用公司OCEM平台、危险作业视频监控等手段对隐患治理过程进行监督抽查，突出危险作业管理、应急器材使用、人员职责落实等关键要素

质量监督

对照标准验收整改质量，建立隐患治理影像台账，自主制定同类隐患整治规范，举一反三，开展同类问题整改

隐患整改前　　隐患整改后

图2　三项监督内容

五、严格"三级考核"

制定考核与激励并举的机制，对于检查不全面、处置问题不恰当、整改未按期完成等行为予以考核，对承包区域管理突出的给予嘉奖鼓励。充分利用好"三项监督"检查结果，根据三级责任人员的隐患排查质量和治理成效，自上而下开展层级考核兑现，作业区考核场站，场站考核班组，班长考核班员。2023年上半年共谈话提醒17人次，安全记分15分，处罚5人次，奖励20人次，确保了网格化管理的作用发挥，使之在输油站安全管理中能够落到实处，取得实效。

通过网格化管理模式和正向激励，层级落实网格区域风险管控及隐患排查治理职责，全面提升全员安全意识，充分调动了全员积极性，使整改落实到位、双防执行到位、安全意识到位、要求贯彻到位、职责履行到位。

坚持"三有" 防范"三拍"
提升隐患管理控制力

新疆油田公司准东采油厂彩南作业区集中处理站

彩南作业区集中处理站（以下简称集中处理站）地处准噶尔沙漠腹地，是集原油、天然气、污水处理，油田注水、化验及站区消防于一体的综合性处理站，站库为解决隐患排查计划"拍脑袋"、排查方法"拍胸脯"、检查考核"拍桌子"的现象，积极转变思路，开展隐患"三有"工作法，夯实安全基础，综合提升站库管理能力。2022年，集中处理站先后获得集团公司"标准化站队"、新疆油田公司"质量健康安全环保模范单位"等荣誉称号。

一、隐患排查有方向

为避免过去隐患排查大水漫灌式遍地跑，没重点，成效差，难彻底，成就感低的"拍脑袋"现状，集中处理站从科学、自主、经验固化入手落实解决。

一是科学分析，让排查变得更主动。根据时节及工作特性，组织技术骨干、班组长定期开展隐患分析与集中讨论，从急迫性、系统性、隐蔽性三点考量，逐月发布隐患检查计划（图1）、检查表，集中优势力量重点解决1类、2类典型隐患，增强了隐患排查的方向性和目的性。

二是风险为基，让检查变得更细致。关联落地危害因素辨识表单，根据风险等级、属地责任、业务职责的不同，制定站长、技术员、班长、班员四级隐患排查表（表1、表2），根据风险评估定检查点位，根据控制措施定检查参数，根据岗位职责定检查内容，做到了隐患排查各司其职、人尽其用。

二、隐患查改有方法

针对部分员工对标准理解掌握程度不够，状态不清——不会查，对隐患成因不掌握，只上报不整改——不会改，对上级检查发现承诺多行动少——拍胸脯的现象，从能力入手整体提升。

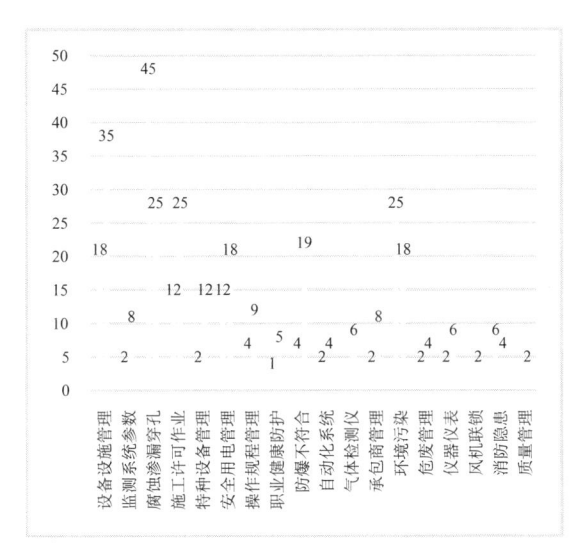

集中处理站 2023 年隐患排查计划执行表		
序号	月份	检查内容
1	1	设备设施管理、防雷防静电
2	2	监测系统参数、自动化系统
3	3	腐蚀渗漏穿孔、卸油台管理
4	4	施工许可作业、承包商管理
5	5	操作规程管理、应急处置管理
6	6	安全用电及接地、消防安全隐患
7	7	气站检维修、承包商管理
8	8	职业健康防护、班组员工健康
9	9	轴流风机连锁、防爆失效管理
10	10	气体检测报警系统、仪器仪表
11	11	特种设备管理、容器安全附件
12	12	环保污染管理、危废存储管理

图 1　隐患分析对应排查计划

表 1　岗位员工检查表

项目	内容	检查结果
天然气管线	管道参数是否正常	✓
	管线有无冻堵	✓
	有无正常巡检	✓
	甲醇罐是否正常	✓

项目	内容	检查情况
天然气管线	管道弯头17处，低洼6处巡检情况	全线巡检
	压力 0.18～0.22MPa	0.19MPa
	分离器 2h 放空	16:00 放空
	手背触摸电热带试温	温热
	放空管线电热带接口牢靠	温热
	记录甲醇液罐液位下降情况 1cm/d	90.2cm

表 2　技术员检查表

业务类别	具体设备	内容	检查结果
关键装置与工艺	原油、天然气处理装置	冻凝部位风险辨识与处置措施培训	
		巡检检查记录（压力、放空、卸油台活动记录）	
		隐患排查整改、上报率100%	
		……	
	重大危险源	重大危险源开展评估备案	
		验证比对真实与电子液位差	
		呼吸阀、安全阀冻堵	
		……	

业务类别	具体设备	内容	检查频次		检查结果
			站队	作业区	
关键装置与工艺	原油、天然气处理装置	冻凝部位风险辨识与处置措施培训	周/次	2周/次	
		巡检检查情况（压力、放空、卸油台活动记录）	周/次		
		隐患排查整改、上报率100%	周/次	2周/次	
		……	周/次	2周/次	
	重大危险源	重大危险源开展评估备案		年/次	
		承包点检查（检查连锁、呼吸阀、安全阀冻堵等）	周/次	2周/次	
		报警系统预警处置	天/次	周/次	
		……			

117

一是履职评估，夯实员工基础能力。根据各岗位实际，编制岗位业务、安全（隐患故障排查、处置、应急）履职清单（表3），开展需求调研、技能培训及现场实操观察、口头随机提问、场景模拟演练等综合方式进行的逐人逐岗位评估考核，并将考核结果与带组排查、隐患分析、奖金核发挂钩，督促岗位员工夯实基本功，掌握隐患排查基础技能。2022年，集中处理站累计评估43人，人均隐患查改率提升29%。

表3 岗位履职能力清单评估表
（集中处理站运行班长岗位能力清单）

能力类别	序号	评估内容	等级	评估方式	标准、课程或制度
业务能力	1	原油处理工艺流程图	3	知识测试	工艺流程图
	2	天然气处理工艺流程图	3	知识测试	工艺流程图
	3	原油处理基础知识	3	知识测试	集输知识
	4	天然气处理基础知识	3	知识测试	轻烃知识
	5	原油处理、天然气处理参数调节	2	能力测试	岗位操作规程
	6	离心泵启停操作	2	能力测试	岗位操作规程
	7	离心泵气蚀的故障处理	2	能力测试	岗位操作规程
	8	……	2	能力测试	岗位操作规程
安全能力	1	HSE政策、方针与目标	2	知识测试	HSE管理原则、理念
	2	68条隐患目录	2	知识测试	与集中处理站业务相关
	3	七项高危作业标准	2	知识测试	高危作业管理标准
	4	通用安全标准（电气、交通、办公区域、居家、旅行安全等）	2	知识测试	管理标准
	5	安全防护设施、装置、器材、检测仪器的使用（如正压呼吸器）	2	知识测试	管理标准
	6	中毒、窒息应急处置	3	能力测试	应急处置预案、处置卡
	7	……	3	知识测试	岗位操作规程
身体能力		满足岗位要求☐ 不满足岗位要求☐		否定项	

注：3—指能指导他人、2—指能独立运用、1—了解。

二是理论+实操，新型隐患管控有力。根据季度隐患排查计划开发标准学习课件，将每周三定为标准学习日，将岗位练兵场设计为对应的隐患查改模拟现场，通过持续不断的标准学习、现场模拟查改，提升员工技术隐患会查、会改的能力；同时成立隐患查改提升工作组，将深层隐患的具体表现形式，用文字描述和图片展示等双重方法，编制发放《典型问题解析图册》（图2）进行清单式管理，极大的提高了岗位员工的隐患查处能力。2022年，集中处理站共摸排出防爆电气、轴流风机、可燃气体探头等新型隐患41

项，占隐患查改总数的 19.5%。

防爆电气铭牌	电伴热未使用防爆终端； 注意项：(1) 现场施工过程中，对矿物绝缘电缆端接时，切口立即密封以防潮气进入；(2) 对于并联回路伴热器，总回路长度不应超过制造商建议长度；(3) 伴热回路连接到取得防爆合格证、带有适当引入保护措施和防外物进入保护的接线盒上；(4) 伴热带与电源及伴热之间用接线盒连接，伴热带与终端用终端（末端）接线盒
	设备出厂日期不在防爆合格证有效期之内（生产许可证有效期为 5 年，到期提前 6 个月提出延续申请）

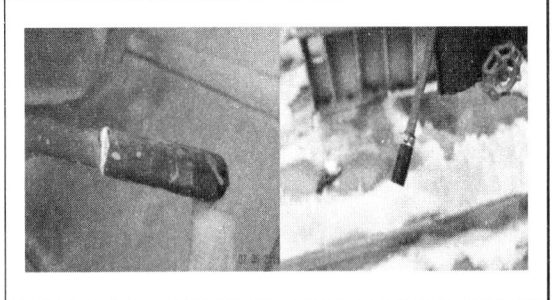

图 2　典型问题解析图册（防爆电气安全）

三、隐患改进有动力

站队秉承技术强安这一核心观念，每年由技术员、班组长从年度隐患分析报告中选取，评估出可技术革新的隐患改进项目，形成年度隐患改进技术"挑战榜"（图 3），并根据技术革新的难度大小设定不同的奖励金额，激发和引导岗位员工以 QC 课题、小改小革等多种形式，开展团队攻关，激励员工开拓创新，2022 年共完成废液污染隐患改进技术等 28 项挑战，小改小革、专利申请 11 项，累计奖励金额 1.3 万元。

图 3　隐患技改挑战榜

同时，在全站推广建立岗位"无隐患示范区"和"无隐患示范岗"，积极开展"隐患排查能手"竞赛评比，通过在履职安全能力评估、无隐患岗位创建、现场隐患排查等安全活动中的主动作为和突出表现，站库每月评选若干名隐患排查能手。同时，在站内《集风报》（图4）上予以宣传报道，奖励公示，树立典型榜样，激发全员比、学、赶、超的隐患查找氛围。

图 4 《集风报》宣传隐患查改能手

通过落实隐患排查"三有"工作法，实现对隐患全流程的动态管理、人员能力的精准提升、技术兴安的可续发展，逐步实现现场安全风险的有效管控。

精准实施"9+N"隐患排查机制提升装置本质安全水平

吉林石化公司电石厂乙二醇车间

吉林石化公司电石厂乙二醇装置于1996年9月建成投产,先后经过一次扩能和两次改产项目建设,现环氧乙烷生产能力 11.3×10^4 t/年。2016年6月,电石厂乙二醇车间(以下简称车间)通过吉林石化公司首批HSE基层标准化站队验收以来,始终将HSE先进管理理念、科学管理方法和实用管理工具,深度应用于装置的生产操作、检维修及日常作业活动全过程,大力强化风险管控,持续开展隐患排查,提升员工执行力,使HSE管理水平不断提高。2021年获集团公司"绿色基层队(站)""绿色基层车间(装置)""HSE标准化示范站队"荣誉称号。针对老旧装置现场存在隐患较多情况,在HSE标准化日常建设中,车间将隐患排查作为一项重要且常态化工作,固化"9+N"隐患排查机制,深入开展隐患排查,不断提升装置本质安全水平。

一、细化"9+N"排查机制,精准落实责任

作为老旧危化品生产装置安全隐患较多,为将隐患消灭在萌芽状态,我们采取"9+N"机制进行排查,即"9"为固化9方面排查内容,"N"为上级和政府部门安排布置或阶段性排查内容。根据装置各单元物料介质、流程及设备设施情况按9个方面内容排查(表1),即DCS全参数对照排查、液面计现场和DCS数据对照排查、密闭空间可燃气体及氧含量检测、退序单元氧含量检测、密闭空间氮气泄漏排查、高点泄漏排查、换热器物料互串风险排查、可燃气密封点泄漏检测(图1为甲烷过滤器静密封点可燃气检测)、装置区地沟窨井可燃气排查。

表1 乙二醇车间九项固化隐患排查计划表

序号	名称	频次	排查点位	责任车间	责任人	备注
1	DCS全参数控制情况排查	每月第四周	310	乙二醇	×××	
2	装置液面计室内外对照	每月第四周	18	乙二醇	×××	
3	密闭空间可燃气体及氧含量检测	每月第一周	11	乙二醇	×××	

续表

序号	名称	频次	排查点位	责任车间	责任人	备注
4	退序单元氧含量检测	每月第三周	8	乙二醇	×××	
5	密闭空间氮气泄漏排查	每月第一周	4	乙二醇	×××	
6	高点泄漏排查	每月第二周	14	乙二醇	×××	
7	换热器物料互串风险排查	每月第二周	3	乙二醇	×××	
8	可燃气密封点泄漏检测	每月第二周	390	乙二醇	×××	分周
9	装置区地沟窨井可燃气排查	每月第三周	50	乙二醇	×××	

图 1　高点可燃气检测（左）及全参数排查清单（右）

上级要求专项排查隐患内容按以上九方面，对号入座收集整改即可。以上 9 项固化内容均以表格形式下发至各班组，落实责任人，检测泄漏点位由各专业牵头负责，班组配合，最终形成每月（或季度）隐患固化排查表，落实问题整改责任人及安全防范措施。2022 年共排查整治低标准问题 120 项。

二、规范"9+N"排查管理，精准提升效能

在实行"9+N"排查实践过程中，不断规范管理。一是在周检查过程中主要排查静电跨接线缺失、螺丝松动、围堰破损、支架移位等内容，并由班长组织、岗位负责，各专业人员收集整理，周检中发现 9 项固化隐患并入固化隐患排查表，结合周检问题下发排查及治理情况，确保日常隐患及时发现和治理（表 2）。二是规范人员行为标准，养成良好操作行为习惯。车间组织开展"规范操作你我评"活动，依据操作卡，参与制作特殊操作和大型机组操作视频或演示文档，在特殊操作前，员工温习操作步骤，再与唱票制结合形成"双保险"。落实"五有"全方位管控作业风险，风险识别、安全分析和安全喊话，确认分析检测合格、安全措施落实、监护人员就位后，方可开始作业。三是推行"漏点挂牌"管理，低标准集中整治标准程序化。以班组为单位，组织定点测厚、漏点挂牌，每天交接班后，由班长负责查看"乙二醇车间漏点指示板"中的漏点信息，专人现

场确认，通知机械师下达任务书处理，提高交接人员查找漏点效率，有效避免"隐患漏交接"等问题（图2）。

表2　乙二醇车间隐患（周）查摆问题汇总表

一、生产工艺方面									
序号	检查项目	检查时间	检查人	存在问题描述	整改计划及监控措施	隐患分级	整改责任人	整改情况	整改完成时间
1	生产工艺	2023年3月14日	×××	G-411A泵巡检质量不高，密封液低于下线未及时发现	纳入考核，通知责任班组及时整改。警示其他班组提高巡检质量	车间级	×××	已完成	2023年3月14日
二、设备管理方面									
序号	检查部位	检查时间	检查人	存在问题描述	整改计划及监控措施	隐患分级	责任人	整改情况	整改完成时间
1	设备管理	2023年3月14日	×××	3月14日检查E-2620北侧管线静电跨接线断开	安排责任班组立即整改	车间级	×××	已完成	2023年3月14日
三、安全环保方面									
序号	检查部位	检查时间	检查人	存在问题描述	整改计划及监控措施	隐患分级	责任人	整改情况	完成时间
1	安全管理	2023年3月13日	×××	化工一班何伟亮，对G-2620南侧上方5.5m管廊漏点处理过程中使用靠梯，下方无人扶持	班组加强漏点人员安全教育，保证处理漏点人员安全使用工机具	车间级	×××	已完成	2023年3月13日
2	安全管理	2023年3月13日	×××	办公楼北门管廊上有保温铁皮放置在管线上未固定	及时发现高处存在杂物、保温铁皮等问题，避免发生砸伤事故	车间级	×××	已完成	2023年3月13日

通过跟踪管理，设备设施本质安全得到提升明显。车间A类机泵65台占比由78.75%提升至81.25%，振值小于2.8mm/s机泵76台占比由92.5%提升至95%。

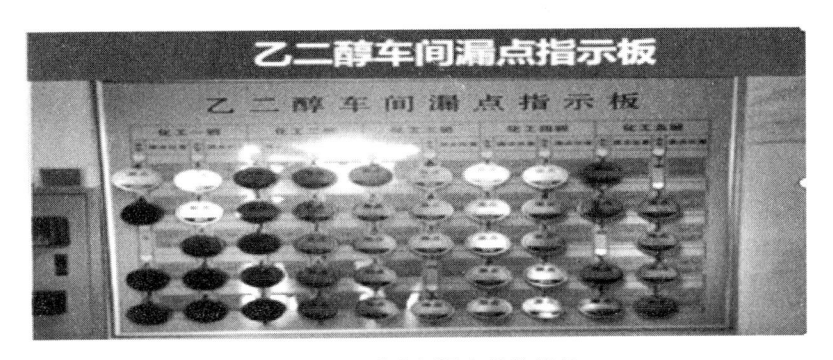

图2　乙二醇车间漏点挂牌管理

三、激发"9+N"排查热情,精准考核激励

车间结合"9+N"隐患排查需要和员工队伍实际,"学、练、测"多措并举,通过每周一练、每月小考、每季大考等形式,采取党员帮带、走上讲台、小班授课、一对一指导等方法,提高全员隐患排查能力。优化考核激励机制,将隐患排查打造成全闭环模式,形成"条条有反馈、事事有回音、评比有奖励"的管理思维,在反馈中对员工予以认可,在整改中对员工予以嘉奖,在讲评中对员工予以鼓励。畅通合理化建议渠道,实时开展奖励,在静密封点月份固化排查中,发现一处可燃气体泄漏,给予30元奖励,重大隐患推荐工厂、公司给予嘉奖,2022年车间累计奖励5600元,"谁为我们查隐患谁就是我们的恩人"深入人心(图3)。通过规范行为和精准激励,实现由"被动查"到"主动查",由"要我查"向"我要查"转变,形成人人查隐患的浓厚氛围。车间390项静密封点检测漏点数量由最高52处/月降低至接近0的水平;30处窨井、13处高点放空可燃气体检测由原来最高10处降低至均合格;有毒可燃报警数量由20余次/班下降至目前小于5次/月。

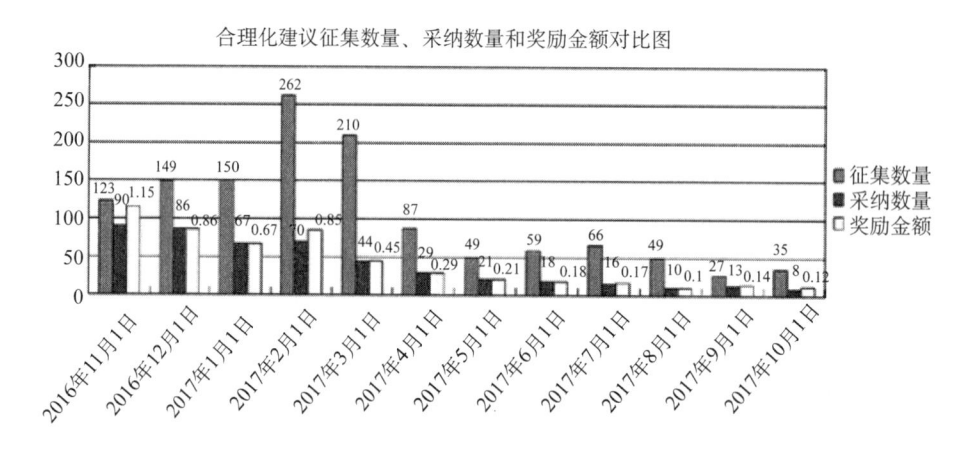

合理化建议征集数量、采纳数量和奖励金额对比图

图3 合理化建议征集及奖励

乙二醇车间通过标准化站队建设,采取固化"9+N"隐患排查机制,深入开展隐患排查,动态跟踪管理,不仅隐患数量明显下降,而且装置"四率"明显提升,装置生产平稳率由原98.8%提高至99.86%,2022年连续安全平稳高效运行365天,实现了装置本质安全。

实施风险隐患数字化管控
推动双重预防机制高效运行

独山子石化公司炼油一部

独山子石化公司炼油一部（以下简称炼油一部）1000×10^{4}t/年常减压蒸馏装置2009年8月一次性试车投产成功，装置采用壳牌SGSI减压深拔技术，主要加工中哈原油管道输送的库姆科尔原油和俄罗斯乌拉尔原油。由原油换热部分、原油电脱盐部分、初馏、常压蒸馏、减压蒸馏、轻烃回收和液化气及干气脱硫部分组成。

炼油一部蒸馏装置利用双重预防信息平台（图1），导入危害辨识、风险评价、隐患排查治理数据，形成基础风险数据库，全面实现风险隐患系统化、网络化、智能化管理。

一、利用信息化平台形成风险隐患数据库

双重预防机制管理系统是独山子石化公司与安全环保技术研究院合作开发的，彻底解决了风险辨识和隐患排查治理工作前期千头万绪、毫无章法的问题，共计四个模块：风险分级防控、隐患排查治理、统计分析、系统管理。

风险分级防控涵盖了HAZOP、FMEA、JSA等分析结果，利用双重预防平台（图1）批量导入功能，形成分层级的风险数据库，Ⅰ级、Ⅱ级风险由班组管控，负责对相应的管控措施的有效性进行检查落实；Ⅲ级风险由运行部管控，技术管理人员负责对相应的管控措施的有效性进行检查落实；Ⅳ级风险由运行部审查后上报公司。Ⅲ级或Ⅳ级的风险为不可接受风险，必须制订硬件上的增补措施将风险降低到二级风险以下，Ⅲ级及以上风险硬件上的增补措施转为隐患进行治理。风险的防控措施检查任务按日、周、月、季、年不同频次向班组人员、技术干部、专业主管不同层级的人员推送，同时可利用App查看检查任务内容，实现风险措施掌上数字化检查，落实风险精准检查、立体覆盖、分级防控。

隐患排查治理是风险的防控措施失效后转至隐患治理。运行部制定日检、周检、月度、季度等隐患排查内容，全员参与、分级治理；定期排查与日常管理相结合，专业排查与综合排查相结合。隐患分为一般隐患、较大隐患、重大隐患，按治理层级分为班组级、车间级、公司级。隐患发现后，能立即整改的必须立即整改，防止隐患发展为事故；

无法立即整改的隐患，治理前按"五定"原则，明确防范措施，落实监控责任，由事后处理向事前预防转变，由临时对策向长效机制转变。

统计分析模块可查询风险台账、检查任务、新增风险数量、隐患统计各类信息。从隐患的分类、专业统计、管理级别、趋势分析等数据，可查找隐患的专业分布、时间特点，包括控制阀、机泵、管道、风机、DCS、手阀等隐患数量分布，分析隐患阶段性、季节性规律，提供精准的预警、预判。

日常风险隐患增补明确管理机制，成立以运行部书记、经理为组长的风险与隐患评价小组，确定专业组的负责人和领导，落实风险隐患治理机制，厘清风险辨识程序、隐患治理流程等，做到制度、管理、流程标准化。

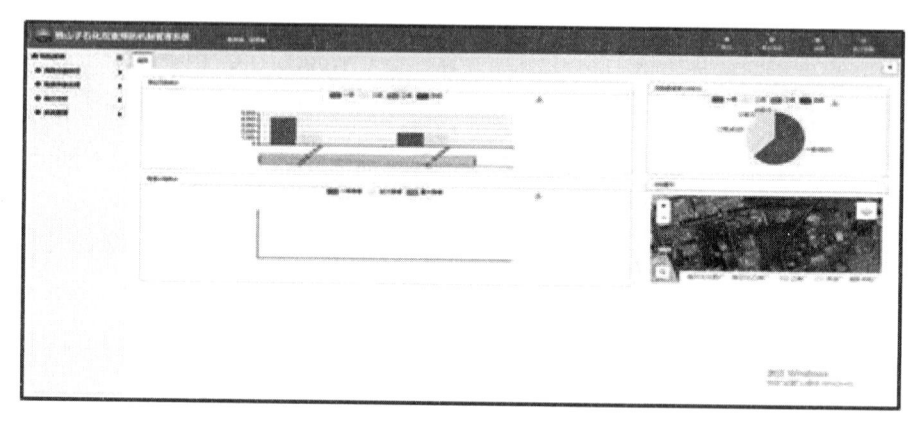

图 1　炼油一部双重预防平台

二、专项活动增补风险隐患数据库

炼油一部以"风险大辨识、隐患大排查"为抓手，每季度专项查找潜在的、深层次的风险隐患，确定排查主题、排查部位、排查团队，以技术排查、经验排查等手段，看得见的通过强化巡检质量现场"捡黄金"，看不见的通过技术工具"查隐患"，利用如流程模拟、腐蚀监测预警、动静设备平台等工具，不断将发现的风险隐患录入双防平台，实行动态管理，2021 年、2022 年活动中累计发现 6 项Ⅲ级风险，已完成隐患治理，做到随时发现、随时评价、随时增补、随时治理，持续补充双重预防平台数据库。

三、大数据风险预警促进安全管理

在风险隐患数据持续积累的情况下，每季度利用平台大数据统计分析功能、结合事故事件有针对性地发现隐患产生规律，对安全生产主要矛盾进行预警预判，用风险隐患数字化方式推进安全生产管理，把安全生产关口提前，推进精细精准管控，增强风险防控能力。

四、强化表彰激励员工查找隐患

组织专题培训，讲授安全管理理念、风险管理知识，提高风险辨识能力、隐患排查能力，对员工在日常检查中发现的风险隐患及时给予表彰、表扬、宣贯，季度评比隐患标兵、隐患能手，引领全体员工主动防范风险，主动发现、上报和管理隐患，营造"人人争当安全员"的良好风气，共创人人履职、全员尽责、防患于未然的良好氛围。

2021年、2022年均获得独山子石化公司风险大辨识、隐患大排查先进单位。现双重预防平台现有Ⅰ级风险6825项，Ⅱ级风险4023项，Ⅲ级风险5项，均已制订防范措施及隐患整改措施，实现了数字化、精准化、动态化监管，通过风险评价、短信通知、检查确认、整改销项等全过程管理，落实风险隐患防范措施的科学性、针对性、实效性，不断消减风险、管控隐患、补齐漏洞、化解系统性安全风险，确保关键环节风险管控、薄弱部位隐患消除，不断提升本质安全，实现安全风险隐患治理能力现代化。

能力建设和责任落实

(23篇)

构建"1234"机制　推进实操化培训

塔里木油田公司东河采油气管理区东一联合站

塔里木油田公司东河采油气管理区东一联合站（以下简称东一联合站）主要负责东河塘、红旗、牙哈一等三个油田的油气生产、场站运维等工作，下辖联合站1座、天然气处理站1座、转油站2座、油气水井64口。自2013年注水开发转注气提采以来，出现了采油工艺不适应、地面设施不配套等一系列问题，员工能岗不匹配日益突显，为强化员工培训效果，东一联合站立足"一个目标、两个载体、三级网络、四个结合"培训模式，创新探索出"1234"管理机制，有效提升员工技能水平。

一、明确一个目标，聚焦培训需求

针对注气提采协同储气库建设需求，以打造一支"注气提采复合型人才队伍"为目标，聚焦油藏、采油、地面三大业务领域应知应会，制定56项培训清单，配套培训资源。根据岗位职能、员工需求施行"差异化""点餐式"培训，年均开展54场次，达到因材施教、靶向培训的目的。

二、用活两个载体，提升培训效果

东一联合站结合现场生产实际，自主建设实物培训基地强化实操培训，创建特色技能专家工作室填补实物培训资源空白，以团队智慧解决生产技术难题。

1. 建设实物培训基地

通过自购电潜泵井下机组实物模型、利旧气举工作筒剖面模型、回收井下作业管柱工具等方式，建立实物培训基地，累计配置12类53套实物工具，作为员工教学培训、生产异常分析的"练兵场"。培训基地成立3年以来，累计开展实物讲解、实战训练328场次，实现员工培训由"课堂理论"向"现场实操"深度转变。

2. 创建注气提采工作室

组建"部门负责人+二三级工程师"为骨干的技术团队，成立油藏、采油、地面3个创新管理小组，针对生产难题及时制定技术攻关课题，推行技术专家"挂帅"、青年员工"出征"的传帮带培养机制，引导员工发挥主观能动性和创新思维，全程参与课题攻关。工作室成立以来，5名青年员工主导解决了电泵井气蚀、碳化钨油嘴套材质升级改造等12项生产技术难题，实现了理论知识和实操技能的双重提升。

三、建立三级网络，紧扣培训重点

以"提升专业技能、夯实基层基础、提高处突能力"为出发点，为员工量身打造三类优质课堂，形成了"工程师抓技术、班组抓两册、员工抓实战"的常态培训机制。

1. 建立工程师"菁英课堂"

突出专业技能培训，建立以部门负责人、二三级工程师为成员的专家库，每半月收集整理员工在天然气集输处理工艺、气举采油工艺等方面面临的知识盲点和技术难题，针对性开展线下培训沙龙。"菁英课堂"开设以来，青年员工年度平均参培158人次，3年培养期内优秀率超80%。

2. 开设班组"两册"小课堂

突出基层基础培训，将"两册"纳入日常岗位练兵范畴，检验"两册"适用性，发现问题及时纳入缺陷库，定期修订完善；按照"谁应用，谁讲课"原则，制订周培训计划，开展应用人讲"两册"小课堂。班组长通过"面对面访谈""现场跟班"等方式，考核验证"两册"培训效果。今年以来，修改完善"两册"142处，营造了员工学"两册"、用"两册"的良好氛围。

3. 坚持员工"实战大讲堂"

突出异常处置培训，总结历年生产异常，汇编形成《东河天然气站压缩机故障案例分析及经验做法》等6类异常分析处置培训教材。结合生产特征、季节特性，月初由专业工程师组织实地培训讲解，月底授课老师随机出题，员工现场分析原因、提出处置措施。"实战大讲堂"开设以来，员工参与故障分析处理130余次，全面提升员工异常处置和应变能力，大幅缩短异常分析、处置时间。

四、抓好四个结合，推进培训实效

立足攻关现场生产难题，利用内外部培训资源，开展线上线下、形式多样的培训，配套奖惩机制，建立了实用好用的"四个结合"培训模式，着力提升培训效果。

1. 培训计划与生产难题相结合

将阶段生产重点难点、突发应急抢险动态纳入培训计划，运用"三到法"安全经验分享HSE实用工具，在次日班前会上分享培训。每季度总结提炼异常处置的典型经验做法，2022年以来，气举阀工况优化、井筒沥青质解堵等13项典型做法纳入培训教材，不断丰富培训内容，拓宽员工技能水平。

2. 线上培训与线下实践相结合

开设线上微信大课堂，开展"每日一问一答"活动，员工将每天遇到的工作难点、技术难题，通过微信大课堂请教专业导师，导师须当日予以回复，实现了"一人有疑问、全员受教育"。充分利用辖区内井下作业、动态监测等专业承包商资源，搭建现场实训平台，每年分批次轮训，员工与作业队伍同吃、同住、同劳动，轮训结束后及时开展评估考核，检验阶段实训成效。实施以来，员工一次性评估合格率提升25%，人均顶岗周期缩短4个月。

3. 内培师与外部专家相结合

对内施行"导师带徒制"，建立青年员工与业务导师双向选择机制，签订导师带徒协议，突出属地现有工艺设备培训，成效与学员和导师的月度考核绩效挂钩。对外施行"行业专家授课制"，不定期邀请油田兄弟单位、业务部门及厂家技术专家开展"四新"技术现场教学，2022年以来累计开展各类技术交流18场次。

4. 培训效果与考核兑现相结合

基于培训内容，建立油藏地质、采油工艺、场站运维等12类57套理论考试题库，自主开发答题App，实现试题随机生成、员工线上答题、系统自动阅卷，真实检验培训效果。站队"一把手"亲自参与制定员工和导师的量化考评机制，考试成绩与业绩奖金成正比，通过每月一考，同岗位员工月收入差值最高达两千余元，将年底总成绩作为"优秀学员""金牌讲师"评比的重要依据，全力营造"比学赶帮超"学习氛围。

实施"1234"培训模式以来，东一联合站打造了一支注气提采复合型人才队伍，近年来团队和个人载誉不断，先后荣获"第四届全国油气开发专业职业技能竞赛"团体铜牌等24项业务技能、13项安全技能荣誉成果。其中三名青年员工取得集团公司"首届技术技能大赛"一银、两铜佳绩，五名员工获得塔里木油田QC成果一等奖、节能节水技措一等奖等安全技能奖项，联合站干部员工综合能力得到显著提升。

"一评三测"模式 促岗位能力提升

浙江油田公司西南采气厂筠连作业区

浙江油田公司西南采气厂筠连作业区位于四川省宜宾市筠连县沐爱镇，现有内部员工 11 人，管辖煤层气井场 73 座，其中煤层气井 409 口、页岩气井 4 口，辖区天然气集输管道 100 千米。筠连作业区操作岗位以外聘属地化用工为主，人员能力素质的高低直接影响现场安全生产。开展"一评三测"模式，即：履职能力评估、月度知识测评、操作技能测评、技能等级测评，提升属地化员工岗位技能，有效夯实现场安全基础。

一、开展履职能力评估

岗位要求矩阵主要包含通用素质与能力、专业知识与技能、HSE 知识与技能三方面。属地化员工直线班组长根据作业区生产实际，及时修订岗位要求矩阵的内容及评估标准，主要将新增关键操作规程、新增工艺流程应急处置等纳入岗位要求矩阵中，使其与岗位员工能力要求相匹配。直线班组长结合矩阵要求，开展属地化员工岗前及岗中履职能力评估，及时发现员工在技能操作上的不足和理论知识上的短板，形成岗位需求性培训矩阵，指导岗位主动提升短板和不足。作业区根据评估结果，归纳全员培训提升需求项目，梳理普遍技能短板，制定属地化员工能力提升方案，分级分类开展培训提升工作，持续提升岗位操作技能。

图 1　月度知识测评

二、开展月度知识测评

西南采气厂质量安全环保部牵头，结合作业区属地化员工履职能力评估暴露出的人员理论知识短板，融合作业区应知应会手册、应急处置卡、操作规程、采气工初中级知识题库等内容，编制岗位应知应会知识题库及考核标准，通过线上考试的形式，对属地化员工开展月度知识测评（图1），测评结果直接兑现员工月度绩效考核，不断鞭策员工进行自我能力提升。

三、开展操作技能测评

班组长、直线领导和安全监督等人员开展日常监督检查时，对属地化员工的应急处置能力、操作规程、设备设施工作原理等内容进行技能抽查（图2），抽查方式主要采用模拟操作、实际操作、模拟应急演练、提问等方式进行，针对抽查过程中发现的问题，对属地化员工开展现场指导培训，不断提升培训实效，促进属地化员工应急处置能力、操作能力"双"提升。

四、开展技能等级测评

采用"理论+实操"的形式组织属地化员工进行技能等级内部认定。理论方面，题库由月度知识测评试题和石油化工职业技能培训教程中的采气工理论试题组成；实操方面，由采气厂与作业区共同确定实操项目，主要包含燃气发电机启停、检查清洗卧式除砂器、除砂筒等关键操作。认定过程由作业区组织考评员具体实施，采气厂专业人员参与过程监督。技能等级认定结果与属地化员工个人收入挂钩，不断增强属地化员工自我提升积极性，促进属地化员工能力上台阶。

图2 操作技能测评

通过"一评三测"模式的有效开展，属地化员工岗位应知应会、设备工作原理等理论知识得到了进一步夯实，实操能力得到了进一步提升。在年底的履职能力评估中，人员合格率达到了98%，并在西南采气厂举办的员工操作技能竞赛中，筠连作业区属地化员工组成的参赛组，在个人项目与团体项目均取得第一名的优秀成绩。

塑造五型员工
构建"55533"安全素质模型

中油测井公司

中油测井公司（以下简称中油测井）从事国内外油气田测井、录井、射孔、测试等技术服务，现有员工12000人，作业队伍843支，年施工10万多井次。中油测井基于人的安全是本质安全的基础，结合"两书一表一单一卡"，构建员工安全能力模型，建立"55533"员工QHSE素质模型（表1），塑造知识型、技能型、履职型、效率型、健康型员工，助力严格监管阶段本质安全型员工塑造，从本质上预防和避免事故，有效推进风险分级防控和隐患排查治理双重预防机制落实落地，提升基层站队QHSE标准化建设水平，最终实现企业可持续发展。

一、构建"5懂"知识模型，塑造知识型员工

中油测井经过对5年来的监督检查审核数据分析发现，员工由于知识缺乏导致不安全行为占总数的30%左右。针对岗位员工知识缺乏这一问题，构建岗位"5懂"安全知识模型，每一个岗位员工要懂所在岗位的法规标准、懂制度要求、懂工艺技术、懂设备原理、懂危险特性。例如测井作业队井口工需要懂安全生产法规定的从业人员的安全生产权利和义务等法律内涵，懂测井现场作业安全制度等具体要求，懂井口仪器串连接等工艺技术，懂万用表、兆欧表等测量原理，懂硫化氢、一氧化碳等危险特性。通过梳理汇总岗位员工必会知识，构建起71个岗位的"5懂"知识模型，为了检验员工知识掌握情况，开发了覆盖研发、制造、工程技术服务、支持保障全产业链的15000道测试试题，员工通过手机小程序开展岗位匹配答题，后台自动批卷记录，通过不断地答题测试，把每一名员工都塑造成知识型员工。

二、构建"5会"技能模型，塑造技能型员工

员工的不安全行为中还有30%是由员工技能不足导致，中油测井针对员工技能不足构建"5会"技能模型。即岗位员工会生产操作、会异常分析、会设备巡检、会风险辨识、会应急处置能力。例如射孔队井口工要会装配射孔枪等操作，当井下射孔枪未起爆

时会分析原因，射孔枪连接完毕后会检查总体情况，会辨识作业井场的风险，当出现井口溢流井涌时会应急处置。为了让员工能够熟练掌握技能，对所有岗位精准开发提升视频课程和能力竞赛，员工通过手机小程序观看视频，并将自己实操视频上传小程序，由培训中心专职老师在线打分，保证了技能成熟度有统一标准。通过每年举办技能大赛，检验整体员工技能掌握情况。

三、构建"5能"能力模型，塑造履职型员工

由于员工态度不端正，执行力不足导致的不安全行为约占总数的40%，针对这一情况，建立员工"5能"能力模型。即能遵守工艺纪律、能遵守操作纪律、能遵守劳动纪律、能制止他人违章、能抵制违章指挥。例如测井队绞车工，开绞车时能按照要求速度起下电缆，能在井口井底减速，能随着深度调整扭矩阀，能制止他人在电缆附近的违章操作，能抵制冲仪器等违章指挥。为了让员工能够完成"5能"，建立了关键环节考核记分和激励机制，每月通过HSE系统对员工进行监督考核，形成积分榜单，奖励排名靠前员工。

四、构建"3第一"目标模型，塑造效率型员工

在"5懂5会5能"模型的基础上，提出"3第一3提醒"工作目标，"3第一"即第一次把事情做对、第一时间发现问题、第一反应是正确的；为了提升员工的工作效率，配套了相应激励机制，班组对第一次把事情做对、第一时间发现问题、第一反应是正确的员工进行月底奖励，在评优选先中优先考虑，在效益工资分配中给予倾斜，对表现优秀员工在单位网页和班组例会上进行表扬，通过不断地考核激励，班组安全管理效率不断提高，队伍作风持续提升。

五、配套"3提醒"健康措施，助力健康型员工塑造

由于测井队作业比较分散，常年处在野外，作业环境恶劣，健康异常、不良生活习惯、不及时就诊等情况比较常见，为了及时预防，进一步提升员工身心健康管理水平，构建了"三提醒"健康措施，"三提醒"发现同事健康异常征兆提醒、发现同事不良习惯提醒、发现不及时就诊或食药提醒。让班组成员之间互相提醒，一方面将一些常用的健康小常识、小措施通过微信群进行分享，另一方面将班组成员的不良生活习惯也在微信群里"曝光"督促员工戒掉吸烟、过量饮酒、晚睡等不良生活习惯。通过"3提醒"措施，一定程度上帮助员工提升了健康水平。

中油测井构建"55533"安全素质模型，通过"5懂5会5能3第一3提醒"精准提升员工QHSE能力素质。梳理确认QHSE关键岗位，建立驾驶员、井口工、作业队长等关键岗位的三种能力模型，配套相应激励考核措施，开展防御性驾驶培训评估、井口工、作业队长"六必知""十必会"培训评估。设置"3第一"目标和"3提醒"措施，全面

提升基层站队 QHSE 标准化能力。

表1　裸眼测井作业—测井工"55533"安全技能模型

5懂	具体内容	5会	具体内容	5能	具体内容	3第一	3提醒
懂工艺技术	1. 电缆头制作工艺； 2. 测井施工工艺； 3. 打捞工艺； 4. 湿接头测井工艺	会生产操作	1. 会制作电缆头、马龙头； 2. 会连接拆装仪器； 3. 会使用井口工具； 4. 会装卸放射源； 5. 会使用正压呼吸器； 6. 会使用气体检测仪； 7. 会操作辐射监测仪	能遵守工艺纪律	测井工艺流程	在应急情况下"第一反应是正确的"	发现同事健康异常征兆提醒
懂危险特性	1. 井喷失控危险； 2. 有毒有害气体危险； 3. 放射源危险； 4. 机械伤害危险； 5. 物体打击危险； 6. 高处坠落危险	会故障分析	1. 电缆头、马龙头故障分析； 2. 绞车故障分析； 3. 磁记号故障分析； 4. 正压呼吸器故障分析； 5. 气体检测仪故障分析	能遵守操作纪律	1. 测井队上井注意事项； 2. 作业队质量安全环保设备设施注意事项； 3. 作业队测井放射性物品使用注意事项	在日常操作时"第一次把事情做对"	发现同事不良饮食嗜好提醒
懂设备原理	1. 马丁代克工作原理； 2. 滑环工作原理； 3. 绞车工作原理； 4. 正压呼吸器原理； 5. 气体检测仪原理	会设备检查	1. 电缆头、马龙头通断绝缘检查； 2. 仪器外观及连接顺序检查； 3. 井口双保险设置检查； 4. 放射源外观检查； 5. 正压呼吸器检查； 6. 气体检测仪检查	能遵守劳动纪律	测井作业队劳动纪律		
懂法规标准	1. 安全生产法等HSE法律法规； 2. 石油测井作业安全规范（企业标准）	会风险辨识	1. 掌握风险辨识方法； 2. 会辨识风险； 3. 能根据风险采取适当的控制措施	能制止他人违章	发现同事违章及时干预制止	在巡回检查时"第一时间发现问题"	发现同事不良生活习性提醒
懂操作流程	1. 测井施工流程； 2. 打捞施工流程	会应急处置	1. 井喷失控时应急处置； 2. 硫化氢中毒时应急处置； 3. 放射源意外照射时应急处置； 4. 机械伤害时应急处置； 5. 物体打击时应急处置； 6. 食物中毒时应急处置； 7. 高处坠落时应急处置	能抵制违章指挥	拒绝违章指挥并上报		

实施"4+"培训法做到"4维强化"
推动员工标准化意识和岗位操作能力双提升

华北石化公司二联合运行部

华北石化公司二联合运行部2#常减压装置（500t/年）为千万吨质量升级项目新建装置，2018年9月安全环保一次开车成功，2021—2022年度评为集团公司"HSE标准化建设示范站（队）"和"青年文明号"。

在标准化建设过程中，装置以员工标准化意识和岗位操作能力双提升为目标，探索实施"4+"培训法实现"4维强化"，即"班长授课+青工轮讲"强化理论水平；"系统模拟+实操演练"强化实操能力；"文化阵地+网络微课"强化安全意识；"三师带徒+量身定制"强化综合素质。

一、"班长授课+青工轮讲"强化理论水平

装置抓实四个生产班组的专业理论知识培训，夜班课堂常态化开展。班组长每轮班定期授课，以装置流程、生产操作、事故处理等内容为主，半小时集中讲课和半小时现场复盘的"订单"成为"固定餐"，年度培训1400人次；要求青工轮流上讲台，分享安全事故案例、阶段学习心得、专项操作经验等，边讲、边学、边交流，提高青工自主学习能力、综合表述能力和经验分享能力。全员岗位技能的提升也体现在建机制、解难题上，装置骨干在学习培训和讨论交流中研究生产优化、提质增效的新举措，近两年来根据巴士拉等沥青生产的油种，建立沥青生产参数模型，将沥青生产步骤标准化，全面缩短沥青从开始生产到送出合格产品的时间，实现了降低原油成本、提高原油加工量的目标。沥青项目也拓宽了华北石化公司产品种类，为华北石化公司提质增效再添新渠道，同时对解决华北石化公司高负荷生产工况、原油重质化的瓶颈问题起到促推作用。

二、"系统模拟+实操演练"强化实操能力

装置充分利用安全岛安全培训系统开展"系统模拟"，进行流程培训、安全隐患排查培训以及应急救援培训等工作，特别是利用安全岛系统内预置的2#常减压装置3D模型常态化进行专项流程演示及"一分钟桌演"，通过设置应急处置类型，模拟装置某个设备

出现故障后的应急处置流程，提高员工应急处置能力，系统内部还预置了现场安全隐患排查的学习程序，为现场标准化建设提供了有效学习和演练平台。系统模拟的基础上加强实操演练（图1），持续推广"演练+问答"的培训模式，班组常态化演练和重点流程问答抽查结合，每轮夜班培训时间不少于1h。装置骨干在模拟和演练中不断补齐技术短板、创新工作思路，以实际生产中的问题为导向，优化操作方法，解决了重油泵预热泵抽空等一系列隐患，重油机泵预热方法创新获集团公司"一线创新成果"二等奖，将总结的操作动作，修改到操作规程、操作卡中，固化成标准化的动作，严格执卡操作规范化、标准化；通过应用信息化的手段，利用班组经济核算信息平台，做到各项工作有标准、有落实、有反馈、有追溯，实现装置管理的标准化。

图 1　应急演练

三、"文化阵地+网络微课"强化安全意识

为了将QHSE文化建设融入日常，装置在应急室建立HSE文化栏，打造班组"安全文化阵地"，张贴各类安全管理规定及QHSE学习资料，为班组培训和个人自学创造便利条件，夜班课堂上员工轮流分享自己的学习内容和心得，形成"听讲结合、有效互动、人人参与"的良好氛围；安全管理技术人员建立员工微信群，以"网络微课"的形式打造员工身边的移动安全课堂，据每个阶段公司安全管理和标准化建设重点工作安排认真备课，定期进行安全知识分享，微课内容涵盖安全生产基础知识、特殊作业安全规范、消防安全等常识，同时扩展到和生活息息相关的加油站安全规范、清新剂引发的火灾思考等日常安全知识，做到了"微课一分钟、一课一收获"。

四、"三师带徒+量身定制"强化综合素质

全面落实华北石化公司"人才强企"工程，抓实青年技能人才培养。"三师带徒"助

力青工快速成长，2名业务导师由经验丰富的班组长、技师等骨干担任，传授专业知识和业务技能，带领徒弟"走现场、倒流程、串管道"，1名发展导师由管理技术人员担任，负责新入职员工的思想引导、职业指导和生涯规划。师带徒培训学习中，依托装置技师和优秀青工讲师，量身定制专题课程"菜单"，结合装置QHSE重点工作和不同对象需求提供"点餐"，推动岗位技术"传、帮、带"。近两年，11名员工取得高级技师、技师任职资格，目前公司级在聘首席技师1名，在聘技师3名；2名青工先后获得集团公司常减压技能大赛个人铜牌，团队获得应急救援项目集体二等奖，在沧州市、华北油田等油地消防应急的大赛中也多次得奖；2名青工被评为华北石化公司"青年岗位能手"。

"4+"培训法的探索和实践，让2#常减压装置的班组培训"真刀真枪见真功"，帮助员工立足岗位"真学真懂真提高"，各岗位操作人员技能水平稳步提升，三分之一员工做到内外操岗位通岗操作。该装置切实以"4维强化"助推员工标准化意识和岗位操作能力双提升，为实现平稳生产1654天无事故事件的安全运行态势奠定坚实基础。

实施"231"培训法　多向发力强"双基"

长庆石化公司运行二部运行三班

长庆石化公司运行二部运行三班（以下简称班组）现有员工30人，负责属地内催化裂化、气体分馏及公用工程各装置的生产运行。班组曾获国有资产监督管理委员会"红旗型学习班组"、陕西省劳动竞赛"先进班组"、咸阳市"工人先锋号"、长庆石化公司"HSE标准化标杆班组"等荣誉。当下班组面临着岗位定员人数少、新人占比大、操作经验不足、应急处置能力较差等问题。为解决上述问题，同时提升班员综合素养，班组创新提出了"231"培训法。

一、"2"指加强两个能力

一是外操人员现场处突能力，是指外操人员识别、分析和解决现场问题的能力和有效解决异常情况的能力；二是内操人员监盘能力，是指内操人员对DCS、SIS等系统运行状态进行实时监控并根据异常情况采取相应处理措施的能力。

二、"3"指三种培训方式

1. "班长陪检"培训法

根据班组人员情况滚动制订班长陪检计划，以四个月为一个周期，分三个阶段推进班组青工尽快具备独立巡检能力。

第一阶段"我讲你听"，班长讲解巡检中的注意事项、重点风险部位、薄弱环节、安全要点等内容，让巡检员工尽快掌握"巡什么"。

第二阶段"你巡我看"，班长在陪检过程中，查看员工巡检所带的设备和工具是否齐全，检查巡检人员是否按照规定的要求使用巡检手持机进行巡检，检查巡检结果是否正确反馈，问题是否及时整改，帮助巡检员工掌握"怎么巡"。

第三阶段"你讲我听"，巡检人员向班长口述巡检前准备工作、点检区域检查要点、巡检过程安全措施、应急处置步骤等内容，督促员工成为合格的巡检工。

2. "滴灌法"理论培训

一是常态化开展班组应知应会测试。将岗位应知应会题库录入"考试星"App，每日进行自测，每周组织岗位测试，每月组织全员考试，实现应知应会全员掌握；二是用好"两个 5 分钟"，利用交接班会前 5min 进行安全经验分享，后 5min 进行 HSE 工具和规章制度学习，以"少量多次滴灌式"培训，营造全员讲安全、学安全、用安全的浓厚氛围。

3. "人人当讲师"全员实践

打破传统的教学模式，通过坚持开展"轮流授课，人人当讲师"等活动，班员根据自己的工作岗位和兴趣选择相应的培训内容，在培训过程中与其他人分享自己的知识和经验，变"一人讲"为"人人讲"，人人既是学员，又是讲师，通过互动式的教学和学习方式增强培训效果，激发班员学习的主动性和参与度，提高员工自信和班组凝聚力。

三、"1"指应急能力专项培训

开展"图示化"应急培训，结合部门的管理模式、生产运行组织机制及班组人员组成、岗位特点，结合危险源、危险因素分析和评价，依据现场处置方案、应急操作卡和岗位操作规程，在一张图上用颜色来区分应急处置步骤的优先顺序，清晰、简明地展现应急处置步骤、人员职责。

应急图示卡（图 1）中红色：AAA 级（表示必须第一时间进行的处置步骤），黄色：AA 级（表示操作执行优先级仅次于红色），蓝色：A 级（表示按操作恢复步骤处置）。

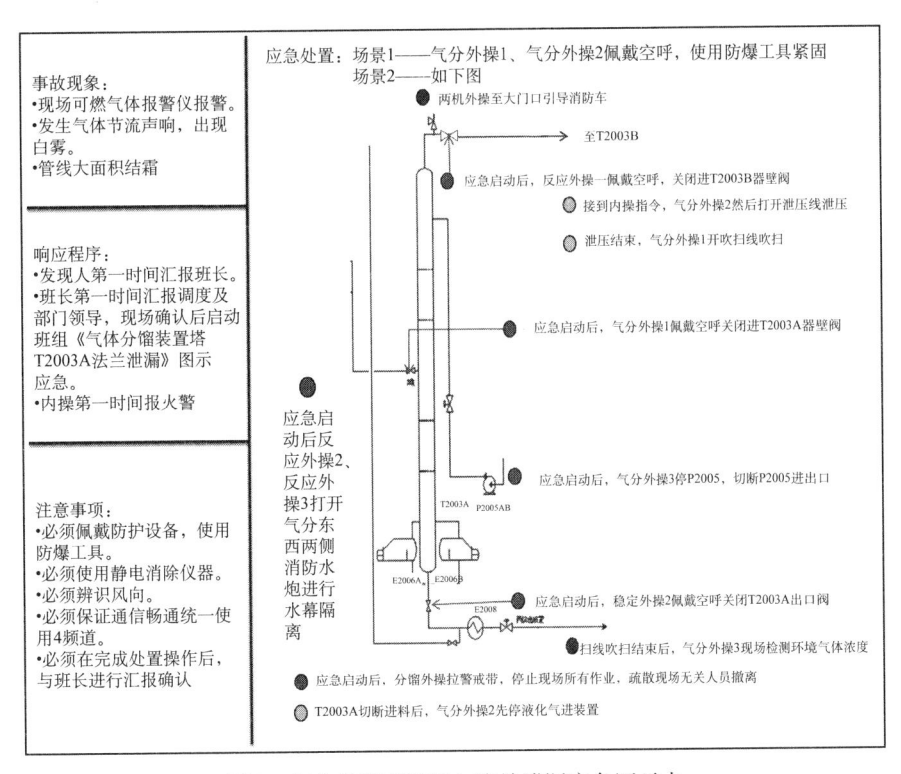

图 1 气分装置 T2003A 法兰泄漏应急图示卡

通过实施"231"培训法,一是快速有效提升了员工的岗位技能、安全履职能力,"一岗精、两岗通、三岗会"的人才架构模式逐步成型,其中"三岗会"7人,"两岗通"12人,班员在公司2022年气分技能大赛中取得了1金1银2铜的成绩。二是增强了员工应急处置能力,经过培训的员工能够在紧急情况下迅速反应并采取正确的措施,班员在巡检中多次发现公司级隐患,累计获奖3万余元,在应急"双盲"拉练中评分均在90分以上。三是增强了团队的凝聚力,培养了员工的创新意识。以小组为单位的培训,使员工通过互动、互助、互促,能够更积极主动地完成任务,密切工作关系。实践证明在日常工作中,他们能够更好地协调合作,形成默契。同时,能够督促员工主动学习新知识新技术,提出改进建议,并尝试新的方法和工具,为企业带来更多的创新和竞争力。

实行"3+N"培训模式　拓宽岗位培训新思路

兰州石化公司炼油运行二部

兰州石化公司炼油运行二部 180×10^4t/年汽油加氢精制装置采用法国 Axens 公司 Prime-G+ 技术,以催化汽油为原料,以选择性加氢催化剂为辅料,在适当的反应条件下生产满足国 V 排放标准(硫含量不大于 10mg/kg)的清洁汽油组分,为炼厂的清洁汽油质量升级打下了良好的基础,获得集团公司"安全生产先进基层站(队)"称号。针对班组培训效果不好、实战性较差,事故事件学习思考不足等问题,加氢区域探索研究提升员工安全培训效果,深刻汲取事故事件教训,提高应急能力方面的新方法。

炼油运行二部加氢区域坚持把"搭好台子、递好梯子、铺好路子"作为人才培养的着力点,采用"3+N"模式使专业技术人员和操作技能人员能力提升培训,更好地适应扁平化改革需要。

一、"1"是筑牢"压舱石"充分发挥导师引领作用

"1"即以 180×10^4t/年汽油加氢装置为主战场,强化生产操作"内外操通岗"、班组长和高技能人才"全流程通岗",以"导师带徒"形式,加大青年技术技能骨干的培养,有目标、有计划地选拔青年技术技能骨干。通过签订导师带徒协议,引导青工苦练技能、成就梦想,学成后通过岗位间的互换,加强新岗位的技能。区域主要领导亲自为新进厂员工制订详细的培养计划并签订长期导师带徒协议,采用区域"领导班子、高级工程师、高技能人才"轮换带徒的方式,为新员工成才保驾护航。

二、"2"是锻造"金刚石"提升技术人员业务水平

"2"即以星级工为主目标,在"横向管专业、纵向管装置"基础上,制订"星级工程师"培养计划,以"三通",通流程、通业务管理、通装置特性培训思路为主线,区域前期对 10 名生产、设备、安全技术人员的履职能力进行了深入调研、全面评估,根据各专业特性并结合实际,制订"星级工程师"培养方案及计划,最终确定 4 名专业技术人员为星级工程师培养人选,以装置为重点,并根据个人需求制订"一人一策"培训计划,指定"一对一"导师结对带徒,通过"安全技术大讲堂"、技术练兵、专业主题研讨等方式,倡导专业技术人员互帮互学、互促互进。提高专业技术人员由原来单一的负责一套

装置转变为会多套装置的负责人，提升专业业务水平，更好地适应组织机构、队伍结构和生产组织模式优化需要。

三、"3"是打造"磨刀石"善用培训平台精准发力

"3"即开展班长技师"操作实训"，以操作技能人员为培训对象，由班长、技师及以上高技能人才、专业技术人员担任技艺传授老师，注重"理论＋实践""通用＋专项""培训＋自学"相结合，采取集中培训、送学到岗、现场陪检、导师带徒、"中油e学"平台直播或录播视频课件等技艺传授方式，聚焦"四懂三会"，常态化、全覆盖、滚动式推进"每班练兵一小时"，强化"一分钟应急"处置能力培训，加强"四有一卡"生产操作管理制度执行。通过"四抓四促"即抓计划制订、抓滚动练兵、抓考试过关、抓考核激励，促技艺传授、促技能提升、促人才接替、促安全生产，已完成授课96余次，中油e学"每月一考"累计达到479人次。

四、"N"是搬掉"绊脚石"入脑入心汲取事故教训

"N"模式即对兰州石化公司下发的针对国内外、同行业、本企业发生的典型事故事件进行梳理、下发，强调"以小见大、抓小防大"，严防"小事不断、大事不远"的要求，每月通过班前会、班后会进行集体学习，并全员撰写心得体会。日积月累，学在深处，干在实处，深刻汲取事故事件经验教训，为安全生产保驾护航。

截至目前，加氢区域共70人取得新的上岗资质，复证25人，内外通岗40人，缓解了180×10^4t/年汽油加氢装置内外操互换的压力。前期4名星级工程师已顺利完成"多装置、跨专业"学习，2023年通过筛选又有2名专业技术人员加入星级工程师行列，专业能力整体提升。员工事故事件学习感想深刻，能汲取经验教训指导安全生产操作，岗位培训工作整体取得显著成效。

通过"3+N"培训模式推行，专业技术人员和操作服务人员的基本素质和通岗作业能力得到迅速提升，满足了生产组织模式调整、员工转岗上岗的需要，有效促进了安全生产，更好地适应扁平化改革需要。

丰富岗位培训形式　助力员工成长成材

吉林石化公司丙烯腈厂第二丙烯腈联合车间

第二丙烯腈联合车间于2019年由原第二丙烯腈车间与乙腈车间整合而成，拥有一套10.6×10^4t/年丙烯腈、两套6400t/年乙腈、F-98101、F-98102共5套装置。车间现有在岗员工156人，分布4个工段15个岗位。车间针对员工技能互通性不强、结构老龄化严重等诸多现实困难。为尽快提升队伍技能水平，车间上下集思广益、主动作为，先后开展多项特色化培训工作。

一、因材施教，结对教学保质量

车间深感不同岗位员工在技能掌握深度、新知学习速度上的巨大差异，创新推行了"三做好"培训活动。

做好管理干部"月月上讲堂"，不做不必要的、机械的、重复的、效率低下的培训，而是更多利用腾讯会议、中油易学、铁人先锋等载体搭建学习平台，让培训的形式更加多样化，要求管理干部每月利用夜间值班时间深入班组开展有针对性、有特色的专业培训，让专业技术人员和员工面对面进行高效率教学，既提供专业知识的指导，也能通过学习过程中的一问一答不断提高一线员工的日常操作技能。

做好技术骨干"班班开课堂"，要求班组技师、高级技师开展一对一辅导，从生产实际出发，手把手绘流程、脚跟脚走现场，逐单元、逐管线、逐设备做指导，尽可能发挥优质技能人才的辐射效果，做好培训工作的"加法"，要求技术骨干既要有"锦上花"也要做"雪中炭"，对基础差的员工进行重点补缺补差，以促进整个员工队伍素质全面进步，助力一线员工扎实打好基本功、快速补齐知识点、熟练掌握技术点，让职工快速提高本领。

做好团队比拼"时时练兵场"，车间努力从根本上避免考试形式单一和技能考试"唯分数"倾向等问题，活化岗位练兵、仿真模拟、现场操作、桌面推演等竞赛活动，以师徒结对、干部带队等形式开展团队比拼，降低考试压力，改进考试办法，打造团队意识，优化考试"指挥棒"，畅通和拓宽人才成长的通道，营造互学互促的工作氛围。

二、因势利导，案例教学成系统

车间深知理论学习与实践应用之间相互依存的辩证关系，围绕当期重点，及时调整教学内容，独特创立"三个坚持"学习理论。坚持"干啥学啥"，车间主任每周复审培训计划，紧跟生产组织节奏，优化排布停开车操作、能量隔离、投用前安全检查等教学计划，确保所见皆所学、所学皆可用；坚持"缺啥补啥"，车间专业技术人员系统梳理同类装置历年事故案例，每轮选取一个装置一起波动事件，组织班组员工利用夜班学习"一分钟应急预案"，掌握事故突发处理步骤；坚持"用啥练啥"，车间专职培训师根据实际培训情况，利用现场便利条件，每月月底组织验收考试并逐人建立可操作、可量化的岗位能力评价模型，为后续岗位整合、人员调整提供依据。

三、因地制宜，现场教学满需求

车间深信目标导向作用，坚持现场为主、岗位为主的培训原则，因人而异全力推行"订单"培训、"定向"培养（表1）。坚持走进现场，创造"脱产"学习条件。车间专职培训师每个白班要领取"订单"任务，带领组内1~2名员工下现场，逐项演练学习管线吹扫、阀门调节、机泵启停等常规动作，并对过往已学内容进行随堂测验，确保单技能达标过硬。坚持按人、按年龄进行技能规划，打造成才"直通车"。合理利用车间装置多，全流程的有利条件，为每一位员工制定学习清单，发掘员工潜能，储备技能人才，助力队伍健康成长。

表1　不同年龄段培训"订单"

年龄段	学习范围
20~30	全岗通多面手，向技能专家培养
>30~40	多岗精，内外兼修，打造岗位中坚力量
>40~50	一岗精，两岗通，操作经验保安全
50以上	一岗通，传承帮带是好手

通过持续学习，车间在聘技师人数10人，其中高级技师1人；全岗通人数81人、占比60%，较整合初期增加12人。三年来，车间员工落实"三精"要求，避免反应器丙烯进料波动2次，焚烧炉飞温跳车5次，处理其余生产异常7次。接下来，车间将继续抓实员工培训，加快岗位合并，为工厂转型升级项目提供人才助力。

推行"三叠加"培训法
不断提升岗位员工技能水平

大庆炼化公司炼油生产二部催化作业区

大庆炼化公司炼油生产二部催化作业区是大庆炼化公司重要的生产单位，管理着ARGG、产品精制、气体分馏、MTBE四套生产装置，在公司的生产链条中处于承上启下的位置，既是上游的深加工环节，又是下游的原料提供单位，举足轻重。针对岗位员工平均年龄逐渐增大、新岗位员工技能不足等问题，作业区以基层站队HSE标准化建设为抓手，积极推行"三叠加"培训法，不断提升岗位员工技能水平，为生产部高质量发展提供了坚强保障，各项工作屡攀新高。

一、创立"练兵加演练"培训方法

1. 持续强化实操培训，提升员工职业技能

为了杜绝员工出现重视理论学习、忽略动手能力的情况，作业区实施"学用一体化"培训法，利用干气制乙苯装置闲置干压机厂房建成实操培训基地，设置了投切换热器、拆解阀门、换垫片、更换压力表、加盲板等10余项实操项目，制作了阀门、塔、换热器、风机、压缩机等模型教具，由设备人员给班组员工重点讲解内部结构和日常操作关键节点，促使员工对运行设备达到"四懂三会"的目的，提高了员工处理实际问题的能力。在大庆炼化公司技能竞赛上作业区有18名员工分别获得一二三等奖。在全国油气开发专业催化裂化工职业技能竞赛线上技能大练兵两轮考试中，参赛的52名员工全部满分。

2. 充分利用夜班培训，提升应急处置能力

作业区充分利用夜班人员时间足的特点，组织员工进行以"一分钟"应急处置、桌面推演、专业问题讲解和岗位练兵为主要内容及问题处理的针对性培训，值班人员采取提问抽考方式，对夜班培训情况进行检查，验收员工学习效果。每月的1日—4日夜班培训，组织班组应急演练。由班长进行应急指挥，主操在DCS上指出动作调节阀门，副操

将现场需动作阀门进行挂牌，演练结束后，进行讲评总结提升。

3. 以高技能人才重点培养为引领，提升员工解决生产难题的能力

作业区采取"积分制"，做好高技能人才的培养和使用。作业区筛选出44名40岁以下的青年和具有高级工职级的员工，与高技能人才结成师徒对子，开设高技能人才传承培训班强化学习，共同提高技能、保障安全生产。为进一步提高高技能人才素质，发挥技能人才优势，生产部制订了线上交流学习计划，通过"钉钉网"视频会议形式，充分利用晚上休息时间进行交流讨论学习，2023年以来已经开展53次。每次由主讲人提前制作课件，参与人员撰写发言稿，作业区管理技术人员进行指导，部领导督导点评，集思广益对装置的生产难题进行重点攻关，解决重要生产瓶颈问题13项。

二、搭建"攻关加储备"培训平台

作业区始终把培训作为"人才强企"的基础工作，当成给员工立身企业的最大福利，做实、做优、做强。作业区组织全面分析每名技术骨干的业务专长和培养重点，在综合装置生产实际的基础上，为技术骨干分派技改技措任务，要求其全程跟踪技改技措项目的实施过程，并负责项目投用的技术培训。在二套ARGG装置烟机预知性检修期间，技术人员各司其职，采取了"同工种无缝衔接、不同工种同步进行"的作业方式，提前完成烟机预知性检修，节约用电18万多元。生产运行一班班长提出的"贫富油流程优化""稳定换热器平台增加检修放水管"等多项合理化建议被作业区采纳，创效近百万元。作业区撰写的《提高180万吨/年ARGG装置开工效率项目》获得集团公司首届"一线生产创新大赛"三等奖。

三、创建"经验加传授"学习模式

作业区组织集团公司技能专家、公司催化裂化装置首席技师、作业区的高级技师、技师，传授"拿手"技术，促进经验共享，使劳模创新工作室成为业务交流的"小讲台"、传递知识的"小课堂"、技术提升的"练兵场"。技能专家把自己多年总结提炼的"开工不放火炬操作法""重油系统平稳运行的八步操作法"传授给大家。在技能专家的带动下，二套气体分馏装置借用卸粮机原理发明"密闭式卸剂法"，既方便又环保，提高了工作效率。

四、扎实的培训工作，成效显著

催化作业区以落实培训工作责任体系为重点，突出针对性、实用性、个性化培训，努力做实培训工作，在提升专业素质、操作技能上取得了明显成效，作业区系统化操作员比例达到70%以上。现有集团公司催化裂化技能专家1人，并在2022年获得全国能源化学地质系统第八季"大国工匠"荣誉称号,其所在的劳模创新工作室被认定为"中国石油技能专家工作室"。特级技师2人,高级技师3人、技师10人。1人获2021—2022年度集团公司"青年岗位能手"。目前申报国家专利2项,获得集团公司"一线创新成果"一等奖1项。

探索培训矩阵应用　提升岗位培训实效

四川销售公司泸州分公司川大加油站

四川销售公司泸州分公司川大加油站（以下简称川大加油站）位于四川省泸州市，2006年3月投运，现有员工15人，平均年龄34岁，年销售汽柴油$1.4×10^4$t、便利店销售收入300万元。2016年以来，川大加油站紧紧围绕基层站队HSE标准化建设要求，以标准化管理为重点、标准化操作为关键、标准化现场为基础，坚持以培训矩阵为载体，探索员工培训新机制，强化岗位HSE培训，在抓标准中提素质，在提素质中强标准，不断推进HSE标准化提质。2019年荣获集团公司"先进HSE标准化站队"、2021年荣获集团公司"HSE标准化建设示范站队"，2022年荣获泸州市"安全生产示范加油站"荣誉称号。

一、深化认识，提升HSE培训新境界

加强全员培训工作，是提高员工操作技能、规范操作行为、保障安全生产的重要途径。

1. 树立"人为本"的培训思想

培训能够调整人的思维、规范人的行为、改变人的习惯、提高人的素质。川大加油站把着力培育全员安全态度、能力和行为作为重点，下大力气宣贯"人是安全的动力、人是安全的主体；搞好HSE培训是提升安全管理水平、推动企业可持续发展的基础保证；是塑造想安全、会安全、能安全的最佳途径"等新理念。员工"上标准岗、干标准活、遵章守纪、按规操作"的思想意识得到明显增强，有力地促进了安全形势持续稳定发展。

2. 树立"需求型"培训理念

培训的最终目的是让员工把安全意识、知识和技能装进脑中，变成他们的潜行为，并应用在工作上。不同岗位都有不同的操作规范和安全要求。川大加油站结合培训矩阵特点，按照岗位设置和实际需求，为不同岗位员工量身定制培训内容、因人而异确定培训模式，既改变了基层员工对培训内容多、没效果、走形式、添负担的片面认识，消除员工的抵触情绪，还提升了培训的针对性和有效性。

3. 树立"层级型"责任意识

提升直线培训责任意识，是培训能否取得实效的基础。川大加油站积极宣贯"一级培训一级、一级评估一级、一级对一级负责"的培训新机制，树立"管工作就要管培训"的意识，强化"培训即管理、管理即培训"的理念，让各级直线主管充分意识到培训下属是自己的职责，积极参与到培训中，自觉履行培训义务，促进直线责任的落实。

二、优化模式，探索HSE培训新机制

为确保培训取得实实在在的效果，川大加油站通过调研、研讨交流等形式，查找了培训中的不足和差距，分析了传统培训和HSE培训在实施过程中结合不够紧密、管理和培训脱节等原因，探讨矩阵应用的规范性和可操作性，对转变培训理念形成了共识。

1. 注重培训矩阵的应用

首先，川大加油站结合培训矩阵优化了培训计划表，融入了培训方式、效果和变更等流程，推进HSE培训有序开展。其次，将培训课件上传到内网专栏，方便员工下载学习，以标准、统一的培训课件，规范实施基层岗位HSE培训。最后，创新员工培训记录，将其作为员工的成长手册。员工培训记录本融合了矩阵、培训、验证、评估等环节，既能规范指导基层一线对HSE培训矩阵的应用，又能加深员工对培训重点内容、主要风险及注意事项的理解和记忆。

2. 注重培训方式的优化

川大加油站坚持"一级培训一级、一级对一级负责"的原则，部门负责业务范围内的专业培训，片区负责对加油站经理日常培训，加油站经理或基层内训师负责对岗位员工培训。川大加油站坚持"分岗位、小范围、短课时、多形式"培训，杜绝以往培训"一起上、吃大锅饭"的模式。根据基层生产特点，只规定培训完成时段和时限，由加油站制订培训计划，以统一的课件规范讲授理论知识，再到现场进行实践辅导。

3. 注重安全行为的培训

不安全行为引发的事故占事故总量的70%以上，只有对行为进行规范控制，进行持续的行为养成训练，才能避免和减少事故发生。川大加油站把规范操作行为作为培训重点，强调岗位风险及控制，效果验证中制定了操作要领、安全操作否决项等要素，采取示范引领、模拟演练、实战训练、行为纠偏等培训方式，促进行为规范的落实，提高员工规范操作能力。

三、强化考评，增强岗位培训实效性

为确保培训收到实效，川大加油站积极探索培训效果验证、员工能力评估新方法。

1. 组织编制评估题库和操作评价表

根据加油站 45 个操作类培训课件，川大加油站配套编制了题库和操作评价表，形成了"一个课件、一套题库、一个操作评价表"的模式，为实施培训效果评估打下了坚实的基础，同时也锻炼了基层 HSE 内训师队伍。目前，题库和操作评价表已下发到加油站全面推广应用。

2. 不断完善培训效果验证新方法

每一项培训结束后，川大加油站都要利用题库进行理论测评、使用操作评价表进行现场操作评价，形成"一项操作一评估、一岗位一评估"的培训效果验证模式；采取访谈、安全观察与沟通等形式，对员工培训后理论水平、操作技能变化进行效果验证，并不断完善培训方式方法。

3. 进一步强化对基层培训的指导

体系推进办坚持到库站开展现场辅导，检查矩阵应用、计划落实和课件的使用情况，收集培训效果。引导基层员工清楚应该掌握什么技能、还存在什么技能缺项、什么时候培训和怎样培训。通过岗位培训矩阵的运用，真正使岗位员工实现了"能力与岗位需求相匹配"的目标，掌握岗位操作技能，熟悉岗位风险防范措施，具备岗位应急处置能力。

通过岗位培训矩阵的运用，真正使岗位员工实现"能力与岗位需求相匹配"的目标，掌握岗位操作技能，熟悉岗位风险防范措施，具备岗位应急处置能力，建立起持续提升安全环保意识和能力的新机制。

坚持每日"在线二十分钟"
构建全员远程培训长效机制

川庆钻探工程公司长庆钻井总公司第五工程项目部

川庆钻探工程公司长庆钻井总公司第五工程项目部（以下简称项目部）为培育全员学习习惯，形成管理文化，坚持"影响一个，感染一片，教会一人，带动一群"的培训教育理念，始终坚持跟进公司要求，持续优化培训方式，追逐有效培训模式，不断激发员工学习兴趣，强化员工安全意识，提升员工操作技能，切实增强培训效果。

一、坚持需求导向，优化培训方式

针对近年新员工增多、"四新"设备逐步应用、安全管理更加严格、工艺流程发生改变、员工生活方式变化等新问题，以往的培训内容和模式无法满足新时期安全生产、员工的需求，为了全力保障安全生产，大力提升员工素养，项目部坚持需求导向，创新了每日"在线二十分钟"远程培训模式，构建了全员培训长效机制。

二、集成优势资源，推动文化形成

项目部始终坚持"培训是员工的最大福利、学习是安全的最强保障"的理念，固化每天18:10—18:30作为"在线二十分钟"远程视频培训时段（图1），坚持"短、频、精"的方式，通过集成优势资源推动高效培训机制形成。

按照全年培训实施计划，结合近期现场实际，动态调整培训内容，精心优选培训课件（图2），专人负责过程落实。以历年典型案例、各项关键作业、风险控制工具、作业程序视频、实操培训视频、设备操作规范及维保要点、危废固废管理、员工健康管理、安全防护知识、当前重点工作、巡井发现共性问题等各类HSE知识为主要内容，各职能办公室轮流教培，主动落实每日"在线二十分钟"远程视频培训。

钻井队通过项目部每日"在线二十分钟"远程视频培训模式的建立、固化和引导，形成了诸多自有培训资源，建立了丰富的培训资源库。如：长庆钻井历史上发生的分时间、分类型典型案例汇编，班前会上回顾分享历史上当日发生的典型案例，在作业前安全会上针对作业工况开展针对性安全经验分享。整合吊车检查表、高处（临边）和吊装作业五小成果、工具清单、作业流程、典型违章隐患等，形成拆搬安管理手册并印刷制作口袋本，便于员工对照学习，自查自改自防。以高血压、冠心病、糖尿病等健康知识为资源，制作了"特殊病患员工健康强制干预管理记录""普通员工健康动态监测记录"，引导员工塑造自主自律的健康行为，主动进行健康监测和干预。

图1　"在线二十分钟"远程视频培训　　　图2　精心优选培训课件

项目部领导积极践行"七个带头"，每月带头进行至少一次的QHSE讲课，拓展形成了项目部"领导一月一讲、队长一周一讲、司钻一周一讲"的三级主要负责人讲课机制，用示范引领带动学习氛围营造，用潜移默化感染习惯养成。通过长期坚持、规定时段，将每日培训升级成为一种管理文化，将培训工作入脑入心、落到实处，实现了从"被动学、要我学"到"主动学、我要学"的转变，为员工安全技能提升打下良好的基础。

三、巩固培训效果，保障安全平稳

通过不断的探索、改进和创新，通过每日"在线二十分钟"远程视频培训模式持续运行，目前员工主动学习意识得到有效转变，积极学习习惯和管理文化氛围已经基本形成，构建了全员远程培训长效机制。今年以来，已开展远程视频培训150余场次，被评为优秀课件58个，有效推动了员工安全意识和技能的提升，钻井生产安全有序平稳运行。

推行"1+3+1"碎片化学习模式着力提升基层员工安全能力意识

甘肃销售公司嘉峪关分公司

甘肃销售公司嘉峪关销售分公司（以下简称嘉峪关分公司或公司）主要经营汽油、柴油、车用天然气和加油站便利店业务，是嘉峪关市成品油市场唯一供应商。公司下设4个部门，拥有加油（气）站20座，员工138人。近年来，随着"人民至上、生命至上"的安全理念深入人心，如何确保基层员工安全生产意识和素质能力提升，是加油（气）站安全管理的关键。嘉峪关分公司围绕提升基层一线员工安全意识和素质能力这一核心问题，积极探索，创新推出碎片化学习培训模式，有效提高了基层一线员工安全教育培训效果，违章行为得到有效遏制，连续三年荣获甘肃销售公司"QHSE管理先进单位"荣誉称号。

嘉峪关分公司基于加油（气）站点位分散，人员集中教育培训难度大的特点，创新推出"1+3+1"培训模式，即：制订一个培训计划，运用三种培训模式，定期开展一次结果考核。碎片化模式有效解决了加油站员工接受培训少、安全意识不强的突出问题。

一、制订一个培训计划——完善年度学习培训计划

认真统计分析年度全员安全履职能力评估结果，对各层面、岗位安全履职突出的问题，针对性编制HSE培训矩阵，制订年度培训计划。每月按照培训计划内容，制作了涵盖公司安全环保理念、加油站四项关键应急处置程序、安全十禁、安全环保红线等内容的音频、视频培训课件，形成配套完善的培训资料库，夯实安全教育培训基础。

二、运用三种培训模式——创新碎片化学习培训模式

大力运用三种培训模式，建立目标导向培训机制，着力提升基层员工安全能力和意识。一是拓展安全经验分享机制。主要负责人、班子成员分别在公司安委会、分委会开展安全经验分享，讲授安全生产公开课，贯彻"三管三必须"管理原则，践行有感领导，率先垂范建立人人讲安全的学习氛围；机关部门每月经营分析会轮流开展安全经验分享和事故案例学习，加油气站经理每周安全例会开展安全经验分享和事故警示教育，库站

员工每周轮流讲授发生在自己身边的事故事件并开展讨论，形成纵向到底、齐抓共管、共建共享的安全培训教育机制，有效发挥了警示效果，提升了各层级安全生产意识。二是创新加油（气）站培训方式，取消了常用的集中培训模式，利用销售低峰时段碎片时间，每天早、晚各设置 30min 的安全课堂，每月结合计划设置一个培训主题，在加油（气）站现场循环播放制作的音频、视频培训资料，通过短时间、高频次的培训机制，有效提升了员工的安全理论知识水平，同时也消除了占用员工休息时间开展集中培训的弊端，学习积极性提高，培训成效显著。三是在机关开设早、晚安全课堂，每日早晨和下午分别播放安全知识音频资料 15min，有效提升机关管理人员能力意识和管理水平。碎片化学习方式，主要通过短时间高频率重复学习的形式，加深员工对安全知识的记忆，同时还有效解决了下班员工参加集中培训学习和休息之间的突出矛盾，解放了员工休息时间，提高了学习效果。

三、定期开展一次结果考核——建立信息化学习考核机制

嘉峪关分公司依托微信小程序，建立了安全知识月月考机制。结合月度培训计划，建立月度安全学习电子库，导入微信小程序，员工通过扫描二维码，利用自己手机便可在线上进行相关内容学习，既方便又灵活。同时规定了学习时长，月末统一组织开展线上考试，对无故不参加考试或成绩不合格的员工，当月安全考核得分扣除 1 分，并纳入月度绩效考核。

嘉峪关分公司"1+3+1"碎片化学习模式开展以来，员工安全生产意识得到有效提高，习惯性违章作业现象得到有效遏制，在 2023 年上半年集团公司 QHSE 体系审核及近两年甘肃销售公司 QHSE 体系审核及各类检查中，均未发现违章行为。员工安全素质和能力不断提升，熟知规程，按章操作是每位员工的基本操守；熟练掌握应急物资使用技能，正确处置各类突发险情是加油（气）站员工的基本操作。

循序渐进开展即时安全教育
促进个人HSE意识及技能水平提升

兰州石化公司质检计量中心化工质检二室

兰州石化公司质检计量中心化工质检二室（以下简称化工质检二室）隶属于中国石油兰州石化公司，主要负责国家和行业质量法规及质检分析标准的贯彻执行，负责橡胶区、石化区中间控制、半成品、出厂成品的检验分析管理工作。为进一步强化化工质检二室HSE标准化基础建设，全面提升质检室HSE标准化管理水平，化工质检二室依据验收标准，由各专业牵头、组织各专区、岗位积极执行，开展了一系列质检室HSE标准化建设创建验收工作，现将工作中的典型做法和经验做一总结和分享。

一、推动安全学习即时适用教育，稳步提升员工安全意识

每月分上、下半月编制两期化工质检二室"每日学习一小时"活动（图1）HSE学习资料，根据国家、公司、中心阶段性重点工作安排，将即时、适用的材料优先纳入学习重点，内容涵盖班组员工需要掌握的各类HSE知识、岗位涉及的职业健康安全风险及管控方法、与化验业务有关的安全经验分享事例和各类安全技能视频等，要求班组每日利用白班空余时间组织开展学习交流活动并打卡签字，在班组员工中形成安全教育时时开展，安全观念时时注意的浓厚氛围。

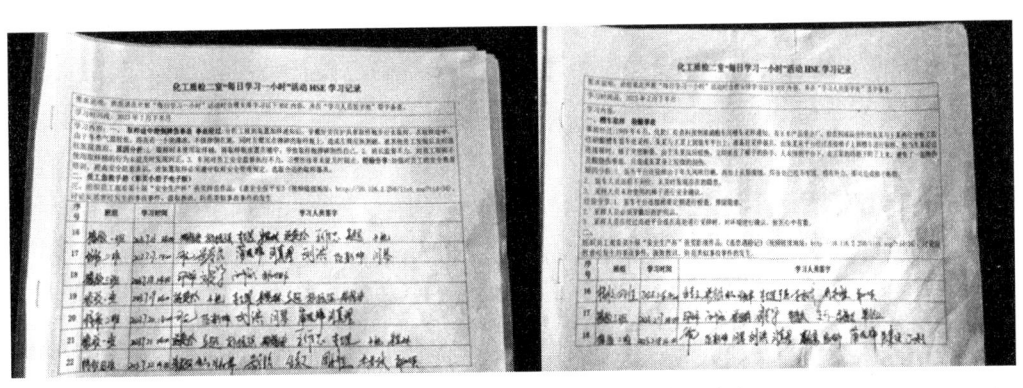

图1 化工质检二室"每日学习一小时"活动

二、真抓实练提高演练质量，切实提高岗位应急处置水平

化工质检二室充分发挥各级管理和专业技术人员在应急演练中的作用，要求管理专业技术人员每月定期参加对应班组的应急演练，并结合应急演练组织开展安技装备、消防器材的使用方法、自救互救和紧急避险救援能力、突发事件一分钟应急处置步骤的培训。针对性地组织员工进行应急处置设备设施的练习和操作，促使员工掌握安技装备、消防器材、应急救援设施的使用方法，提高员工对一分钟应急处置步骤的熟悉程度。各级管理专业技术人员带头运用工作循环分析方法，对应急预案和岗位应急操作卡在执行过程中存在的问题进行整改，不断提高预案的针对性。将新修订的应急预案和岗位应急操作卡作为岗位员工全年培训工作重点，落实全员应急培训，通过系统培训和实战演练，将应急处置的规定动作固化到岗位员工心中，成为用得上的应急操作规程。建立应急演练"双盲"抽查机制，定期对班组演练进行抽查，树立典型，相互观摩学习交流，以练促学、真抓实练提高演练质量，提升员工的应急处置能力及职能人员的应急响应指挥能力。

三、周期性开展专项知识学习，持续积累核心风险知识储备

按照员工要了解本岗位危险化学品职业健康安全特性及预防和应急措施、采样作业人员要掌握样品危险特性及防护措施的要求，化工质检二室采取在班组安全活动中循序学习的办法，强化岗位人员安全意识，具体做法是：（1）要求班组选取一个本专区/岗位涉及的主要危险化学品（每月不重复）安全技术说明书中"危险性概述""急救措施""消防措施""泄漏应急处理"等职业健康安全内容组织学习。（2）根据各岗位重点接触的职业病危害因素，编制职业病危害告知表，内容涵盖就职岗位重要的职业病危害因素、职业禁忌证、可能导致的职业病危害、职业病防护措施内容，在员工到岗前组织学习签字确认，促使新就职员工在上岗前对所从事岗位的职业危害形成理性、感性风险认识，杜绝无知者无畏现象，达到自觉执行职业病各项防护措施的效果。通过形式多样、反复长期性的学习，促使岗位员工掌握本职工作接触的危险化学品特性、工作环境职业健康安全特性及预防和应急处置措施。

近两年以来，化工质检二室所属 7 个专区及所辖的 19 个基层班组扎实组织开展了每日学习 HSE 资料一小时、一分钟应急处置演练、危险化学品职业健康安全特性及预防等安全教育学习活动，全员个人安全意识及技能水平均有显著提升，不安全行为、不安全状态逐年减少。安全工作没有终点，只有起点，在今后的工作中，化工质检二室将努力尊重遵循事故事件发生的理论客观规律，重点在个人安全意识、行为习惯性养成上下功夫，提升基层职业健康安全管理水平。

"三步法"发挥"雁阵效应"提升安全自主化管理水平

辽河油田公司欢喜岭采油厂热注25#站

辽河油田公司欢喜岭采油厂热注25#站（以下简称热注25#站）位于辽宁省盘锦市，组建于2006年10月，现有员工15人，主要管理两台19.5t直流注汽锅炉，平均年注汽量$25\times10^4m^3$。近年来，该站积极借鉴雁阵效应原理，全面推进属地标准化、管理自主化，努力打造学习型、标准型和创新型团队，并先后荣获国家安全生产协会"安全生产标准化示范班组"、辽宁省"三八红旗集体""工人先锋号"、中国石油"先进班组"等荣誉称号。

一、第一步：发挥优势，注重培养，打造学习型团队

"雁阵效应"告诉我们，唯有团结协作、拼搏奋斗，才能飞得更高、更远。"雁阵效应"发挥作用，离不开"头雁"领航。热注25#站借鉴"雁阵效应"原理，建立"员工个人→岗位目标→班站目标→全站员工"目标，让全站每名员工都能担当安全管理"领头雁"。

一是开展个人提升。每名员工针对自己的岗位实际，找出知识盲点和短板，主动制订个人提升计划表，明确考核主体、提升目标和奖惩标准，促进员工自主学习提高岗位操作技能，提高了全员的安全意识和技能水平。

二是推行模拟操作。岗位员工自己动手编制了《注汽模拟操作系统》软件，将相关操作规程、生产现场危害辨识及规避措施使用3D建立模型，导入Flash动画中实现仿真操作，避免了高温高压设备误操作带来的安全风险，提高了员工的实际操作能力。

三是践行"四小"活动。开展每人一个小笔记、每月一次小培训、每季一次小竞赛、每年一个小故事活动，建立绩效激励机制，实行积分评比制度，每月评选最佳安全经验分享、最佳安全观察沟通、最佳隐患发现及最佳合理化建议奖，实现由岗位操作者向属地管理者的转变，有效激发了全站员工学习与工作热情。

二、第二步：对标管理、规范操作，打造标准型团队

一是规范资料记录。在辽河油田公司率先建立9项HSE管理制度和6项HSE资料，

推行班站"三图、一本、一书、一册"，即工艺流程图、危险点源控制图、巡回检查路线图、HSE 工作记录本、HSE 作业指导书和 HSE 检查手册，解决了员工因资料繁多造成的时间浪费、填写形式化等问题，使各项制度和资料记录规范、合理、有效。

二是推行对标管理。编制和建立"一人两册"，即《"点对点"检查图册》《习惯性违章可视化手册》，强化岗位风险辨识与控制，并为每名员工定制了"岗位 HSE 履职承诺卡"，明确本岗位关键操作项目存在的主要风险、相应的防控措施及各类突发事件的应急处置措施，并在关键部位和关键操作点设置了"对标管理卡"，让员工知道干什么、怎么干、干到什么标准，有什么危害、如何防护等等，确保每项操作标准执行。

三是实行岗位目视化。围绕"人、机、料、法、环"五个要素，实现"人定位、物定置、场定型"的目视化管理方法，制作安全警示标识 52 个、设备状态动态管理卡 60 个，站场规格化 24 处，为精细安全标准化生产提供了保障，员工安全意识大大提高，遵章守纪、规范操作的自觉性得到加强，大大降低班站安全风险，实现了管理、操作、现场的规范和高度统一。

三、第三步：因地制宜，主动创造，打造创新型团队

一是创新管理应用。围绕管理难点和问题定期组织员工进行头脑风暴、献计献策，引导员工自主开展立项攻关，研发应用了锅炉移动式观火孔、可调式滴油器、锅炉对流段吹灰操作平台等 35 项成果，规避了操作过程中的安全风险，降低了员工劳动强度，有效提高了工作效率。

二是创新检查方式。积极推行剖析、评估、交叉、专题、赏识、观察等六种检查方法，让"监"不再是站在对立角度的监控，而是深入现场了解情况；"督"不再是居高临下地督促，而是与基层员工一起克服困难解决问题，真正让安全成为一种关怀。

三是创新文化理念。将"雁阵效应"融入班站管理文化中，诠释安全生产在每个人发展和班站建设中不可动摇的核心位置，通过开展"亲情助安全"活动，将安全核心理念根植于员工心中、付诸于实际行动。站内还设有"班站微博"，工作上的好想法、班站生产生活的大事小情每天都书写到板上，加强员工之间的思想交流和压力疏导，让员工感到舒心、暖心、贴心。

从雁阵"飞"到自主"管"，从上级"查"到自己"找"，从无序"放"到有序"摆"，全站员工初步达成了"安全是生产的最大保障，安全是企业的最大效益，安全是员工的最大福利"的共识。雁阵效应管理给该站带来了实实在在的变化，隐患问题数量同比下降了 52%，注汽化验分析准确率、及时率 100%，注汽干度质量合格率 100%，班站实现了零污染、零伤害、零事故，基本达到了自觉、主动、规范、完好的安全自主管理状态。

开辟"1314"自主管理新路径 持续提升QHSE管理水平

吐哈油田公司销售事业部油品储运中心

吐哈油田公司销售事业部油品储运中心（以下简称油品储运中心）作为吐哈油田原油储存、集输、装车外运的中转站，是原油储运销环节的关键节点所在，日常工作要求严格、员工个人技能素质要求高。中心以基层站队标准化为基础，引入自主管理的理念和方法，以自主安全为切入点推进安全管理升级，逐步形成以一个"安全里程碑"为目标、三项自主管理工具为载体、一套团队工作室为引领和四项自主管理提升机制为抓手的"1314"自主管理工作法。既有效保障了油田原油储输、装车外运任务的顺利进行，又促进了员工的成长和团队的进步。

一、一个安全里程碑指引

油品储运中心以年度工作指标为蓝图、以QHSE六项"零目标"为指引，选取日常运行强相关的原油运行、装卸车、锅炉运行三个基层岗位，设置安全里程碑、签订自主管理协议，开展为期365天的安全里程碑活动。结合各岗位工作实际科学设置里程碑目标，通过每天动态更新连续安全生产天数和距离实现节点目标天数，增强员工安全管理工作的参与感，工作开展以来公司级违章同比降低38.5%，二级单位级违章同比降低40%。

二、三项自主管理载体依托

油品储运中心不断发掘员工内在需求，通过以自主应用管理工具、自主开展培训评估和自主进行风险管控三项管理载体，形成"员工主动发现存在问题—岗位长现场验证分析—技术人员专业指导—中心评估审批—整体考核兑现"的工作模式，让员工从"要我安全"转变为"我要安全"的自主思维方式。同时开展员工互评互检、现场风险辨识、每日一刻学习、学有所长课件分享等专题活动，使员工知责任、知风险、知规程，在积极主动的氛围里以主人翁的姿态开展日常工作。工作开展以来，岗位员工在原油装卸车、储罐收发油等日常操作中，针对缺、漏、错项提出建议，发现关键操作偏差9项，修订操作规程 5 项，自主编制学习课件 30 余份、各类对抗赛 9 期，对表现优秀的两个班组、3 名个人进行了嘉奖。

三、一套团队工作室引领

严格遵循"从员工中来，再到员工中去"的思路，建立由基层员工构成的"张浩创新、张伟创效、红星发明工作室"，致力于自主解决各类现场实际操作中的疑难杂症。发明的新型阀门注脂枪、拉脱阀工具、静电跨接卡等工具，切实解决了现场阀门注脂繁琐、拉脱阀拆卸困难等一系列实际操作困扰。通过工作室的带动，增强了员工的主动性和创造性，让员工主动参与、思考解决实际问题，2023 年以来研究解决集团级难题 2 项，公司级课题 4 项、事业部级课题 11 项。

四、四项自主管理提升机制赋能

一是网格化管理机制明晰责权。中心根据实际工作内容划定班组个人责任单元 15 个，横向到边、纵向到底。员工自主对单元内的日常巡查监督、设备维护等内容负责。根据履职情况，建立员工绩效管理数据库，通过"日考核、周分析、月兑现"机制，实现绩效管理人人参与，正向激励良性循环。

二是自动化系统应用打造智慧企业。通过现场安眼工程视频全覆盖模式，全方位保障现场安全无死角；现场施工作应用"360°布控球机"，各层级实现远程实时监控，及时制止各类危险的发生；全面推广智能巡检系统，实现各巡检点数据对比录入、过程跟踪、问题整改销项的全闭环管理，员工通过主动应用安全风险智能化管控平台，切实提升信息化应用和现场风险管控能力，逐步向智慧型企业前行。

三是"安全伙伴"关系建立增强团队凝聚力。通过员工自主结对，签订安全伙伴协议，建立以结伴操作、排查、监督、学习、健康干预的"五结伴"机制，在日常工作中自主相互提醒、帮助、监督，给自身多上一道安全锁。同时每月根据安全积分排名，在班组内部选取高低分员工结成新"安全伙伴"，进行短期带徒，带徒成果与业绩兑现挂钩，督促员工相互提醒，形成联保有机制，个人保班组，班组保单位，单位保企业，企业护个人的良性循环，实现责任共担、成果共享。

四是应急对抗赛保障实战。员工根据自身不足，创新培训方式，将"大班式"培训调整为"点餐式"技能培训，培训后组织员工自主开展对抗赛，实现学以致用、学用结合，持续推动员工安全技能全面提升。工作开展以来应急处置时间较去年平均缩减 14%，应急操作更标准，操作失分占比下降 12%，应急处置一次合格率从 89% 提升到 94%。

"1314"自主管理工作法实施以来，中心将 QHSE 体系建设、站队标准化建设要求与自主化管理特性要求充分结合，员工管理意愿从被动向主动转变，管理工具从单一执行到多元化应用转变，团队协作从个人向安全伙伴关系转变。随着场站智能化工作提升，员工自主管理需求得到进一步保障。以考核权限下放，引导员工自行开展自主管理工作为最终落脚点，形成良性循环，员工 QHSE 意识显著提升、生产现场风险可控、能控、受控，为油气田企业全面实现 QHSE 自主化管理开辟了新思路。

抓实履职"1+2"工作法 努力创建HSE标准化示范站队

冀东油田公司供电公司变电运行工区

变电运行工区现有员工32人，负责冀东油田辖区内2座110kV变电站、9座35kV变电站和6座10kV高压配电室的日常运行和检维修工作，先后荣获冀东油田公司A1级"QHSE体系基层单位"、集团公司"QHSE标准化先进基层单位"荣誉称号。随着基层站队标准化建设工作的不断深入，工区针对变电运行工作特点，深入开展岗位履职促进工作，固化推行以"1项工作计划表+2项标准作业流程"为主要内容的"1+2"履职促进工作法。

一、岗位员工履职尽责标准化

变电站现场设备种类多、基础资料繁杂、检查频次不一，在现场实际管理过程中经常出现漏填、漏查、漏项等履职不到位情况发生，时间利用及效果不佳，可见高效的时间管理和工作规划对于岗位员工和班组自主管理至关重要。因此工区针对岗位工作特点，深入推行"岗位无漏项工作计划表"，该工作计划表将变电站QHSE管理和日常工作充分融合，在优化各项岗位工作流程的基础上，对各岗位日常工作进行写实，主要包括变电设备运行监控、设备设施巡视检查、技术维护检维修、基础资料填写、安全活动、应急演练、卫生清扫等，按工作频次分类形成岗位工作日历、周历、月历，岗位员工每班按照工作台历内容，自主完成相应工作，班组长负责对完成情况进行检查，有效避免了工作缺项、漏项。

二、倒闸操作双重监护标准化

倒闸操作是指电气设备或电力系统由一种运行状态变换到另一种运行状态，由一种运行方式转变为另一种运行方式的一系列有序的操作。倒闸操作过程中的危险点一旦控制不力，很容易造成误操作，轻则中断供电，给用电单位带来经济损失，重则造成人身伤亡、大面积停电等事故。因此，工区根据倒闸操作复杂程度和停电范围大小，将倒闸操作进行级别划分，分为大型倒闸操作、中型倒闸操作、小型倒闸操作，并在原操作监护人实施现场监护的基础上，分别安排技术等级更高一级的公司级、队站级、班组级管理或技术人员作为后备监护人员实施现场后备双重监护。同时，将监护过程分为事前、事中、事后三个阶段，分阶段明确监护工作重点，主要包括：事前确认核对操作任务、操作目的、停电范围和设备运行方式的变更，监督落实票证三审工作；事中监督工作人员按操作程序操作，认真核对开关名称、编号、运行状态，严格执行监护复诵制；事后检查操作质量及时发现影响设备运行安全的缺陷和隐患，同时做好五防装置恢复和保护装置投入的核对工作。

三、班前讲话工作内容标准化

变电站现场带电环境复杂，一旦检维修人员盲目开展施工作业，极易造成人员误入误碰带电体造成人身触电的严重后果。因此，工区在属地内的所有检维修作业工作前推行班前讲话"列队三交一问"。"列队"即：所有属地相关管理人员和作业人员集中列队进行开工前班前讲话；"三交"即：交代作业任务（工作地点、工作内容），交代作业相关人员分工（属地监督职责、作业人员及监护人职责），交代作业采取的安全措施（危险点源、防控措施及应急处置措施）；"一问"即：交底人与作业人员互动抽问，主要包括工作任务、现场具体安全风险、带电部位、安全注意事项等，对回答不完整人员，实施补充交代。

"1+2"履职促进工作法明确了岗位日常工作职责及内容，使岗位人员知行合一，照单履职，日常工作由以前的"安排式"变成现在的"制度流程式"，避免了工作漏项、缺项；明确了操作风险直线责任分级，进一步规范双重监护要求，达到慎思慎微，精准防控目的，确保规定动作落实到位；明晰了检维修作业班前讲话的工作流程及内容，使全体作业人员能够做到清楚工作任务、清楚现场保证安全的组织和技术措施、清楚作业安全风险、清楚风险控制措施。"1+2"履职促进工作法既是提升员工精神面貌、改变工作作风、严肃工作纪律的重要载体，也是实施关键环节风险管控的重要手段，为创建HSE标准化示范站队奠定了坚实基础。

深化"3+5+3"管理模式
提升自主安全管理水平

辽河油田公司高升采油厂采油作业三区高二转采油站

高二转采油站（以下简称高二站）于1978年投产运行，现有员工20人，管理着37口油井。该站一直秉承着"老区老井老设备，稳定稳产稳效益"的理念，以细化责任为根本，不断深化"3+5+3"管理模式，始终坚持着安全先于一切、高于一切、重于一切，坚持严字托底并贯穿生产全过程，提前预防、严防死守，突出风险管控，逐级落实安全责任，持续推进精细管理，全面织牢高二转安全生产防控网。在全员不懈努力下，2022年顺利通过辽河油田公司自主安全管理班站验收。

一、着力"三管"，加大责任落实力度

高二转在落实全员安全生产责任制过程中，加大力度着重从井站管理模式、油井操作活动、设备评估维护三方面深入剖析。

（1）在井站管理方面，聚焦自身不足，严查立改，着力建设健全全员安全生产责任清单，公示采油站场安全风险"四色图"（图1），分级制订并落实风险防控措施，让员工心中有"险"、行动有"防"。

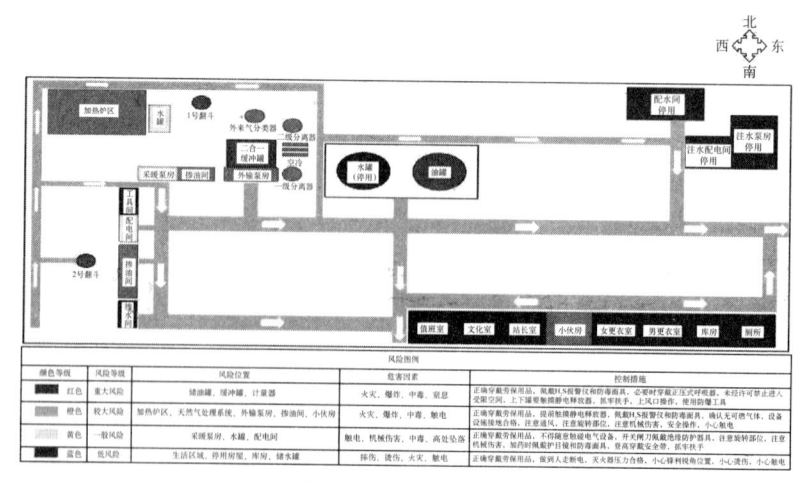

图1 高二转安全风险"四色图"

(2) 在油井操作活动中，着力严格执行操作规程，认真开展工作循环分析，查缺补漏，制定并执行油井异常情况处置流程（图2），让员工操作有样、过程清晰。

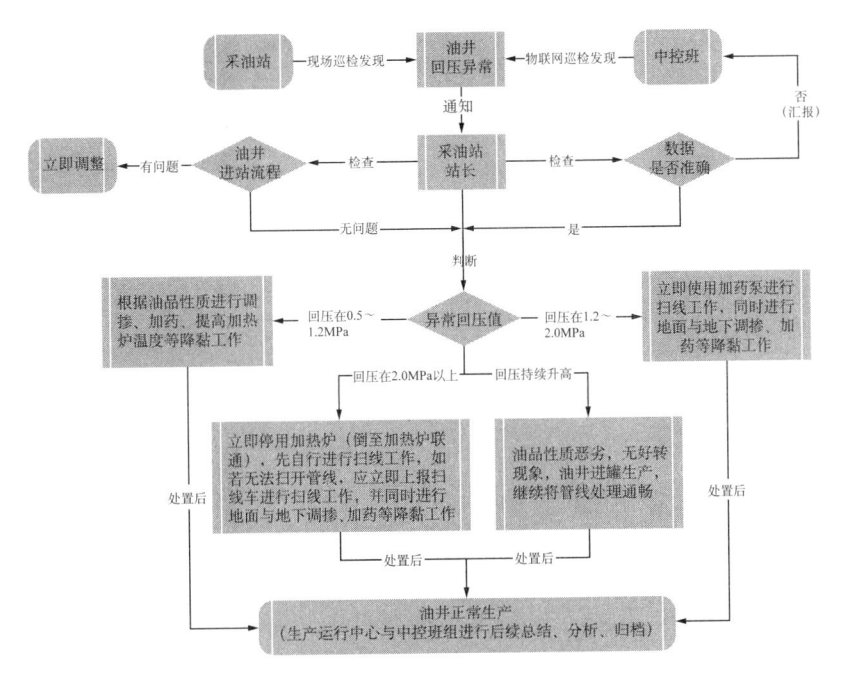

图 2　油井回压异常处置工作流程

(3) 在设备评估维护时，着力定期持表检查（表1），抓住关键环节，抓好"动态、静态、变量"风险，尤其是抽油机转动部位、机泵旋转部位、仪表报警仪器等设备维护保养始终以人为"本"、坚持从"严"、覆盖要"全"，提升员工设备管理方面能动性和方向性。

二、安全"五问"，拓展责任管控宽度

高二转为进一步促进"安全生产五问"入脑入心，除班站长进行当日油井操作风险提示外，全员每日汇报和落实"五问措施"，并将"五问"图设置成自己手机壁纸，工作之余欣赏"五问屏保"已然成为高二转员工们的心中乐事，切身实地感受到安全工作是一项造福自己和他人的伟大福祉工程。

(1) 站长管理五问：今天有什么工作？今天的工作有哪些关键步骤？今天的工作存在什么风险？今天的工作是否有操作规程或实施方案？我应该如何组织好现场安全监管？以上站长五问有效地将当天的各项工作进行了统筹规划、细致分解、精准防控，保证站长能以"时不我待"的紧迫感持续筑牢拓宽生产一线的安全生产堤坝。

(2) 操作活动五问：今天交接班是否存在问题？我负责的工作有哪些？我负责的工作存在什么风险？我是否能胜任所负责的工作？我是否掌握所负责工作的操作规程和应

表1 采油站油井覆盖式持表检查评分表

持表人员：
检查时间：

序号	检查内容	检查内容配分	考核要求 (1.未发现问题扣2分，2.问题数量不够扣1分，3.全部发现或无问题不扣分)	扣分	得分
1	抽油机(25)	抽油机附件(2)	抽油机梯子、护栏、扶手、踏板等附件齐全完好紧固，抽油机各部固定螺丝齐全连接牢固，抽油机无开裂现象		
2		减速箱(2)	减速箱无串轴，油质合格，不缺机油、不渗油		
3		抽油机曲柄平衡块(2)	曲柄销有防松标记，曲柄与平衡块有防松标记，标记清晰；曲柄与平衡块无移位，止滑块齐全紧固，曲柄销子润滑正常，旋转范围内无杂物		
4		抽油机刹车(2)	刹车装置灵敏、可靠，配件齐全，销轴润滑，行程在1/2～2/3之间；刹车连杆可调节，锁死螺丝紧固，刹车把弹簧伸缩灵敏，锁块滑动灵敏，锁块连接扁铁不变形，不弯曲；开口销齐全，刹车鼓备帽齐全，刹车皮完好		
5		电机(2)	接线盒防雨完好；地脚螺丝不松动，电机顶丝与电机之间无夹块，顶丝牢固，不歪斜		
6		皮带(2)	皮带齐全、无破损，松紧符合要求，达到"四点一线"要求		
7		抽油机底座压(2)	底座压杠齐全，压杠固定紧固，压杠螺丝有备帽，抽油机底座与基础在同一点楔入楔铁的数量不能超过1块		
8		基础(2)	抽油机基础水平，无悬空，无晃动，无异响		
9		绳辫子(2)	绳辫子无断股、无严重锈蚀；铅锤入槽，不倾斜吃力		
10		悬绳器(2)	悬绳器保持水平，上压板、挡板、销钉齐全标准紧固		
11		光杆(2)	光杆对中，驴头不刻绳辫子		
12		接地(1)	连接牢固		
13		标识(2)	抽油机井号标识齐全、清晰、规范		
14	配电柜(10)	安装(2)	固定牢固，无倾斜；接线规范，无老化、破损		
15		防雨(1)	电气设备有防雨措施		
16		电缆(2)	与电气设备接触良好，电缆下埋、电缆皮无裂纹，接头包扎好且防雨、防爆接头紧固密封良好		
17		地线(1)	连接牢固		
18		防护(2)	进、出配电箱电缆有护管防护和胶圈，箱内清洁无杂物		
19		空气开关(1)	有控制回路标识		
20		柜门(1)	密封良好，无损坏		
21	井口(20)	连接法兰(1)	螺栓齐全标准，油气流程上四孔法兰有跨接线		
22		流程完好情况(1)	不渗不漏		
23		流程标志(2)	流程有介质走向标志，流程颜色按灰、黄、绿标记。阀组有井号标志		
…	……	……	……		

急处置措施？以上员工五问，将员工工作积极性显著提升，从交接班一开始便制定自己工作目标和明确防范风险，查摆自身不足，定向提升操作活动和应急处置能力，时刻提醒员工要严格执行了工艺纪律和操作纪律，以严细实的工作作风和钉钉子的精神，扎根一线，拓宽安全责任管控新格局。

三、宣教"三课"，提高安全技能强度

高二转为迎合新型采油作业区改革调整，规范培训教育流程，实现操作规程与安全保障一体化，针对物联网设备、仪器仪表等信息化和数字化管控措施，开展多维度培训和风险辨识工作。

(1) 学好"必修课"。从形式化向务实化转变。组织开展以风险辨识、作业规范、安全防护、应急避险为重点的岗位"必知必会"培训，着力提升员工解决现场实际问题的能力。特别对特情人员、夜班员工加强基础知识及安全操作等方面培训，对大龄员工开展物联网新技术、新工艺方面培训，优选能力强的员工开展"边学边带"，助力提升员工的安全基本技能及素质。

(2) 做好"专业课"。从边缘化向领域化转变。组织开展安全生产各类行业标准培训，从以往的标准模糊掌握向标准清晰会用转变，从本质解决安全生产隐患问题，并利用手机微信群、微信公众号、安全知识分享等多种信息化宣教方式，对典型事故事件、未遂事件、各类安全标准和管理办法，进行宣传深教，拓展丰富培训内容、增加培训方式的灵活性。

(3) 用好"选修课"。从被动化向主动化转变。组织开展安全知识大讲堂、绿色井站、隐患随手拍、油地共安全等特色安全主题活动，帮助员工转变自主思想，时时刻刻用安全标准去规范行为，将自主安全意识融汇到生活中，普及安全对家庭的重要性。团结员工营造出良好的安全"家"文化，感染员工从"让我安全"到"我会安全"的良性转变，培养员工自主安全管理意识。

在不断深化"3+5+3"的管理模式中，高二转探索出了一条安全管理自主提升之路，以"文化落地"促进"行为固化"，以"风险可视"促进"责任深化"，以"思想引领"促进"观念强化"，实现了基层员工安全管理意识和班站安全管理水平显著提升。2023年以来，该站未发生一起安全事件，在迎接盘锦市应急管理局安全生产执法检查中获得上级部门好评。

落实QHSE网格管理责任
促进基层站队管理水平提升

长庆油田公司第四采气厂作业二区

长庆油田公司第四采气厂作业二区地处内蒙古自治区鄂尔多斯市乌审旗和鄂托克旗境内毛乌素沙漠腹地，负责苏东 41-33 区块、苏 54 区块天然气生产及集输工作，管辖集气站 11 座，气井 939 口，现有员工 141 人。为进一步强化现场风险管控，降低现场安全隐患，提高员工执行力，提升现场标准化建设，作业二区以标准规范为依据、达标考核为手段，创建了全员"网格化管理+QHSE 积分激励"的融合管理模式，层层压实安全生产职责，安全环保风险全面受控，并先后荣获内蒙古自治区青年安全生产示范岗、长庆油田公司 QHSE 标准化示范站队。

一、创建网格化管理体系

按照"属地管理、分级负责、全面覆盖、职责到人"的原则，以风险管控为核心，科学划分集气站网格区域，规范网格管理标准，明确网格管理责任人，以期形成"一网多格、一格多员、全员参与、责任到人、逐级负责"的管理新格局，进一步提升生产现场安全环保风险管控水平。

科学划定网格区域。按照各类集气站设备工艺特点和巡检路线，将集气站划分为值班室、分离器区等 29 个网格，如图 1 所示。

集气站大门	值班室	配电间	工具间
发电机区	进站区	消泡装置区	分离器区
压缩机区	空压机区	仪表间	变压器区
消防亭	输水橇区	储液罐区	火炬区
加热炉区	脱硫橇区	收发球区	闪蒸罐区
脱水橇区	注醇区	外输/自用	阴极保护
站外截断	照明监控	应急库	HSE活动
监控中心	—	—	—

图 1　科学划定网格区域

评估网格风险等级。综合考虑网格区域的危险特性、事故发生的可能性和后果严重性，确定安全风险类别：重大、较大、一般和低风险，分别用红、橙、黄、蓝四种颜色标示。将网格风险等级与网格责任人的履职能力评估成绩挂钩，成绩低于80分的员工不得负责较大以上风险的网格，确保能岗匹配，为风险管控提供保障。划分集气站风险等级如图2所示。

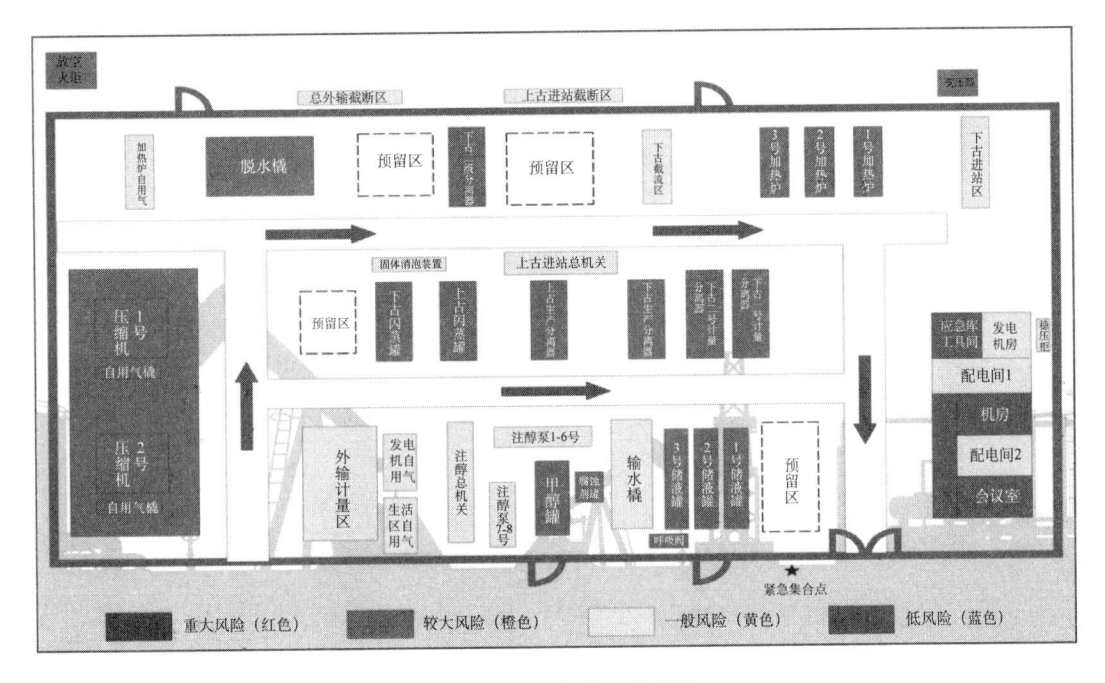

图2 划分集气站风险等级

明确网格管理职责。依据岗位职责，创建四级网格责任制，如表1所示。一是按照属地管理原则，将网格的管理职责分解至岗位员工；二是按照直线责任原则，将网格的业务职责分解至技术干部；三是按照区级安全生产承包点划分情况，将集气站网格的管理职责从厂级分解至作业区、岗位，每个网格责任人对网格区域的安全环保工作负责，实现"分级负责、分级把控、自主履责"。

规范网格检查标准。由作业区主要领导牵头，成立网格化检查表编制专项工作组，技术干部和岗位员工全员参与，根据生产流程，梳理各类作业活动和运行情况，利用风险矩阵、工作前安全分析、工艺运行与可操作性分析等工具，对照上级管理规范、制度，对各个生产区域进行风险评估，建立集气站网格化管理检查表、气井网格化管理检查表，如图3、图4所示。集气站网格化管理检查表根据各站生产工艺流程及巡检顺序，划分为29个网格，汇总整理检查内容561项。气井网格化管理检查表根据不同井型及生产模式，划分为6+11个网格，各类工艺措施井做到全覆盖。

表1 集气站网格化管理责任划分表

序号	集气站	职责区域	责任领导（区领导）每月1次	责任技术员 每月1次	责任班组长 每月2次	责任人（集气岗）每月2次	备注
1	苏东41-3站	进站区、分离器区	张×	郝××	王×	张××	
		压缩机区				张××	
		储液罐区、注醇区				杨××	
		火炬区、空压机				姚×	
		机柜间、值班室				杨××	
		闪蒸罐区				杨××	
		外输区、自用气区				姚×	
		输水橇				杨××	
2	苏东41-2站	进站区	曾××	赵×	马×	李××	
		分离器区				穆×	
		压缩机区				李××	
		外输区、储液罐区				穆×	
		火炬区、注醇区				李××	
		变压器、发电机房				李××	
		机柜间、值班区				李××	
		输水橇、闪蒸罐区				李××	
		收发球区、空压机				李××	
		消泡装置				张××	

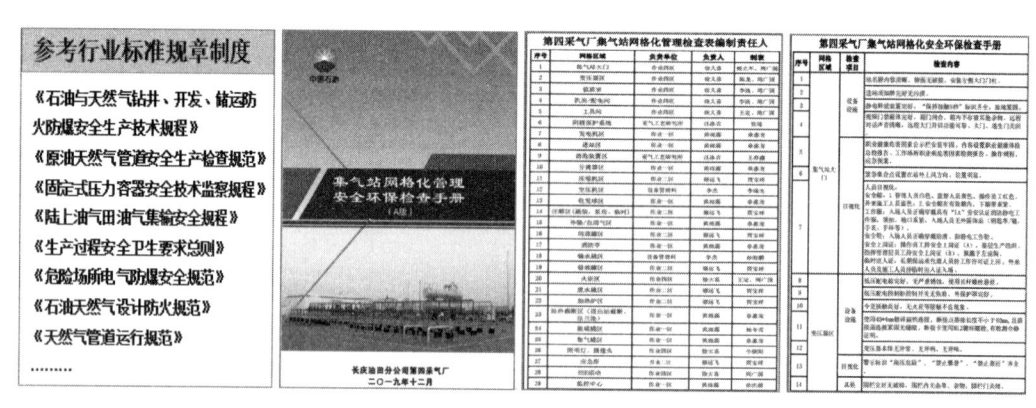

图3 集气站网格化检查

建设网格化管理制度。建立《第四采气厂作业二区网格化管理细则》，按照"谁负责、谁监督、谁承担"与"谁使用、谁维护、谁管理"相结合的原则，设立属地责任人，直线责任人，区级承包责任人三级巡检监管机制。属地岗位人员根据所属现场划分网格周覆盖检查，技术岗位人员根据业务划分网格月度覆盖检查，区领导安全生产承包点月度覆盖检查，做到各层级、各区域有人检查，有人监管，压实"三管三必须"管理要求。

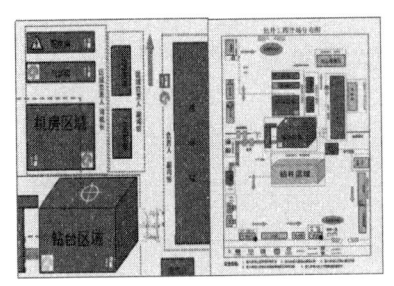

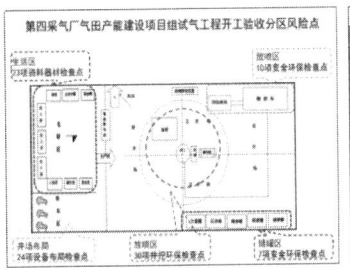

图4 气井网格化检查

二、网格化管理融入数智化平台

在网格化检查工作开展中，依托数字化生产指挥系统及手持终端的应用，开发网格化巡检模块，员工在手持终端登录"生产指挥系统"后，进入"网格管理"模块，通过手持终端开展现场网格化检查、隐患录入、整改验证闭环，持续推进了安全信息化建设的进程，减少了繁杂的记录，实现了线上运行、过程督导、后台监管、数据共享的数字化管理，使现场巡查标准化、智能化、规范化。操作流程及标准如图5、图6所示。

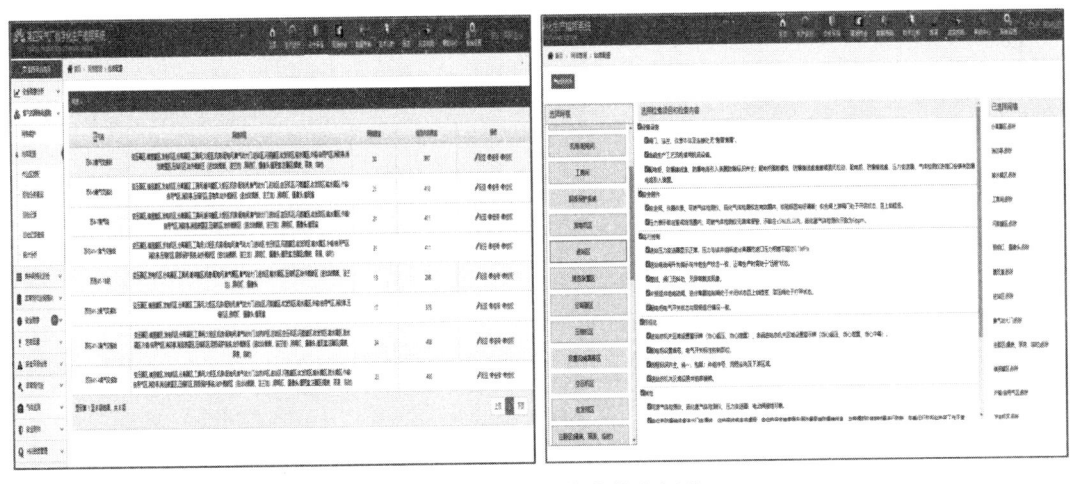

图5 手持终端网格化检查标准

三、网格化管理与QHSE积分融合

为充分发挥网格化管理应用的深度和广度，作业二区坚持正向激励引导，将网格化管理与厂QHSE积分平台深度融合，编制《网格化管理与积分平台绩效考核细则》，有效

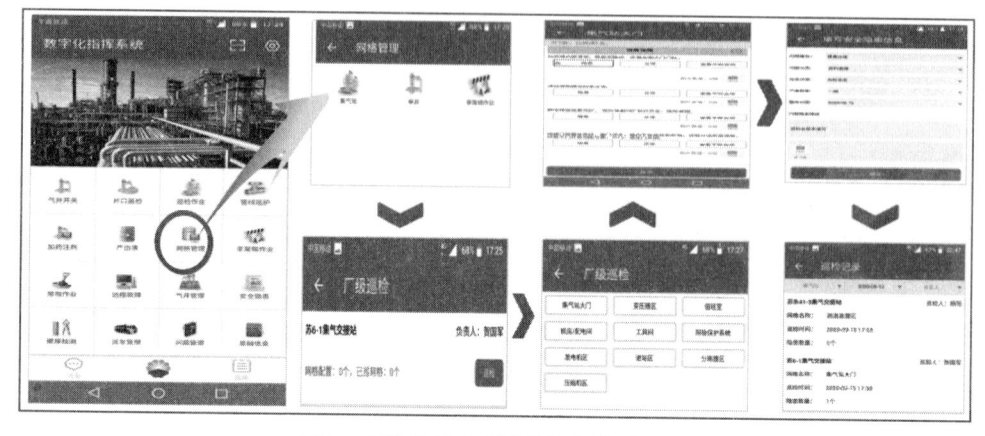

图 6　网格化检查手持终端操作流程图

巩固网格化管理成果。作业二区全员逐级签订 QHSE 责任书，在责任书中对网格化积分进行明确，每月对照网格化开展记录进行班组考核，管理岗位网格化开展情况进行考核通报。依托厂级 QHSE 积分奖励平台，建立网格检查与 QHSE 积分奖励平台同步，将网格化检查发现隐患问题录入 QHSE 积分奖励系统获取对应积分，并对 QHSE 积分个人、单位排名情况在网页公布，定期利用积分等额对换奖励，提高全员履职主动意识，形成 QHSE 绩效考核分 +QHSE 积分奖励相结合的考核方式。通过该考核方式，强化了各级岗位人员责任意识，提高了岗位人员的安全检查能力，现场安全管理由被动向主动转变。考核流程及结果如图 7、图 8 所示。

图 7　网格责任网格化管理考核管理流程图

作业二区20××年度×月组室（班组）业绩考核结果汇总表

单位：第四采气厂作业二区

序号	组室（班组）	工作计划完成情况			履职与管理成效			QHSE业绩考核			综合管理考核			加分	考核得分
		考核得分	权重	小计	考核得分	权重	小计	考核得分	权重	小计	考核得分	权重	小计		
1	苏东运维班	97.00	30%	29.10	94.31	20%	18.86	99.50	30%	29.85	98.00	20%	19.60	2	99.41
2	苏中运维班	100.00	30%	30.00	99.06	20%	19.81	96.00	30%	28.80	100.00	20%	20.00		98.61
3	苏西运维班	98.00	30%	29.40	99.16	20%	19.83	98.50	30%	29.55	98.00	20%	19.60		98.38
4	数字化运维班	98.00	30%	29.40	99.93	20%	19.99	96.50	30%	28.95	98.00	20%	19.60		97.94
5	QHSE管理组	100.00	30%	30.00	100.00	20%	20.00	92.00	30%	27.60	100.00	20%	20.00		97.60
6	生产技术室	98.00	30%	29.40	89.31	20%	17.86	89.00	30%	26.70	94.00	20%	18.80	4	96.76
7	气井运维班	100.00	30%	30.00	100.00	20%	20.00	88.50	30%	26.55	100.00	20%	20.00		96.55
8	综合管理室	100.00	30%	30.00	89.43	20%	17.89	93.00	30%	18.60	98.00	30%	29.40		95.89
9	调控中心	100.00	30%	30.00	77.12	20%	15.42	90.00	30%	27.00	96.00	20%	19.20		91.62

图8 网格责任网格化管理考核结果应用

利用QHSE网格化管理为载体，以全员QHSE绩效考核为抓手，通过三年QHSE网格化管理实施，建成一套QHSE网格化管理标准手册，建立全员网格化考核+QHSE积分奖励模式，现场巡检时间由1h/站降低至0.5h/站，巡检效率由2站/天提升至3站/天，生产现场隐患排查能力提升明显，生产现场逐步规范，作业二区QHSE管理水平得到显著提升，现场安全风险平稳受控。

突出五强化五抓　促进安全管理受控

中油测井公司青海分公司录井（随钻）项目部L11094作业队

L11094作业队（以下简称作业队）是中油测井公司青海分公司的录井标杆队，该队拥有7名成员，历年来在青藏高原从事青海油田重点井的录井工作，是高原油气发现的"眼睛"。近年来作业队牢固树立两个理念，坚定一个信念，强力推行五强化五抓管理，促进安全管理受控。先后获得青海分公司"先进作业队""红旗作业队"，集团公司"银牌队"等荣誉。

一、强化培训抓素质

作业队每周开展风险隐患排查、应急演练、应急处置、健康安全应知应会、事故事件案例、安全法律法规等培训教育和自学，尤其是鼓励自学，养成良好习惯，确保安全生产理念入脑入心，提高安全意识和风险隐患识别能力。班组长制订每周培训计划，班组成员制订每周学习计划，按计划实施并做好培训学习笔记，周末最后一天开展自查和检查工作，月末进行考试，检查培训学习效果，合格者进行积分奖励，不合格者扣分惩罚（和奖罚挂钩），确保顺利实施和实施效果，提升了员工素质，营造了学习氛围。

二、强化履职抓执行

每一个成员都是主角，是守护大家安全的卫士。作业队完善了岗位HSE责任清单，梳理HSE工作内容及标准，实行对单履责，每月底针对各个岗位履职情况进行打分评定考核，分为优秀、合格和不合格，优秀者优先评优评先，考核不合格者更换岗位或者岗位降级甚至返厂学习。制定了班组轮值安全员职责、内容及考核标准清单，按清单内容每周轮流开展安全检查工作、组织开展安全周例会、安全经验分享和统计分析事故隐患、提出隐患整改建议和下班QHSE管理意见及建议。增加了员工责任心和使命担当。

三、强化四环节抓受控

作业队班组围绕"班前识别风险，班中防控风险，交班提示风险，班后总结风险"四环节强化风险管控。班前利用好班前会，针对作业流程和内容开展危害风险辨识，相关事故事件安全经验分享，以及新技术新设备和各种安全规章制度的培训，尤其针对工作期间最有可能出现安全问题的地方进行预测，提高警惕，加强防范，减少发生危险的概率。班中严格遵守各种规章制度，按照巡回路线图，班上两人分别进行巡回检查工作，最后汇总检查情况，确保安全隐患无死角无遗漏，尤其是对识别到的新风险和隐患随时记录在册，并在当班过程中运用好各种风险控制工具做好预防措施和监督整改工作。交班一定要交接清楚全面，给接班人员提示各种异常风险、问题隐患和发生的安全事故事件，尤其是提醒新识别到的风险和不能整改的隐患问题，提高警惕，加强防范。班后开好总结会，总结风险隐患问题，分析原因，吸取经验教训，制订防范措施，不断更新风险识别清单。

四、强化互助抓团建

班组按照老员工帮新员工，师父帮徒弟，优秀员工帮一般员工编制互帮互助计划，实行班组长或职工党员带头，工程师策应，一对一、手把手对辅助员工、新员工、安全问题多的队员进行安全理论知识教学培养，传授现场安全经验，被帮助者定期书写心得体会，总结经验。班组互帮互助，不仅促进个人安全意识提升，还能促进班组高质量建设发展。一个好的班组，不仅要有制度，更重要的是要有温度。

五、强化积分考核抓成效

围绕全员安全生产责任制落实，建立健全班组安全奖惩制度，严明安全纪律，推行"积分"激励惩罚机制，一方面对积极及时识别隐患并排除风险和对班组安全建设做出贡献的员工进行积分奖励，每次一分，如某成员发现电源线外表破损，及时进行重新包扎和做好防护工作，杜绝了触电事故，给予奖励1积分。另一方面对个人原因造成风险隐患、发生安全事故事件的，以及对班组安全建设造成不良影响或阻碍的给予扣分，每次一分，严重者加倍扣分，并上报上级组织。队员在安全积分上签字确认，共同遵守执行并互相监督，每月综合积分情况进行绩效考核，与奖金挂钩，1积分50~100元。制度的建立，不仅对班组有了强力的约束，也对安全班组建设提供了有力的支持。

自从五强化五抓安全措施实施以来，全员安全意识、履职尽责能力、风险管理能力、团队协能力和管理成效显著提升，实现安全生产零事故，为作业队各项工作目标顺利完成提供坚实的安全保障。

推行"三管一监督"工作模式压实特殊作业属地安全管理责任

长庆石化公司运行一部

长庆石化公司运行一部现有员工 139 名，主要负责 500×10^4t/ 年常减压装置、120×10^4t/ 年加氢裂化装置、120×10^4t/ 年溶剂脱沥青装置、4×10^4m³/h（标准状况条件下）制氢装置的生产运行。部门始终坚持以"严"的主基调强化日常管理，聚焦安全环保和平稳生产，严抓安全生产责任制落实。运行一部基于日常管理实践，总结出特殊作业"三管一监督"工作模式，压实特殊作业全链条安全管理责任，进一步强化特殊作业风险管控水平。

一、"三管一监督"工作法介绍

1. "三管一监督"定义

特殊作业"三管一监督"工作法基于屏障理论，将属地参与特殊作业管控的作业申请人（工作法中称为作业经理人，全面负责作业管理）、监护人、运行班长及属地监督当作作业过程风险控制的四个屏障层，通过强化每一层安全屏障的可靠性来确保特殊作业过程安全（图 1）。

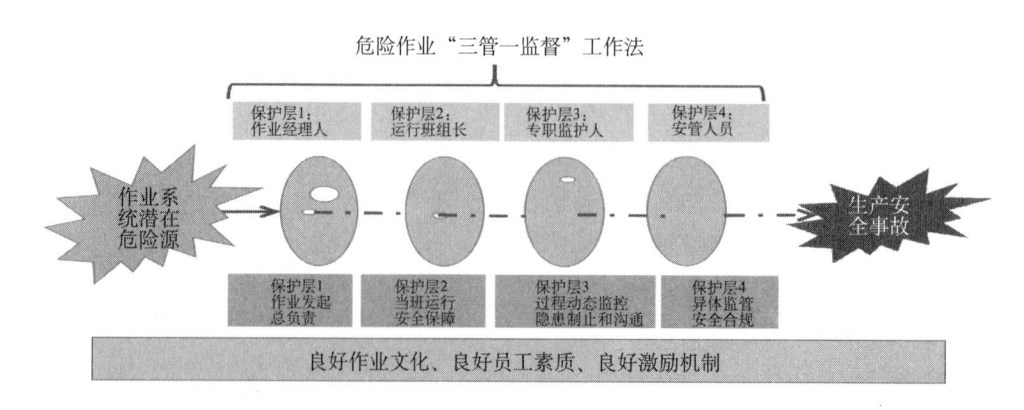

图 1 特殊作业"三管一监督"工作法原理图

2."三管一监督"实施程序说明

特殊作业时,依据实施工作流程进行环节划分,明确每一环节责任人及其主要工作职责,前期开展导入性培训让各环节责任人知晓工作内容和相应职责,作业过程中属地监督持续开展现场管控情况监督检查,查出问题找出责任人,开展现场沟通交流,每周对典型问题通报讲评,每月对履职认真、管控效果好的责任人进行激励表扬,督促引导作业经理人、监护人运行班长及属地监督履行管控责任,有效控制特殊作业现场风险。

表1 特殊作业"三管一监督"工作法各环节分工表

项目	风险研判	工作前安全分析及预约	票证办理	作业实施	结束清理
实施主体	检修协调会小组	作业经理人	作业经理人	1. 作业经理人 2. 监护人 3. 运行班长 4. 属地监督	1. 作业经理人 2. 监护人
主要工作内容	1. 确定作业内容 2. 研判风险 3. 确定资源	1. 风险辨识 2. 方案准备 3. 作业类型确定和预约	1. 票证准备 2. 票证办理 3. 票证公示 4. 安全交底	1. 作业协调 2. 作业过程管控 3. 应急处置	1. 监督清理 2. 现场确认 3. 票证关闭

二、"三管一监督"保障机制

(1) 单位领导重视并参加特殊作业管理实践,进行作业票证办理、作业检查,对先进作业经理人、监护人等进行定期表彰,营造良好特殊作业风险管控氛围。

(2) 以安全环保组为推动工作组,给予大量持续的资源支持。安全环保组细化实施方案,主要通过"优秀作业经理人培养评选(表2)""金牌监护人培养评选(表3)""特殊作业今天你沟通提醒了吗"及与班组绩效考核挂钩方式推动"三管一监督"工作法落地实施。

(3) 特殊作业"三管一监督"工作法实施前期,主要通过正向激励督促引导,正常实施后兼顾奖惩原则,但仍以正向激励为主。图2为特殊作业"三管一监督"运行关系图。

首先,特殊作业"三管一监督"工作法实践后,逐步建立了属地特殊作业管控较为清晰的责任体系,厘清了各环节"主体责任",通过积极实践,各环节责任主体履职更加主动,管理屏障更加靠实,特殊作业风险管控更加有力,作业现场安全隐患显著降低。

其次,一定程度转变了特殊作业执行层面"严以待施工方、宽以待属地"的问责文化,建立责任体系并严格实施后,各自在职责范围内履责,减少了工作或失责的推诿扯皮。

最后,通过明确分工、规范职责、优化运行,提升了特殊作业风险管控的"效率效能"。

表2 优秀作业经理人考核表

项目经理人名：　　　　　　项目名称：　　　　　　施工单位：

序号	考核项目	关键点	分值	得分	备注
1	施工点现场整体面貌、场地整洁程度、有序程度	1.材料摆放；2.现场施工垃圾管理；3.工器具摆放；4.警示、警戒隔离情况；5.项目（专指长期的项目）牌图目视化情况	1～5		
2	风险措施有效落实	1.能量隔离上锁挂签情况；2.各类井封堵隔离情况；3.使用安全带的有效性	1～5		
3	脚手架、生命线	1.脚手架搭设的规范性；2.检查、挂牌的有效性；3.生命线安装的有效性	1～5		
4	现场工器具合规情况	1.所准备的工器具完好；2.所准备的工器具贴标检查情况；3.吊车的合规情况	1～5		
5	JSA及作业许可管理	1.JSA开展及分析质量；2.作业许可有效合规；3.现场公示情况	1～5		
6	施工人员情况	1.特种作业持证情况；2.教育培训情况；3.监护人持证情况；4.安全帽有效性；5.工服的合规性（严重破损的）	1～5		

注：1.打分标准：按"较差、一般、良好、优秀"，对应给1～5分。
　　2.采取积分制（积的是每次得分，每次得分最终换算成百分制），每月按平均积分排名，取前3名进行奖励。
　　3.不适用的考核项目打"NA"。
　　4.考核时间点侧重项目开工前（主要集中在作业许可审查阶段）及项目结束后，侧重前后的合规性。
　　5.试行前期对每个点的项目经理人进行考核打分；每周打分评比，每月汇总奖励。

检查人：　　　　　　　　　　　　　　　　　　日期：　　年　月　日

表3 金牌监护人培养考核表（现场实操）

监护人名：　　　　　　项目名称：　　　　　　施工单位：

序号	考核项目	关键点	分值	得分	备注
1	现场风险防控措施保持情况	作业期间监护下列措施完整：1.警示、警戒区域；2.各类井封堵措施；3.能量隔离上锁挂签；4.脚手架完整性及检查挂牌情况	1～5		
2	个人防护用品的使用情况	作业期间监护下列个体防护用品正确使用：1.劳保服、鞋、帽；2.防护眼镜及面罩（当需要时）；3.防尘口罩（当需要时）；4.安全带使用	1～5		
3	作业许可及相关手续	作业期间监护许可及相关手续有效：1.气体检测；2.施工在有效作业期限内；3.作业许可片面信息清晰、内容完整有效	1～5		
4	周边设备设施保护情况	作业期间做到对作业点周边的保护：1.工艺管线、消防设施、电仪等设备设施；2.周边环境、地面的保护；3.监督做到工完料净场清	1～5		
5	特种作业操作证持证情况	监护作业期间特种作业人员持有效操作证作业[吊装（司机、司索、指挥），电焊工、电工、架子工]	1～5		
6	忠于职守恪守尽责	1.清楚监护任务及风险管控措施；2.佩戴监护马甲、持卡监护；3.始终坚守监护现场任务；4.持有效监护证监护；5.认真负责、富有热情，主动向检查人员介绍作业情况	1～5		

注：1.打分标准：按"较差、一般、良好、优秀"，对应给1～5分。
　　2.不适用的考核项目打"NA"。
　　3.考核时间点侧重项目施工过程。
　　4.对每个点的监护人进行考核打分，每周打分评比，每月汇总奖励。

检查人：　　　　　　　　　　　　　　　　　　日期：　　年　月　日

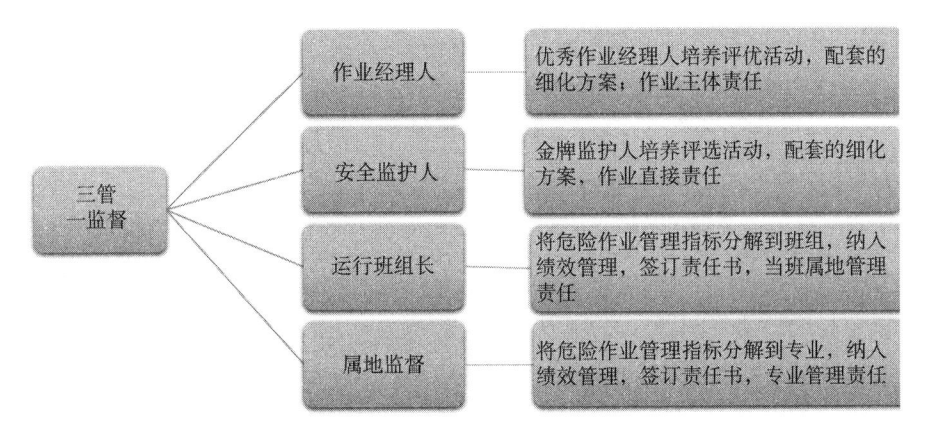

```
                  ┌─ 作业经理人 ──── 优秀作业经理人培养评优活动,配套的
                  │                   细化方案;作业主体责任
                  │
                  ├─ 安全监护人 ──── 金牌监护人培养评选活动,配套的细化
    三管          │                   方案,作业直接责任
    一监督 ───────┤
                  ├─ 运行班组长 ──── 将危险作业管理指标分解到班组,纳入
                  │                   绩效管理,签订责任书,当班属地管理
                  │                   责任
                  │
                  └─ 属地监督 ───── 将危险作业管理指标分解到专业,纳入
                                     绩效管理,签订责任书,专业管理责任
```

图2 特殊作业"三管一监督"运行关系图

探索"党建+生产"新模式
推动三基工作深度融合

乌鲁木齐石化公司炼油厂炼油一车间

炼油一车间（以下简称车间）是乌鲁木齐石化公司最早成立的生产车间，车间共有4套装置，分别是 100×10^4 t/年催化裂化装置，600×10^4 t/年常减压装置，160×10^4 t/年轻烃回收装置，40×10^4 t/年焦化原料预处理装置。2020年荣获集团公司先进HSE标准化站队，2021年再度荣获集团公司基层党建百面红旗，2021年荣获乌鲁木齐石化公司优秀基层站队（车间），2022年荣获公司级模范集体等荣誉。

按照公司党委关于推进基层党建"三基本"建设与"三基"工作有机融合工作部署，炼油一车间党支部作为集团公司"百面红旗单位"，积极探索，先行先试，确定了"找准党建工作与车间生产经营有效结合点，把基层党建政治优势与车间管理独特优势结合起来，在生产经营工作中发挥基层党组织的战斗堡垒作用"的融合思路。

车间党政班子成员"双向进入、交叉任职"，围绕车间中心工作的责任清单量化到每一名支委身上，"一岗双责"得到有效落实。推进两组融合建设，选好配强党员班组长兼任党小组长，加大优秀员工组织培养力度，努力提高专业技术骨干和高技能人才发展比例，近年来已培养出1名班长、2名备用班长和4名技术骨干。

确定了从车间生产装置实际情况出发，对安全生产、工艺运行、设备运行、职教培训共4个方面中心工作进行分析对标。按照突出专业的管理短板和专业重点工作的思路，确定8处融合点进行推进，专业管理短板中选取了工艺专业的报警数量管控、设备专业的静密封点泄漏率、安全专业的施工违章率和应急演练；专业重点工作选取了工艺专业提质增效指标管控、设备专业转动设备状态监测、安全专业隐患登记、职教专业党员师带徒培训。针对以上融合点，支部又进行细化完善了各装置的提质增效指标、工艺报警、静设备泄漏率、转动设备状态监测、施工违章、安全隐患、应急演练、党员师带徒、"三会一课"等15条具体措施，推动工作深入融合。

支部把党建工作制度纳入车间生产经营管理制度体系，瞄准实际生产管理的"难点""痛点"，通过4个方面中心工作、8处融合点、15条具体融合措施，将基层党组织建设纳入"车间信得过班组"评比，建立完善了党员积分制、党员和党小组评比制度，开展了15期评比活动，充分调动了党员班长、党员主操、党员的积极性，以体系管理保障融合工作从"平行线"到"同心圆"。党支部根据党员日常工作状态、作用发挥、遵章守纪等方面的具体表现,对党员进行积分量化考评,支部党员在"技术创新、献计献策、劳动竞赛、三会一课"等活动中表现优异的会给予加分激励。把"三基"工作完成情况纳入基层党建工作考核管理,以评比促探索,以评比促深化,以评比促提升,引导支部基层党组织融入"三基"开展工作(图1)。同时在年度考核工作中,以党员积分排名作为评优评先等表彰依据。支部将操作室墙面制作成看板管理墙,将"三基本和三基"融合思路,党员每月主操红旗手,党员红旗手,红旗党小组,红旗班组,党员积分榜,党员曝光台等等上墙目视化管理,增加曝光度,每月定期更新,营造氛围。

深入开展党员承包责任区、党员包机、党员身边"无违章、无违纪、无事故"活动,激发党员在关键检修、重点攻关、难点任务中的担当示范作用。创新开展"党建+"实践活动,如党建+新产品开发,党员高技能人才带头攻关,顺利调配生产出90号、100号道路沥青,填补了中国石油在西北地区改性基质沥青料的市场空白;党建+提质增效,党员高技能人才共同协作推广"流程模拟"应用,将轻烃回收单元综合能耗下降0.8kg标油/t,常压装置渣油收率由31%降低至26%,铂料产量提高2t/h。有机融合在推进装置节能降耗、提质增效工作中取得了显著成果。

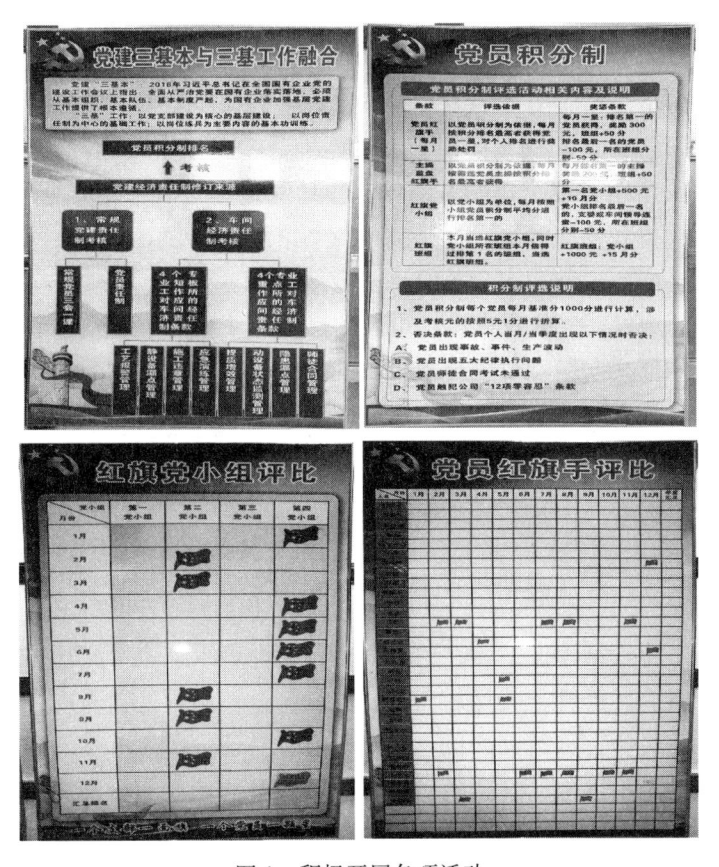

图1 积极开展各项活动

推行"四化"机制 提升自主安全管理水平

辽河油田公司锦州采油厂采油作业一区4号站

辽河油田公司锦州采油厂采油作业一区4号站（以下简称"采油4号站"）始建于1978年，现有员工35人，管理着油水井103口，日产液2100t，日产油180t。先后荣获国资委中央企业"学习型"红旗班组、中国石油集团"先进班组"、辽河油田公司"铁人先锋号"等荣誉。在班站安全自主化建设的过程中，紧紧围绕"自觉、主动、规范、完好"核心理念，全面实施"四化"工作模式，不断促进班站安全文化建设水平持续提升。

一、内化于心，根植自觉意识

自主化安全班站建设初期，针对员工的厌战、麻木和自满心理，从员工思想入手采取"讲明白、看清楚、动起来"的方式在员工心里根植自主安全意识。讲明白，就是党员干部带头学习，宣讲自主安全的内涵和重要性，在工作中做到真心支持、齐心推进，组织员工多次深入自主化安全班站实地参观，加深员工对自主化安全管理建设的理解，不断促进员工形成自我管理、自我提升、自我约束的意识。看清楚，就是开展目视化引导，通过建设安全广角、悬挂安全条幅、安全漫画等多种形式宣贯安全理念，营造全员参与的氛围，达到启发人、教育人、约束人的目的；重点开展亲情助安全，以全家福文化墙和亲情寄语的形式向岗位员工传递家人的期盼，用员工对家庭的责任感来增强安全意识。动起来，就是推行"五小"工作法，即开展"党员身边无违章"主题活动，开展员工需求式培训，编制培训计划，进行岗位结对子，互帮互比互评活动，达到共同进步的目的。

二、外化于行，厚植主动行为

针对员工自主化安全建设中存在的不安全行为，班组采取"严管+厚爱"的方式制约岗位员工岗位行为。严管，就是加大重复性和严重性问题处罚力度，开展"安全里程碑"定目标活动，将指标分解到岗位，做到易懂、易评价、易考核，并开展典型问题深挖根源等活动，倒逼员工主动学技能、查隐患。针对低老坏和重复性问题，采取深挖问题根源，并加大考核力度，解决"我不想"；梳理高频问题，分类组织学习讨论解决方案，解决"我不会"。厚爱，就是采取正面引导、正向激励、自主管理为主的方式，对隐患排查、避免事故、环保管理、技术创新等安全工作方面有突出贡献的进行嘉奖。建立个人安全积分激励机制（模板见表1），通过鼓励员工参与开展安全活动为目标，强调多劳多得、能者多得，以季度为单位进行奖励"分红"，提升员工主动参与班站管理的劲头。

表1 个人安全积分激励机制模板

序号	主题	分值	内容	得分
1	安全意识	3	主动参与安全经验分享	
2		3	主动开展日常安全检查，及时记录、报告和处置发现的问题	
3		2	主动参与安全文化建设，积极参加"安全生产月""职业健康周"等活动	
4		3	接受别人对自己不安全行为的提醒和建议	
5	安全能力	2	熟知设备设施操作规程并严格执行	
6		8	熟练掌握并能够正确应用HSE管理工具方法，如安全目视化、工作前安全分析、上锁挂牌、工作循环分析等，并能够配合站长完成相关安全工具使用	
7		10	能够主动辨识高危作业，按照正确流程办理作业许可证	
8		3	通过开展安全观察与沟通活动，在能够互相纠正不安全行为基础上能够纠正承包商的不安全行为	
9	安全行为	4	主动汇报事故事件，进行经验分享并建立档案	
10		4	积极开展班组安全技术革新	
11		8	将班站安全生产难题列榜，员工主动提出解决方案，对表现积极、解决方案效果好的小团队或个人进行奖励	

注：1. 个人安全积分制考核在季度奖金内体现。
　　2. 按照可考核兑现的30%为底数进行分数兑现。
　　3. 分值为该项内容的最高分数。

三、固化于制，完善规范管理

采油4号站把制度作为推进自主化安全管理的核心，采取"骨骼+血肉"两手抓的方式，让严肃的制度有温度，执行制度有标准，强化遏制事故发生的能力。建立骨骼，就是做好制度建设，设置自主创建管理机构，定期修订考核制度，将好做法转化为标准和操作规范，整合安全资料，编制《采油4号站自主安全管理手册》指导员工安全操作。填充血肉，就是根据职能精细划分属地，明确员工安全和环保职责，制定风险分级防控和隐患排查治理双重预防机制"一卡通"（图1），以目视化的形式展示岗位风险和隐患，使员工更加容易理解和掌握风险和隐患，加固管理短板，形成规范的风险管理。坚持隐患治理长效机制，建立隐患管控台账，采取销项制度，推进隐患治理效果。

岗位双重预防机制—卡通——风险告知

风险区域名称：泵房		责任人：××		联系方式：×××-××××-××××	
主要风险		防范措施		应急处置	
机械伤害 1.设备卷入 2.物体打击	规范劳保穿戴	侧身开关闸门	①停泵	②应急包扎	③紧急就医
硫化氢中毒	正确采取防范措施		①空气呼吸器 ②警戒通风	③移送伤员	④紧急就医
火灾 爆炸	正确采取防范措施		①切断电源 ②切断流程	③报火警 ④控制火势 ⑤人员疏散 等待救援	

火警电话：119　　锦采消防中队：0427-×××××××　　急救电话：120　　锦采医院：0427-×××××××

岗位双重预防机制—卡通——隐患排查

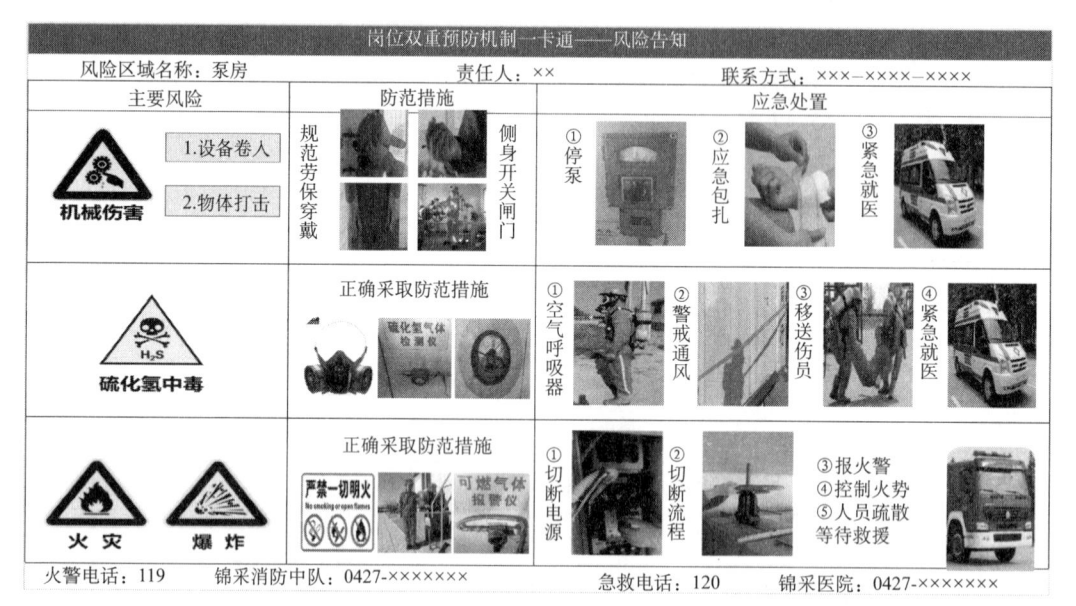

	隐患排查	具体描述	
机泵设备		①机泵外壳无破损，运转无异响 ②机械密封无渗漏 ③机油液位正常、无变质 ④护罩宽度适宜，固定良好	⑤底座螺丝紧固，无异常振动 ⑥电机进线端紧固无破损，护皮完好 ⑦接地规范，处于检测有效期内
管网		①压力表接头无渗漏，压力值正常 ②法兰连接处无渗漏 ③阀门灵活好用，压盖无渗漏 ④管桩承托良好，无悬空松动	⑤放空阀无渗漏，放空桶液面低于1/3 ⑥流量计、过滤器正常，接地完好 ⑦缓冲罐压力正常 ⑧主罐液位1/3—2/3,备用罐液位1/3
配电		①机泵、照明等空开合格，标识清楚 ②电缆穿越板房有护管或护皮 ③穿线管无破损，接地跨接线完好	④机泵、通风、照明开关好用，接地正常 ⑤防爆设备合格，挠性管连接完整 ⑥防爆灯完好无破损
防护设施		①可燃气体报警仪合格，定期校验 ②泵房内至少有两具灭火器 ③灭火器软管S型缠绕，无打结 ④排风系统正常运转	⑤灭火器压力值正常 ⑥灭火器定期自检（自检标牌照片） ⑦硫化氢气体检测仪合格，定期校验 ⑧门窗通风 目视化标牌齐全，无损坏

图 1　岗位双重预防机制"一卡通"

四、实化于物，保持完好状态

采取流程化、标准化、清单化方式将安全理念和安全方法展示给员工，建立岗位巡检"一卡通"，使"人、机、环"始终处于完好状态。流程化，就是梳理各岗位业务流程，在完整性上出实招，按时间顺序梳理各岗位工作内容，明确工作涉及安全隐患和防范措施，划清管理界面，分清工作职责，做到事事有人管，杜绝管理缺项。标准化，就是明确井场、操作间巡检标准，从细节入手，梳理各项作业活动的步骤、风险和安全技术标准，制作对标操作卡，保证岗位员工操作规范，堵住管理漏洞。清单化，就是明确"做什么、怎么做"，结合岗位实际情况，建立巡检清单，明确巡检要点和标准，让员工熟悉运行状态、了解巡检标准，及时发现存在异常和隐患问题，确保风险得到有效控制。

该站通过"四化"机制的综合运用，安全生产责任得到有效落实，充分激发了班站员工参与安全管理的积极性和主动性，自主安全意识和能力得到显著提升，有力促进了班站安全管理水平的提升，并通过了辽河油田公司自主安全管理站队验收，为打造集团公司HSE标准化示范站队奠定坚实基础。

不安全行为记分 提升自主管理水平

锦州石化公司化工二联合车间

锦州石化公司化工二联合车间（以下简称车间）主要包括顺丁橡胶、两套硫黄、含硫污水汽提共四套装置。为进一步规范员工行为，提高安全意识，车间建立"全员不安全行为记分"管理系统，对全员的工作行为进行量化记分管理。

一、坚持"四全原则"，建立"不安全行为记分100分"标准

"全员不安全行为记分"坚持"全员、全过程、全方位、全天候"管理原则，以生产操作、装置巡检、报警处置、现场作业等日常工作内容为抓手，融合安全生产+党建管理，实现党建工作、专业管理、综合管理、三大纪律的"四个结合"。图1为"全员不安全行为记分"管理系统逻辑图。

图1 "全员不安全行为记分"管理系统逻辑图

借鉴集团公司"安全生产记分满分12分"模式，结合联合车间生产经营实际、装置特点，建立7个考核模块、39专项、305小项的"不安全行为记分100分"标准，记分周期一年，年底清零。

7个模块包括安全、环保、生产、技术、设备、党建、综合管理；39专项包括会议管理、劳动纪律、消防应急、隐患排查、事故事件、异常波动等；由各个模块、各个专项细化分解，并与公司相关制度、标准、要求及车间管理细则相融合形成305小项。

其中"党员标准"部分，旨在对党员提出更高要求，充分发挥党员先锋模范和党组织战斗堡垒作用，在引领发展中上行下效、示范带头；持续开展"我是党员，请您监督"活动，并逐步向"我是党员，向我看齐"转化，推进"三基本"和"三基"工作有机

融合。

二、分级考核，强化结果应用

"全员不安全行为记分"按照管理层级进行考核（表1），行政方面划分了8个管理层级，党建方面划分了7个管理层级，同时明确了管理界面、责任占比，将责任落实到每一管理层级，一级抓一级、层层抓落实，督促员工从"制度要求"走向"行为自觉"，员工责任意识、工作效率明显提升。

表1 考核责任分解表

	化工二联合车间"全员不安全行为记分"考核原则							
	考核层级							
		主任	副主任	组长	副组长	管理人员	班长	副班长	责任人
检查层级	公司级	5%	5%	10%	10%	10%	10%	10%	40%
	主任		5%	10%	10%	10%	10%	10%	45%
	副主任			5%	5%	10%	15%	15%	50%
	组长				5%	10%	15%	15%	55%
	副组长					10%	15%	15%	60%
	管理人员						20%	20%	60%
	班长							20%	80%
	副班长								100%

	化工二联合车间"党员标准记分"考核原则						
	考核层级						
		党总支书记	副书记	总支委	支部书记	支部委员	党小组长	责任党员
检查层级	公司级	5%	5%	10%	10%	10%	10%	50%
	党总支书记		5%	5%	10%	10%	20%	50%
	副书记			5%	10%	10%	20%	55%
	总支委				10%	10%	20%	60%
	支部书记					10%	20%	70%
	支部委员						20%	80%
	党小组长							100%

车间对全员考核记分，累计记分达到以下分值的，采取相应管理措施。

（1）记分满 25 分：当年度综合绩效评价不能评为优秀，不得申报先进个人评比。

（2）记分满 50 分：在车间会议上做检查，进行岗位培训教育，并经安全生产履职能力评估合格后方可独立上岗。

（3）记分满 75 分：车间对其进行约谈，同时上报公司对其进行脱岗培训，培训期间的薪酬按岗位培训有关规定发放，培训考核合格后方可重新上岗。

（4）记分满 100 分：视为不满足本岗位安全生产能力要求，应当对其调离本岗位，且经脱岗培训考核合格后方可从事其他岗位。

同时实行"岗位横向""班组纵向"记分评比，作为年度总体评价和评先选优的重要依据，为推动"五型班组建设"搭建良好平台。

三、"全员管理、齐抓共管"，自主管理水平持续向好

2022 年正式运行以来，车间持续加大检查力度，强化 HSE 周检查、专项隐患排查、安全生产大检查工作落实，记分总体呈下降趋势，记分管理一定程度促进了自主管理水平提升，形成了"全员管理、齐抓共管"的安全管理氛围，以党政融合推动车间管理再上新台阶。

基于全员管理的金字塔型安全生产记分体系应用

河南销售公司

河南销售公司(以下简称公司)于1999年成立,经过二十多年发展,销售规模达到350×10^4t,目前下设11个职能部门,下辖19家分公司、26家控参股公司。随着安全生产管理的理念、技术、措施的不断完善,安全监督和安全管理的方式和内容逐渐呈多元体系化,如何精准定位不同层级之间的管理和操作重点,有力推动HSE标准化的深度落地,公司积极探索、积累经验,以问题为导向,直线链条式切入,发挥安全行为数据化的分析功能,让各个层级责任清晰、履职尽责,形成合力强力推动标准化在基层扎根落地。

一、建立分层覆盖的"金字塔"型安全生产记分网

围绕全员、全过程、全方位、全天候"四全"原则,突出领导责任,抓住管理节点,强化基层执行,自上而下分层建立结构稳定的"金字塔"型安全生产记分网。

(1)顶层设计。以新《中华人民共和国安全生产法》对主要负责人安全生产的七项职责为根本遵从,对安全生产记分进行坐标式定位,将七项职责按照不同管理方向和路径分解为18项领导干部典型记分行为,强化不同层级的安全生产"第一责任人"责任。

(2)管理量化。以安全管理法规和集团公司安全管理相关制度为根本依据,路径打通对安全生产记分进行节点式赋值,通过梳理20多部相关法规和30多项相关制度,结合作业流程、管理过程和风险管控措施,明确38项典型管理记分行为,让抓安全管理有方向、可量化。

(3)操作定规。以安全规程指南、库站操作规程和集团标准体系为根本落脚点,精准布点对安全生产记分进行网格式筑基,通过作业梳理、步骤分解、任务分析,制定57项典型操作记分行为,让监督监护精准有效。

二、实施区域和直线相结合的监督检查机制

针对销售企业点多、面广、跨度远的特点,通过基层赋能、区域赋权、管理赋标、

承包赋责的措施，实施全面覆盖的监督检查。

（1）库站经理定位为现场"格长"。属地范围内的岗位巡检自查、周期检查、节前排查和对标检查纳入日常监督范畴，根据记分标准明确检查内容和检查频次，发现问题如实进行记录反馈。

（2）库站所在区域设置"区长"。二级单位以地域面积和站点分布合理划分区域，实施片区管理，根据优先监管、小站承包和风险评估等级，对不同站点设定监督检查频次、检查落实、问题反馈和跟踪督办情况。

（3）二级单位总监当好"参谋长"。实施分级监督，制定《河南销售风险企业分类标准》，年度对二级单位进行风险评级分类，不同风险等级分别赋予相对应的监督检查级别、监督检查频次，各单位参谋长组织协调实施，检查资源精准覆盖，科学赋予检查标准，实现措施管控的效益最大化。

（4）公司领导干部做"总长"。实施领导干部安全承包点责任制，各单位评估出的高风险站点主要领导和分管领导分级承包，每一处重大危险源必有领导包保，同时制定"领导干部承包点活动清单"，内容覆盖责任、设备、操作、应急，实现"总长"从参与到参加行为改变，从"重视"到"重识"的意识改变。

三、实施安全记分行为链条式管理分析

对于典型记分行为，深入开展"四查"分析，强化管理追溯，建立公司、二级单位、基层库站的三级"四查"分析机制。

（1）三个方面规范管理制度。建立"四查"分析制度，依据国家危化行业重大隐患、重大火灾隐患和集团公司较大隐患判定标准，分层级明确纳入"四查"分析的典型记分行为范围；从制度、流程、能力、监督、考核五个方面，立足思想、管理、纪律、技术四个维度分析问题根源和成因。

（2）三个层级落实"四查"分析。公司每月召开"四查"分析会，对监督检查发现的高频典型记分行为进行分析，查找在操作、管理和领导三个层级存在的问题，分别予以记分，同步发布安全提醒。二级单位每月或季度召开"四查"分析会，问题通过安委会办公室有效传递，同步落实改进措施。库站以班组活动的形式，对属地典型记分行为进行"四查"分析，提出管理建议、优化措施，一经采纳予以公司奖励激励。

四、强化安全记分结果综合分析使用

安全生产记分结果在使用上，充分开展科学的综合分析汇总，归纳管理背后的客观规律，最大限度地发挥记分的引领导向和鼓励激励作用。

（1）实施安全生产记分"累进制"记分。根据风险分级管控，对重点岗位、重复问题、关键作业实施"累进制"记分，首次发现基础记分，反复发现累加1分进行记分，

同岗、同题、同业单项记分超过 6 分的进行人工干预，让记分成为风险管控外在的"温度计"。

（2）强化安全生产记分的数据分析导向。借助信息系统数据支撑，对二级单位百人记分率进行横向对标分析，分行为从记分标准中分析共性问题，按照不同记分行为的占比找出问题方向，月度制定针对性的措施，操作问题向监督加码，管理问题向总监压责。

（3）抓严安全生产记分的"综合会诊"作用。按照风险分级管理的理念，对个人记分结果动态进行"红、橙、黄、蓝"报警，跟踪记分报警处置情况，季度进行通报。机制上公司督办、机关跟踪，落实上敢于揭短亮丑，结果推动广大干部员工履职尽责、各负其责。

五、取得的成果

安全生产记分体系搭建实施以来，记分标准不断精进，对经营、工程、培训等业务的全方位、全流程加持；记分内容不断完善，使得"三管三必须"的理念得到深刻的理解和践行；数据分析导向得到强化，安全生产记分深度融入全岗位安全生产责任清单；评估考核激励有力促动，回归安全管理的核心，真正抓住问题导向的牛鼻子。

设备设施和承包商管理

（13篇）

打造"三早"现场
严控泄漏失效 全力推进本质安全型工厂建设

华北油田公司华港燃气山西LNG工厂

山西LNG工厂位于山西省晋城市沁水县，于2016年3月投运，天然气日处理能力$200\times10^4m^3$，年产LNG43.7×10^4t，最大限度保障晋城市用气需求。该工厂先后荣获国家优质工程奖、山西省高新技术企业等奖项，顺利通过山西省二级危险化学品企业安全生产标准化认证。

近年来，该工厂通过早预警、早发现、早处置，建立设备设施防泄漏工作机制，把"无泄漏"工作要求贯穿生产经营流程始终，有效提升设备本质化安全运行水平。

一、早预警，上马一批"靠得住"的"监视器"

1. 完善"一装置一策"泄漏防控机制

针对每台装置建立一个泄漏防控方案，重点突出装置工艺活动部位及关键连接点，建立风险点数据库，精准识别一般及较大装置泄漏风险122项，针对性制定并落实防控措施278项，实现泄漏风险提早识别、提早防控。

2. 持续推进数字化转型

完善DCS（集散控制系统）、FGS（火气监测报警）等系统建设，提高泄漏监测能力；利用能耗在线监测等系统，综合气量数据分析，对可能存在的泄漏现象提前预警、提前干预。

二、早发现，推出一批"站得出"的"吹哨人"

1. 落实网格化管理

对设备、区域等风险点建立泄漏防控区块，定人定责，明确"无泄漏"工作内容、标准及要求，全员签订"无泄漏"承诺书，锁紧"无泄漏"网格化责任链条；加强生产、设备等多专业联动，逐步建立预防性维修、故障事后分析、检修质量控制等 5 个关键环节标准化管理模式，推动实现"无泄漏"标准化式管理。

2.建立"吹哨人"工作机制

细致梳理历年检测报告测厚数据 8206 项，深入分析设备、管道腐蚀速率及管理现状，确定腐蚀、泄漏等风险监测点 1044 个，利用手持激光远程检测设备每小时对风险点扫描监测，发现泄漏第一时间上报，打造"吹哨"机制，动态健全故障特护、包机管理等专业"吹哨"考核，打造全覆盖"无泄漏"管理格局。

三、早处置，打造一支"顶得上"的"急救队"

1.提早消除泄漏

建立密封点管理制度，健全动静密封点清单，激活激光检测等泄漏检测技术应用，推行清单化泄漏检测，超前消除泄漏风险点 76 处；优化巡检流程，增加活动部位及关键连接点巡检频次，结合风险监测点建立"巡检打卡"工作机制（图 1），明确"巡检打卡"工作要求与时效及巡检过程中泄漏应急处置内容与流程，月度组织泄漏处置培训及应急能力互检，确保巡检人员对泄漏现象及时发现、及时处置。

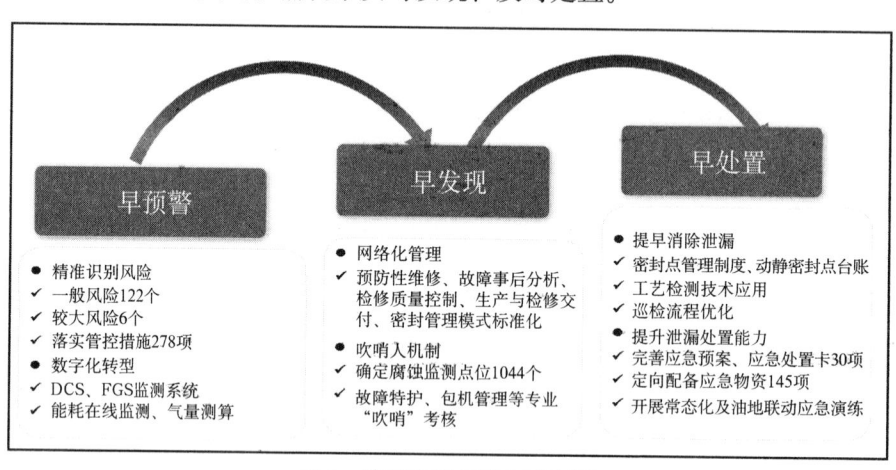

图 1 防泄漏工作机制流程图

2.提升泄漏处置能力

分层完善综合应急预案、专项应急预案及现场处置卡 30 项，全面提升应急预案实操性；定向配备防火服、呼吸器等应急物资 145 项，每月检查测试，确保应急物资状态完好；组织专项应急培训 6 次 426 人次，着力提升员工应急处置能力；签订油地救援协议及企业联合救援协议，组织常态化应急演练 31 次、油地联合演练 2 次，保障应急队伍

"拉得出、顶得上"。

通过建立设备设施防泄漏工作机制，工厂全体员工"防泄漏"意识广泛提升，泄漏次数同比下降40余次，工艺失效率下降近60个百分点，全年实现了静密封点泄漏率小于0.3‰、动密封点泄漏率小于1.2‰的工作目标。

开展HSE标准化"四化"建设
提升装置现场安全管理水平

四川石化公司生产六部

四川石化公司生产六部负责 36×10^4t 乙二醇装置、$21/8\times10^4$t 丁辛醇装置和 15×10^4t 顺丁橡胶装置的安全生产管理工作，三套装置涉及氧化、加氢、聚合三种高风险生产工艺。

为了不断提升 HSE 标准化管理水平，部门结合装置生产特点，以岗位为核心，开展 HSE 工作的"内容清单化、实施要点化、检查常规化、现场属地化"的"四化"建设，落实岗位职责，细化工作内容，通过动态问题排查和考核跟进等措施，促进 HSE 标准化工作渐进式提升，有效防范和化解生产过程中的各类风险，使管理更科学、更规范，走出了一条独具特色的 HSE 标准化创新之路，为全面推进公司高质量发展奠定坚实基础。

一、以岗位为核心，以制度为依据，实行标准化管理内容清单化，让安全职责落地生根

按照技术和操作岗位划分，认真梳理各岗位的业务内容和岗位职责，将涉及标准化的所有要素和内容进行分门别类，在此基础上再分解到具体岗位，形成"技术、操作和现场"三层次 HSE 标准化清单。

技术岗位：主要包括安全、工艺、设备（涵盖电气和仪表）专业工程师的 HSE 标准化工作清单，从管理制度落实、技术方案制定及风险控制措施等方面实施，将工作内容细化到日工作、周任务、季事项及年计划中去，让其成为日对照、周排查、月总结的"行动指南"，最终实现全年工作目标与任务的顺利完成。

操作岗位：主要以岗位巡检、生产操作和应急处置为重点，包括班长、副班长、内操和外操岗位的操作标准化内容清单。

现场管理：主要以设备设施管理、目视化、规格化为主要内容，形成对应的现场标准化清单，严格执行"谁管理、谁负责"原则，每项内容都责任到人。

生产六部形成各类 HSE 标准化清单 7 个，共 370 项内容，其中技术岗位 205 项，操作岗位 121 项，现场管理 44 项，以桌牌形式放置岗位现场，便于核对和确认工作完成情

况，营造出"人人懂标准，事事讲标准"的良好氛围。

二、以内容为抓手，以工作流程为指引，将工作任务开展实施要点化，保证优质高效完成工作目标

"实施要点"具体分为四个部分：(1) 编写依据，(2) 实施要点，(3) 注意事项，(4) 考核。技术岗位主要涉及上级制度的落实和动态问题的跟进整改及考核。操作岗位主要涉及各项管理要求、规程、方案、指令的执行和生产过程的巡检、动态监控及生产异常波动、应急处置等内容。现场管理以目视化管理为主，包括外操室的规格化、设备设施位号、管线标识、安全标志、工器具定置管理、临时材料管理等。最终形成《专业管理标准化手册》《现场管理标准化手册》及《操作岗位标准化手册》，印刷并下发岗位执行，为标准化工作实施奠定了理论基础。

三、以风险管控为宗旨，以隐患排查为重点，积极推进全员安全检查常态化，确保安全形势持续稳定

为了把"实施要点"落实到装置生产全过程，切实强化风险管控。实行每日白班由各装置副班长带队开展一次集体巡检，全面排查工艺管线、消防设施、设备设施、仪表电气等隐患，分类制定管控措施，形成集体巡检问题清单；管理技术人员每天不少于2次走动式巡检，认真记录巡检情况，发现问题纳入日常问题清单；部门每周开展一次联合大检查，建立周检问题清单。部门对上级监督、日常检查及联合周检、集体巡检问题汇总，所有问题按专业落实限期整改，形成闭环管理。同时，建立了"标准化内容确认"记录，班组对每班和每月标准化内容完成情况进行排查和确认签字，实现"班班有任务、项项有确认"。目前，集体巡检问题明显减少，形成了标准"有人查、有人改、有提升"的良好局面。

四、以岗位和责任区为职责范围，以问题考核为导向，积极推进现场管理属地化，保证装置现场风险得到动态有效管控

以生产装置为单元，按照岗位和人员划分责任区域，建立考核标准，实现装置区域无缝对接，不留死角，通过不断强化考核，让每位员工深刻理解属地的职责和作用。专业工程师承担专业和技术管理的责任，操作岗位承担责任区的设施设备完好性检查和当班期间稳定生产的职责。在属地化实施过程中，不断优化责任区范围和责任，让划分和考核不断趋于合理化。标准化管理提升初期，鼓励多发现多奖励，随着突出问题的不断整改，重点激励通过分析判断或细心观察发现的各类隐患性问题，逐步形成"我的安全我负责"的自觉行为，从而达到装置风险的动态管控。

一年多以来，通过 HSE 标准化"四化"法的稳步实施，实现了由点线面向全方位转变、阶段性向持久性转变、静态向动态转变，使部门的安全、生产、效率、人文环境等整体水平取得了很大提升，从根本上打通了安全管理"最后一公里"。

强化"四统一" 提升设备安全管理水平

渤海钻探工程公司巴彦石油工程分公司BHZ80002钻井队

渤海钻探工程公司巴彦石油工程分公司BHZ80002钻井队（以下简称钻井队）组建于2021年12月25日，现有员工46人，配套设备为80DB型全新出厂钻机，同时配备有双人操控司钻房、铁钻工、机械手、动力猫道、负压振动筛等最新型设备，自动化程度高，对设备管理提出更高的要求。钻井队通过实施"四统一"设备安全标准化管理，有效降低了设备操作故障率，为高风险探井安全施工提供了有力保障，也先后获得了2022年度"安全生产标杆队""设备管理先进单位"等5项局处级荣誉称号，现场高标准化管理多次获得地方政府、建设方好评。

一、统一设备操作规程，系统辨识风险提升可操作性

组织对新设备、原同类型部分变更操作的设备操作规程进行风险识别，联合厂家运用工作循环分析法，按照通用风险告知、安装调试、操作程序、停机拆卸及应急措施等管控内容，对钻井队新配套8类自动化设备逐项进行实操论证分析，及时为单位设备主管部门修订完善设备操作规程提出修改意见和建议，配合逐项编制完成了各类设备操作保养规程，并每半年开展一次再分析，保障了设备操作规范可靠性。

二、统一设备安装标准，精细管理降低作业过程风险

钻井队严格执行钻井井场布置技术标准，设备安装布局做到"定点、定线、定面"，即以井口为中心，按规定距离确定每台设备摆放位置点，材料房、营房、循环罐等同类多套设备摆放做到横平竖直一条线，合理优化整体布局，形成模块化设备摆放局面，最大限度保障施工安全距离及高效平稳安装要求。坚持"平、正、稳、全、牢、灵、通"设备安装基本准则，将井场生产区划分为井口区、机泵房区、循环罐区三大区块，岗位人员分三组进行安装作业，区块作业人员相对固定，从过程安装、运行调试、完工验收三个阶段严格把关，做到分岗位、划片区专人负责，形成熟练化作业标准流程，精细化提升安装标准。

三、统一设备巡检目视化，准确高效发现设备隐患问题

针对现场新设备多，操作检查技术要求高，岗位人员巡检对关键风险点项查不到，不知晓检查标准等问题，钻井队组织在 26 处关键设备巡检部位张贴了彩色"巡检内容图文表"，注明了关键巡检参数、部位、检查方式等，巡检项目列成清单，巡检内容序号与设备图检查部位标注点一一对应，为巡检人员提供了简便实用的现场检查表，消除了巡检人员不会查、查不到的问题。同时，所有物料定位分类标识放置，各类工器具均制作、张贴了目视化标识，将工器具尺寸、形状标识在工具箱上，防止误使用并能够及时发现备用工具的缺失，提高了使用管理效率。

四、统一岗位交接班制度，严肃纪律提升管理责任意识

坚持白夜班岗位设备"五不交"制度，即设备未保养不交接、设备有问题搞不清楚不交接、设备卫生未搞好不交接、设备记录不清不齐不交接、设备工器具未归位不交接。交接班前，接班人提前 30min 进入施工现场，同交班人共同开展一次安全巡检，面对面进行巡检工作对接，落实岗位设备运行状况交底，针对接班人查出的不符合交接条件的问题，交班人及时进行整改，未整改到位导致验收不合格不得下班，带班队长负责跟踪把关，严肃交接班纪律，督促岗位人员养成定时巡检、维护保养、规范记录、爱护设备的良好工作习惯，不断提升岗位责任意识，切实将设备安全风险管控挺在隐患前面。

通过实施"四统一"设备管理，有效降低了因人为操作维护保养不到位造成设备故障率，消减了物的不安全状态引发的安全隐患，减轻了岗位人员作业强度，精细化的设备管理也提升了生产时效，达到了节支降耗、提质增效的目的，并为顺利实施集团公司超深重点井奠定了坚实基础。

完善单位标准体系建设
助推生产装置本质安全

华北石化公司三联合运行部

华北石化公司三联合运行部（以下简称运行部）共有员工97人，管理技术人员19人，操服员工78人。党支部共有党员40名，支委班子由5人组成。运行部主要承担华北石化公司汽柴油、航煤生产及氢气提纯任务，先后获得了集团公司2022年"HSE标准化建设示范站队""安全生产先进集体""大检修劳动竞赛立功集体"等殊荣。建立健全标准化建设，是规范员工行为的高质量管理要求，也是企业保证安全的重要举措之一。通过实践探索，华北石化公司三联合运行部逐步建立标准化管理、标准化现场、标准化操作等标准体系，实践中见到了成效，具有较为普遍的意义。

一、以"章"为规，强标准化管理

1. 落实"四员"管理机构，压实各级安全责任

运行部根据实际情况建立"四员"管理体系，通过明确职责和分工，层层落实全员安全责任。"四员"包括班组监护员、班组安全员、HSE工作指导员、运行部安全员，其中班组监护员由班组成员经过培训，考试合格后，颁发监护证，持证上岗，主要负责防护措施落实、作业监护和对施工违章进行检查；班组安全员由班长和副班长兼任，负责防护措施落实和施工过程违章行为检查；HSE工作指导员由运行部工艺技术人员和设备技术人员兼任，负责现场安全喊话，防护措施检查、落实；运行部安全员由运行部聘任安全管理人员，负责现场安全喊话、防护措施检查、作业过程检查。

2. 落实"六有两卡"现场管理要求，提升运行部安全管理水平

为保证所有作业得到有效管控，运行部要求所有作业要做到：有作业前预约，有作业前风险识别，有作业前措施落实，有作业前安全喊话，有配套作业许可，有作业过程监督检查。

现场监护人监护时要"亮身份"：佩戴"安全监护卡"，要"明要点"，携带作业监护

"提示卡"。

安全监护卡是岗位员工监护能力和资质的一种证明，作用是证明岗位员工具备监护人员所需条件，监护证既是一种能力的证明，也是一种职责的要求，最终目的还是对施工作业全方位、全过程的有效检查和监管作用，减少施工违章作业，提升运行部安全管理水平。

施工现场习惯性违章是引起安全事故的重要危险因素，而强化安全监督是阻止习惯性违章事故发生的一道重要的防线。为此制定作业监护"提示卡"（图1），通过压实班组岗位监护职责，充分发挥监护人员对施工作业全方位、全过程的有效检查和监管作用，减少施工违章作业，提升运行部安全管理水平。

图1 作业监护"提示卡"

二、以"实"为规，细标准化操作

坚持操作标准化是核心，以岗位各项生产业务为切入点，梳理现场主要生产业务的工作频次、工作内容、工作依据、填报记录，精简为"一规程"（操作规程）、"一卡"（操作卡）、"一表"（检查表，包括专项检查表、日常检查表、定期工作销项表），做到岗位作业只有"规定动作",没有"自选动作";所有任务都"有据可依,有迹可查"。

三、以"框"为规,定标准化现场

落实现场标准化要求,根据装置现场布置图,分配好消防器材、工具箱、垃圾箱、临时三剂存放点位置,并以框为界,严禁超出摆放区,做到了现场标准摆放(图2)。

图2 消防器材摆放图

通过标准化建设,运行部员工做到了"人人讲安全,事事要安全",各岗位操作实现了"人人做到,班班做到,天天做到",各装置现场做到了"物有所用,物有所置",运行部安全生产水平逐步提升。

近年来,运行部分别获环境保护先进班组、优秀"五型"班组等奖项,40余人分别获华北石化公司"劳动模范""安全管理先进个人""安全生产先进个人""安全监督先进个人"等荣誉。

推行"一建三改两考"举措
实现固井施工现场标准化

渤海钻探工程公司第二固井分公司

渤海钻探工程公司第二固井分公司有基层站队8个,主要从事固井技术服务,属于钻井作业的最后一道工序,有多辆水泥车、多台灰罐及辅助生产设施,随井队野外移动作业,主要存在交通、高压、吊装、环保、井控等风险,近年来从抓标准化现场入手,推行了"一建、三改、两考"举措,提高现场标准化水平。

一、"一建"实现固井现场标准化

本着"源于基层、用于基层"原则,广泛发动员工,按井口、注灰、输灰、供水四个区域,逐一分析现场设备设施安装摆放标准、存在的差距及对策措施,在此基础上编制下发现场标准化规范。

二、"三改"打造生产现场标准化

1. 围绕危险点源改

将灰罐外除尘袋改为内除尘装置,实现了"零粉尘",将水泥车由机油润滑改为自动脂润滑,解决废机油存储处理问题,获得国家专利。推广无线耳麦、一体化护目镜安全帽等,解决对讲机沟通不畅、近视人员佩戴护目镜不便等问题。

2. 围绕汲取教训改

针对吊装风险,改造现场所有设备吊点,编制"一物一吊"方案。针对交通风险,给工程车辆安装GPS、驾驶室内摄装置、360°盲区监控。针对高压伤人风险,加装自动泄压和管线防脱落装置,配备内窥镜,定期对高压管线"体检"。

3. 围绕科技力量改

建立水泥车远程数据传输系统,对流量、压力等关键数据实施实时监测与传输,解决传统上下水泥车舀泥浆人员易滑跌、观测高压易受伤害等问题。研发水泥无线流量计，解决架线难和计量不准问题。改造遥控供水配电箱，实现远程控制，从源头上消除触电风险。

三、"两考"确保全员保持标准化

1. 抓现场考核

将奖金 30% 作为现场标准化奖励，每季度由安全、生产、装备等部门人员组成考核组，依照标准对现场考核打分和 A、B、C 定级排名，对 A 级奖励、对 C 级通报处罚，激发员工主动抓"三标"。

2. 抓素质考核

开发手机安全考试 App，每月组卷对全员考试，对成绩 90 分以上人员实施分档奖励，不及格集中离岗培训，确保员工素质能力达到现场标准化要求。

自一建三改两考举措实施，现场标准化管理实现有标准，危险源头风险得到消除，事故教训得到汲取，科技兴安得到了推广，标准化管理水平得到了保持和提升。

提升起重设备完整性
构建吊装HSE标准化建设示范队

工程建设公司七建公司机械设备工程分公司吊车队

工程建设公司七建公司机械设备工程分公司吊车队（以下简称吊车队）有员工36人，主要负责公司大型起重吊装管理。作为起重吊装作业的重要设备资源保障，起重设备的完整性至关重要，吊车队紧扣设备完整性管理主线，从起重设备拆组装、检查、使用、维保等方面，强化流程管理，规范标准操作，确保设备本质安全。通过标准化建设，吊车队下属机组多次荣获中国工程机械协会吊装技能大赛团体奖，助力机械设备工程分公司连续六年获得"吊装十强企业"称号。

一、拆组装作业标准化

吊车队依据大型履带吊车拆组装作业指导书，结合大型起重设备的具体使用工况，录制涵盖全工况、全过程的大型履带吊车拆组装标准化操作视频，用于指导机组人员进行现场标准化拆组装作业。

拆组装作业前，机长组织作业人员对拆组装作业指导书和标准化操作视频进行再学习、再观摩，做到拆组装流程了然于胸。拆组装过程，坚持以机长指挥为中心，以吊车操作手和起重指挥为基本点的"一个中心，两个基本点"指挥协作体系，为履带吊车拆组装保驾护航，实现全过程指导拆组装作业，保证大型履带吊车拆组装作业任务安全、优质、高效完成。

二、安全检查规范化

施工前，坚持"检查不厌其细"的工作原则，将"一法、一查、一确认"作为吊车检查的规定动作，通过对设备、人员及被吊装物体及索具的安全检查，确保每次吊装安全。

1. 一法

"一法"为五分钟观察法，即每天施工前机组人员对设备和吊装物体进行观察，通过观察发现问题,确认安全后进行下一步工作。

2. 一查

"一查"为机组安全自查,即每天开工前对照设备日点检表进行检查,确认设备各系统、各部位完好。

3. 一确认

"一确认"为安全条件确认,即由机组长对吊车操作人员状态、大型吊装起吊令、吊装作业票等进行确认。

三、操作技能培训梯队化

吊车队高度重视团队整体技能与职业素养提升,认真贯彻落实"传帮带""比学赶超"理念。针对新招收和转岗员工技能不足情况,开展"一对一"师带徒活动并公开签订师徒协议,在"仪式感"中让师傅、徒弟认识到职业技能的重要性,坚定技能提升的决心和信心,通过技能培训、实际操练,使徒弟逐步具备独立操作能力。定期组织开展吊车保养知识培训、典型事故案例分析、人员专业技术交流和吊装操作竞技比赛等活动,开展技能锻炼(图1),进行技能展示,有效提升新、老、大型吊车操作人员的知识技能水平。在日常工作中,针对人员操作中出现的问题,组织相关岗位人员共同研究分析、探讨解决存在问题,提高机组人员分析、解决问题的能力。同时,组织开展同类单位参观学习,将其他单位好的经验和做法运用到日常工作中,真正做到开其眼界、拓其格局,形成梯队培养模式,为工程建设公司的吊装队伍不断续航。

图1 吊装技能水平强化训练

四、维护保养精细化

吊车队针对每台起重设备制订并严格执行维护保养计划,组建由专业工程师、维修人员和有多年操作经验的起重设备机长组成的维护保养维修小组,每年开展两次巡检工作,不管吊车在哪里,维修小组都会出现在吊车施工现场对吊装进行"把脉问诊",对发现的设备问题进行及时处理。将设备检查维护保养内容纳入机组成员应知应会,执行设备日检、月检和年检,强化起重设备维护保养记录(图 2),严格检维修日志填写,健全设备维护保养历史资料,为设备管理提供参考性技术信息,为设备安全平稳运行保驾护航。

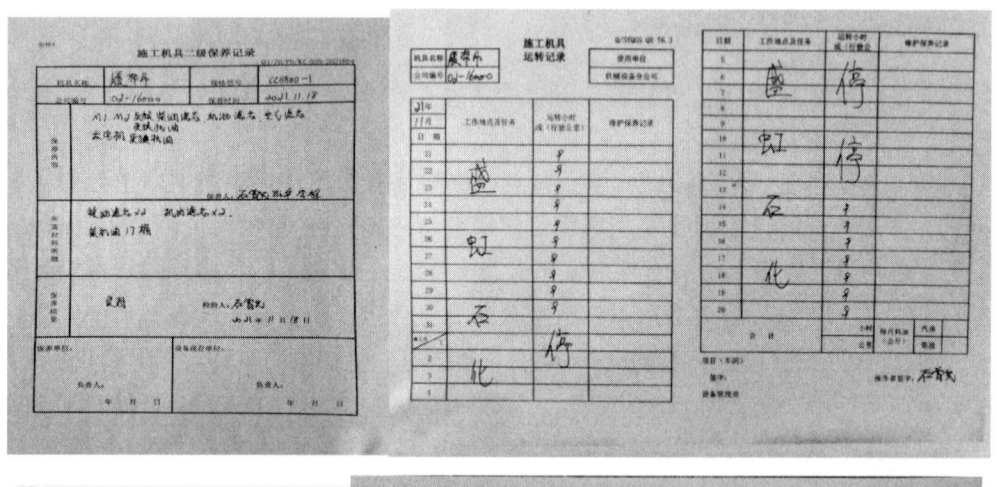

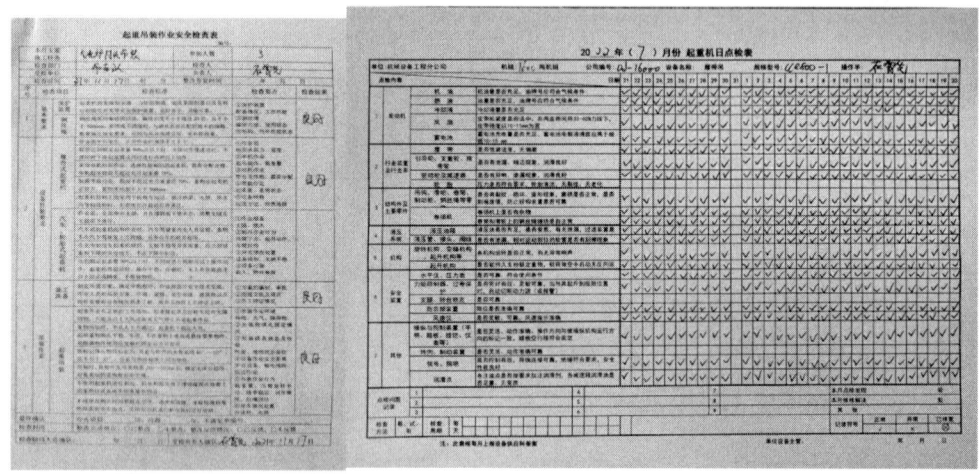

图 2　吊车日常检查和维护保养记录

通过班组标准化建设,吊车队固化了起重设备拆组装、安全检查、操作技能提升、维护保养工作流程(图 3),特别是流程繁杂、工作量大、风险高的拆组装作业效率得到很大提高,在机组成员变动的情况下,也能够安全高效完成组装任务;大型起重机械设备完好率稳步提升，设备的本质安全确保了大型吊装作业安全。

图 3　维护保养吊车

浮盘改造安全监管"345"工作法

江苏销售公司盐城分公司盐城油库

江苏销售公司盐城分公司盐城油库(以下简称盐城油库)为响应《关于加快解决当前挥发性有机物治理突出问题的通知》(环大气〔2021〕65号)文件精神,同时解决盐城油库历次检查的相关安全隐患问题,盐城油库于2022年6月15日开始进行浮盘密封及安全隐患改造工程项目,项目总投资2297.81万元。针对油库油罐浮盘改造及隐患治理施工时间长、任务重、安全风险突出的实际情况,坚持每日召开安全调度会,安全监督驻库监督,在改造过程中总结出施工安全管理"345"工作法。

一、开好现场施工"三个会"

"早"交底会对施工人员进行培训(图1),告知当天工作中存在的风险和预防措施;"午"调度会利用中午工人休息时间与省公司连线,由安全、投资处室予以专业指导;"晚"总结会总结当天工作,安排布置下一天工作,分析施工中的风险点,并有针对性地制订预防措施。

二、抓好安全管理"四防"

"人"防由江苏销售公司、盐城分公司、施工单位、监理单位等5方现场监管,保证防范措施落实;"物"防是各项应急物资充足,紧急情况可第一时间施救;"技"防即配备视频监控(图2)、罐内移动式摄像头、执法记录仪等,强化远程监管;"制度"防将各项管理制度印制成册,随时学习并强化落实。

图1 对施工人员进行培训　　图2 查看罐内视频

三、做好防控措施"五要"

施工资质"要"合规：施工单位进场严格检查施工单位和施工人员的施工资质，并按规定组织开展各项培训和应急演练；作业方案"要"靠实：由江苏销售公司、盐城分公司组织相关专业人员对关键环节的各项施工方案进行审核，确保方案靠实，风险可控；关键环节"要"守住：对于清罐、浮盘拆除等关键环节，严格落实旁站监督，守住安全底线；领导带班"要"坚持：公司领导班子人员带班负责现场作业票签据和监护（图3），安全监督驻库监管；人员健康"要"关怀：施工期间正值酷暑和寒冬，为保障施工人员身体健康，适时调整工作时间，监护人员做到"工人未到我先到，工人不走我不走"。

通过以上措施确保施工全过程安全风险受控。

图3　领导现场监护

建立设备设施档案"双套制"档案管理工作显成效

内蒙古销售公司呼和浩特分公司八拜油库

八拜油库隶属于内蒙古销售公司呼和浩特分公司，并接受内蒙古销售公司储运分公司管理。油库始建于1992年，2012年进行了扩容改造，油库总占地面积为 $16.8\times10^4m^2$，总库容量为 $13\times10^4m^3$，采用管输入库收油，为六个盟市440多座加油站配送油品。先后被集团公司授予"先进HSE标准化站""绿色基层站队"荣誉称号，连年被内蒙古销售公司评为无事故金牌油库和先进单位。

作为重大危险源企业，档案管理工作是重中之重。随着油库设备设施自动化程度越来越高，设备种类、数量繁多，传统设备档案管理运行效率低。为有助于油库设备设施布局、更新与购置的合理决策，便于维护与使用，采用计算机信息化档案管理可有效提高运行效率。为更好规范档案管理，不断提高档案规范化水平，八拜油库将其纳入了日常考核和工作计划内，从提高办事效率出发，想办法出点子。

一、应用开发，实现档案信息化

电子档案是一种全新的档案形式，数字化档案管理不仅节省了空间，还方便了档案管理和保管，提高了档案信息的安全性和保密性。为建立油库"数据库"，相关业务骨干将手工检查出的档案目录输入计算机进行转换，将纸质上的信息搬进电脑中阅读和管理，实现从档案的收集、著录、查询、统计为一体的档案全方位管理，同时底层搭载组织引擎、查询引擎、集成引擎，实现了个性化的数字化档案管理应用系统。

二、加强培训，提高人员业务素质

近年来，八拜油库把建设一支高水平的档案管理人员队伍摆在重要位置，利用每周一例会、参加会议培训、个人自学等方式，加强了对政治理论和业务知识的学习。对《中华人民共和国档案法》《中华人民共和国保守国家秘密法》等有关材料和文件进行了全面学习，提高了档案管理人员的理论水平。同时，提高全员对档案管理工作的认识和重视，增强他们对档案管理和利用的责任感和积极性，形成良好的氛围和企业文化。

三、完善制度，档案管理规范化

完善档案管理流程，建立统一的标准和规范，确保电子文件从形成到归档到利用的全过程可控可追溯。结合内蒙古销售公司管理创新要求，完善档案管理工作的规章制度，探索档案管理新模式，建立设备设施档案"双套制"，加强对电子文件格式转换、元数据收集、归档数据包组织、存储等关键环节的监督和检查，防止出现数据丢失或损坏等问题，通过抓亮点带动档案管理工作更加标准化、便捷化、信息化，为各项工作的顺利开展奠定基础。

四、整理编研，设备梳理排查

自2020年起，组织人员对库内现有设备设施进行重新统计，建立健全设备电子版说明书、设备厂家联系方式、确定验收无误，按类别进行归档，对材料不齐、错放的档案及时沟通补齐，予以差补。在具体档案编研管理中，主要做到以下几步：第一步，基于油库整体布局，分区域划分、分类别统计，将设备设施分类建档，搭建设备基础数据信息台账；对格式、内容等严格把关，修订完善立卷归档范围、分类方法和保管期限，严格按要求收集设备资料，确保了档案齐全完整，认真细致整理文件材料，做到及时归档。第二步，建立完整详细的设备卡，从设备名称、公称压力、安装位置、用途、操作方法等多方面全面登记，提升档案工作规范化、科学化、信息化水平的同时，为八拜油库查阅、参考、领导决策等提供了可靠依据，多方面准确展现八拜油库工作进展留下了宝贵资料。第三步，进行超链接设置匹配，实现全文扫描和全文数据库建设，图片及文字类文档，可以直接进行同步源文件浏览，将档案中隐性知识显性化，确保电子文件的真实、完整、有效。截至目前，已完成1973个主要设备电子档案。第四步，购置打孔机，按照档案整理及装订统一标准，将纸质材料按编制目录有序排放、装订，按年度、序号将档案装入档案盒，卷面卷内规范美观，排放科学整齐，加强对档案库房内部环境管理，坚持定期对档案保存情况进行一次全面检查，保证档案资料的完好无损，实现有章可循、查找精准。

通过此次档案改革创新，八拜油库实现由管档案实体向管档案数据的转型探索，切实推动档案管理工作水平再上新台阶。

创新"目视化"管理
让标准化现场提档升级

抚顺石化公司石油二厂蒸馏一车间

抚顺石化公司石油二厂蒸馏一车间（以下简称车间）800×10^4t/年常减压蒸馏装置，占地面积 $2 \times 10^4 m^2$，单体设备最大高度83.6m、直径10.8m，设备庞大、流程复杂、任务繁重，结合此类装置车间深入、创新、务实开展"目视化"管理，配置人员安全、公共区域、设备设施、危险作业等四大类目视化标识，并增设分馏塔新型方位标识、管带断面标识等特色标识，经长久部署多方努力车间荣获2022年度炼化新材料公司"HSE标准化先进基层单位"荣誉称号。

一、夯实安全目视化基础管理

车间坚持岗位作业标准化为核心，严格对照集团公司《安全目视化管理规范》开展安全管理提升工作，并安排专人负责。利用形象直观、统一规范的色彩，制作各种视觉感知信息，强化员工安全意识，实现"有物必有区、有区必挂牌、有牌必分类"，不断强化装置现场安全管理。

应用即时贴制作非高温部位的管线、设备标识3000余个，通过颜色、箭头方向、文字描述，使操作员对设备名称、介质类型、走向等信息一目了然，并且制作、安装方便，成本低廉。另有设备本体标识牌39个、各类安全警示牌200余个、各类警示标签1000余个。

二、创新设置车间新型标识

炼化装置日益大型化、复杂化，对其操作人员的素质要求也越来越高，需要其掌握大量的设备、流程知识。对此，车间采取了针对性措施，设计、安装了新型标识。

1. 特色断面标识

装置管架等部位管线密布、位置高、悬空（图1），车间按照"分类定制、简洁直观、全面规范"的原则，在装置界区、管架断面、泵房断面、管线上塔断面等管线密布、易混淆区域，设置断面标志牌（图2），方便员工辨识和操作。使员工无论是在平时操作过程中，或异常工况应急状态下，可以快速识别相关管线及介质、流程信息。

图1　上塔管线示例

图2　上塔管线截面图

2. 分馏塔新型方位标识

以装置减压塔为例，其净高度75m，最大直径10.8m，实属庞然大物。以往，操作员要找到塔上某操作部位十分困难，有时甚至需要围着塔上下左右反复寻找。而传统标识方式，仅仅是在设备旁边进行文字描述，并不能直接引导操作员找到操作位置。为解决该问题，车间创造性地制作了分馏塔方位标识，即分馏塔每层的平面布置图，并在地面设置全塔各层平面布置图内容的目录（图3），使员工对照目录和相关平面布置图（图4、图5），可以迅速找到操作点位，提高工作效率的同时保证了操作准确性。

图3　地面设置各层平面布置图内容目录

图4　现场安装图

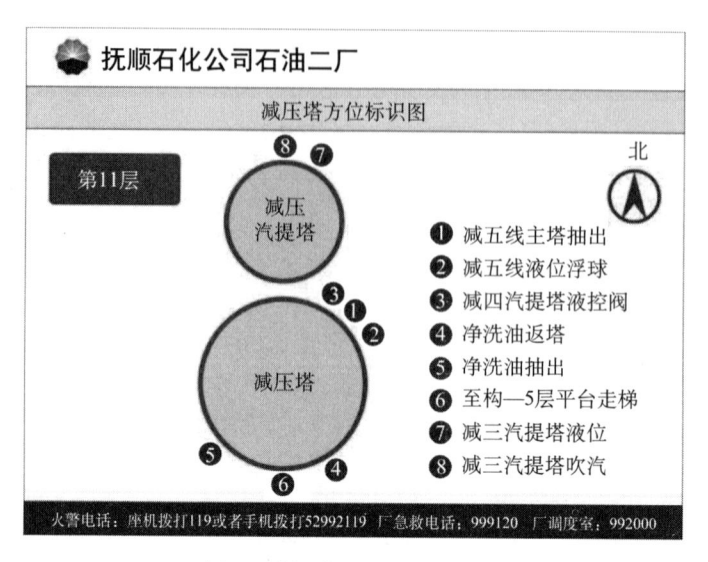

图 5　减压塔 11 层方位标识图

新型标识的设置，取得了良好的反响和实际效果，即使是新员工，经过简单培训，也可以通过标识迅速找到目标部位。

三、确保全员参与目视化管理

车间发动全员参与，标识管理常更常新。车间以标准化、手册化为抓手，以全员遵守的目视管理为落脚点，对全员进行目视化管理理念、装置标识使用方法培训。结合事故演练等活动，培养操作员依据标识快速、准确执行操作动作，并根据使用情况、设备及流程局部动改、保温拆装等，随时修改完善现场标识，实现循环改进，确保标识准确、规范、清晰、实用。

车间通过现场安全目视化达标建设，将关键设备区域繁杂的"文本化标识"变为直观的"视觉化标识"，使操作员在现场操作中可以按图索骥、迅速定位，减轻操作员记忆负担。并可以有效避免误操作，提升作业效率，有力促进装置安全、平稳、高效运行，各项经济技术指标稳步提升，标准化建设不断推进；截至目前，本装置已实现安全生产 5000 余天，为抚顺石化公司稳步发展做出了突出贡献。

实行"4743"工作法　加强承包商安全管理

长庆油田公司第三输油处宁夏石油商业储备库

宁夏石油商业储备库隶属于长庆油田公司第三输油处惠安堡集输作业区,位于宁夏盐池县惠安堡镇,总占地面积480亩,储备库库存$129\times10^4\text{m}^3$,属一级原油库。具有原油储存、计量、外输、加热功能,原油通过越站输送至国家管网长庆输油气分公司,外输能力达$1300\times10^4\text{t}$,是长庆油田原油北上的重要出口。针对风险辨识、方案审查、作业前预防、作业前管控、作业中管控和作业后恢复六个重要环节,站库总结提炼了"4743"工作法,有效管控承包商带来的风险,确保承包商作业全过程安全受控。

"4743"工作法主要内容包括:现场承包商准入"四个清楚"、作业前管控"七个确定"、作业过程"四个落实"和作业后风险"三个控制"。涵盖承包商作业全过程,主要对方案制定及审批、作业前交底、作业过程监管、作业后验收等环节进行逐项分析。

一、现场承包商准入"四个清楚"

1. 交底内容讲清楚

通过开展安全培训、安全交底、技术交底,对人员资质、作业方案等进行核查、对应急预案适用性进行审查。"讲清楚"进入油气生产区域、本次作业过程中存在哪些潜在风险,以及如何有效削减与管控潜在风险,有效确保整个作业过程风险全面受控。

2. 应急逃生弄清楚

属地单位指导承包商有针对性地开展应急演练,明确作业区及承包商人员预案职责分工,让承包商管理及作业人员"弄清楚"紧急状态下如何逃生、如何使用应急器材实施自救的基本技能。

3. 风险辨识写清楚

开展作业人员能力测试,通过书面考试的方式,要求作业人员"写清楚"相关安全管理规定、风险管控方法、自我防护意识等内容,检验此项作业安全能力储备状态,考试不满80分者禁止进行作业。

4. 培训效果说清楚

通过与承包商作业人员沟通，对安全培训及交底内容进行提问，要求作业人员"说清楚"自己对本项作业程序的掌握、作业过程存在风险、安全注意事项等内容，以检验安全培训效果。

二、作业前管控"七个确定"

1. 确定作业方案准确有效

处主管领导及相关部室已提前对承包商编制的作业方案进行严格审批，根据现场实际情况，查验作业方案所依据标准规范的适用性，组织机构健全与否，涉及的作业工序、设备设施、流程设置、工期安排、技术支持、风险因素控制措施、应急预案是否满足现场工艺、安全环保、环境因素等实际要求，审核质量把控方法与验收标准、安全防护配备、HSE保障措施等重点内容进行逐项进行现场沟通与确认，确保方案满足现场安全作业要求。

作业前，尤其是涉及非常规作业，与承包商充分沟通，通过现场交底，再次确定作业方案的适用性，明确能量隔离点、逃生通道点、通风点、作业人员数量等关键要素。

2. 确定人员状态稳定

通过观察与沟通，对作业人员身体状态、精神状态、安全能力、劳动保护等情况进行判别与确认，对于作业人员的行为能力与作业内容进行核对，不符合要求者禁止作业，杜绝人为因素带来的隐患。

3. 确定现场监护人员

对承包商及作业区现场监护人员进行确认，要求监护人员掌握安全检查内容、风险防控知识、应急处置能力，双方现场监护人全程安全监护，发生意外情况，按照预案及时进行正确处置。

4. 确定消防及急救器材到位

按照作业计划书要求，对现场消防车辆及人员戒备到位情况、消防器材有效性、呼吸器声光显示、逃生绳牢固性、双可燃气体检测仪有效性、防毒面罩密封性、照明设备亮度及防爆性、防爆工具完整性、通风设备防爆性及对安装方向、急救设备及药品有效性等安全设备及防护品进行逐项确认。

5. 确定作业前 JSA 分析到位

由各专业管理人员组成 JSA 分析小组，对作业现场进行 JSA 分析，细化作业步骤、工器具使用、内外部环境因素等内容，"确定"作业过程分析全面，并利用 LEC 法对风险进行等级划定；严格按照长庆油田公司作业许可要求，组织制定"非常规作业计划书"，按程序提交作业申请并层层把关审核。

6. 确定各项风险人为干预受控

提前做好风险辨识工作，以属地主要负责人为组长、各专业分管干部、班组及生产骨干组成风险辨识小组，清理作业程序，深入现场进行风险辨识，针对作业特点、作业环境、外界因素、生产运行等方面，对风险进行统一梳理，同时紧扣风险因素，采用 LEC 评价法对风险进行等级划分，并制订管控措施。涉及特殊作业的，作业前按照相关管理制度，对涉及风险点进行逐一检查。

7. 确定现场作业条件

安全标志明晰、上锁挂签完整、可燃气体浓度正常、作业空间内通风正常、作业工具完好性等进行确认，使风险全过程受控。

三、作业过程"四个落实"

1. 落实人的因素

加强现场监督监护。严格执行危险作业区长制，属地单位及作业单位现场监护人员全过程监护；严格执行长庆油田公司《安全生产管理十大禁令》《安全生产作业十大禁令》要求，禁止赶工期违反禁令要求；认真执行反违章专项行动，对于存在反违章的管理或作业人员将立即停止作业并严肃处理；按照时间要求，做好人员换班工作，减少长时间受限空间作业造成人员精神与体力不足。

2. 落实物的因素

加强作业过程设备设施运行巡检，发现隐患问题及时进行停机维修；每班对急救物资、消防器材、照明设施、通风设施、防爆电气、工器具等进行检查，以确保其完整性与可靠性；工作中存在劳动防护用品损坏，应立即进行更换。

3. 落实环境因素

严格按照要求对可燃气体浓度进行双机、多方位检测，一旦超标应立即停止作业；

利用风向标正确识别作业时段风向，避免人员处于下风口作业；大风特殊天气情况下，严禁上罐作业；雨天特殊天气情况下，禁止人员外部作业；节假日等特殊时段禁止开展非常规作业，否则需升级管理；根据当地疫情防控要求，做好人员温度、行程摸排等工作，并全程佩戴口罩，疫情暴发期停止作业，并加强承包商人员外出管控；对于产生的危废及建筑垃圾，设置暂存点，并做好防护措施，包装严密，摆放有序，设立警示标识，为后期合规处置做好准备。

4. 落实程序因素

严格执行作业许可制度，每日作业前由作业申请人、现场监护人、作业批准对作业许可证要求，对工作类型、危害识别、安全措施、气体检测等进行确认并签发；当日工作结束，由相关人员进行现场确认未遗留任何安全隐患，并已恢复到正常状态，达到作业关闭要求，进行关闭签字确认。

四、作业后风险"三个控制"

1. 质量验收风险控制

严格对标施工方案及相关标准进行现场查检确认，在阶段性作业结束后，对于作业涉及的内容结合后期的施工内容、现场应用情况进行逐项复核，确保施工环环紧扣质量达标。

2. 工艺恢复风险控制

阶段性作业结束后，对相关工艺断开点等能量隔离处、上锁及停运设备进行必要性的恢复并进行测试，确保作业后无遗留隐患，以杜绝后期运行工艺运行不畅导致意外发生。

3. 环境恢复风险控制

作业结束后，对作业周边是否遗留施工垃圾、现场是否整洁进行核查。涉及建筑垃圾及危险废物的，严格按照处置程序进行合规处置，危险废物处置必须落实危废转移"三联单"制度，专人押送，同时对作业区域环境卫生、污油泥暂存处、巡检路线、隔离网等进行全面恢复，减少环境污染风险。

承包商管理"4743"工作法，经实践生产过程推广应用效果较好，通过逐项细化工作程序和现场人员各司其职，极大地提高了承包商作业全过程管理的规范性和有效性，确保作业全过程安全受控。实现作业全过程本质安全，为高质量安全发展筑牢根基。

推行"1+4+N"管理模式
提升承包商安全管理水平

长庆油田公司第三采气厂苏里格第一天然气处理厂

长庆油田公司第三采气厂苏里格第一天然气处理厂（以下简称处理厂）位于内蒙古乌审旗陶利，于2006年10月建成投产，设计年天然气处理能力为$30 \times 10^8 m^3$。目前承包商队伍已参与到处理厂生产、服务保障等各环节，其带来的安全环保风险也随之而来。通过严格承包商安全管理，在明确双方责任的同时，与承包商共建QHSE管理"命运共同体"，不断探索实践形成"1+4+N"承包商安全管理模式（图1），有效助推安全、高效、和谐发展。处理厂先后荣获陕西省"工人先锋号"、集团公司"青年安全生产示范岗"、集团公司"绿色基层队（站）"、油田公司"QHSE标准化示范站（队）"等荣誉称号。

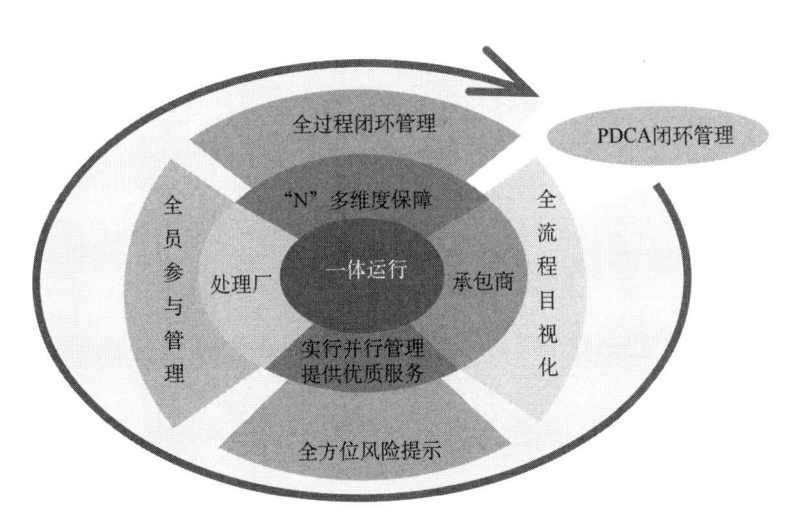

图1 "1+4+N"承包商安全管理模式

一、持续推进"一体运行"，促进队伍融合与统一

在承包商执行统一的QHSE管理标准基础上，从组织机构、管理思路、标准体系、

考核标准、人性管理等方面，有效的与承包商运维队伍融合和统一。

1. 组织机构一体

根据专业分工及直线责任，将承包商管理内容实行归口管理。

2. 管理思路一体

承包商积极参与检修方案、施工方案的编制和完善，最终形成完整可行的方案，支撑现场工作顺利开展。积极参与各类会议，统一管理思路，每月组织承包商开展技术交流，解决日常生产中的异常问题。

3. 标准体系一体

将相关规范推行至运维承包商，承包商配合完善保养、大修等技术方案，处理厂进行最终审核确认，制定各项作业卡50余项。通过"作业流程优化、操作步骤细化、关键参数量化""预先削减，风险提示"，规范日常作业，控制作业风险。

4. 考核标准一体

以合同内容为依据，理清甲方、乙方责任界面。管理责任考核处理厂直线归口部门；属现场技术、质量、施工安全问题的，考核承包商。月度考核会对考核结果进行公布。

5. 人员管理一体

人员配置根据技能水平、年龄等将驻厂维护承包商与处理厂技术人员、维护人员等进行互相搭配补位，合理调整人员请销假，有效保证维护力量。将承包商纳入处理厂培训体系，开展入厂前安全教育、参与安全培训及技能培训，设立"安全家"公众号，参与安全经验分享。组织承包商参与月度安全检查，共同参与安全管理。同时，将承包商与负责队室业绩挂钩，督促队室积极履行监管职责。

二、严格实行"四全管理"，推进承包商安全管理高效稳步推进

1. 全过程闭环管理，施工作业规范合规

严格落实"计划—准备—实施—验收—总结—改进"六步方针，实现承包商作业全过程PDCA闭环管理。

2. 全流程实现目视化，承包商监管严格有序

人员登记目视化。由保安进行入厂核对、检查、登记及教育后，派发门禁控制卡，

人员进出系统自动识别，监控大屏实时显示，方便人员管理及紧急疏散。

安全教育目视化。下发安全告知卡及图文并茂的安全引导手册，重点强调进厂后遵照安全管理要求，并标明紧急逃生通道，提升应急逃生能力。

人员信息目视化。将承包商人员个人信息、级别、工作内容等信息现场进行公示。对承包商作业区域、休息区域等进行详细划分，并实行袖标管理。

重点作业内容及票据目视化。对施工作业内容及进度、许可票据、工艺流程、逃生通道等内容进行现场标识，提升全员应急处置能力及逃生技能。

物资摆放、措施落实目视化。规定施工机具、材料、工具、消防器材等物资摆放位置及防护要求，关键控制阀门严格实行上锁挂牌制度。

3. 全方位风险提示及监督，作业安全受控

通过承包商入厂资质审核、项目负责人及安全员联合交底、承包商互相签订交叉作业管理协议、作业关键环节风险控制措施公示、强化属地监督人员现场监管职责等措施提升现场风险管控能力。明确各方安全生产责任，掌握现场作业风险，规范现场管理。

4. 全员参与施工管理，严格落实一岗双责

作业前由项目负责人、安全员、业务主管领导进行施工准入三级核查。作业中由作业监护人、属地监督、岗位当班员工、项目负责人、安全员、主管领导分六级进行监管。作业后由岗位当班员工、属地监督、项目负责人三级确认"工完料尽场地清"。

三、推行"多维度保障"，确保管理规范有序

1. 尊重管理差异，实行并行管理

建立多层级联系沟通渠道，及时有效沟通解决问题；强化承包商队伍建设，为处理厂提供有效支持；处理厂与承包商相互监督，协力保障现场作业安全；实施属地单位日常检查，承包商回复整改隐患问题闭环管理。

2. 以合作共赢为目标，提供优质服务，做"服务型"甲方

从承包商的角度发现问题，换位思考解决方法，帮助承包商改进不足；在自身能力范围内向承包商提供基础帮助、人员支持，实现资源共享，体现人文关怀；客观公正进行绩效评估，畅通双方交流渠道，正向激励承包商管理提升。

苏里格第一天然气处理厂近3年保质保量完成各项油维、技改、隐患治理施工共计300余项，安全高效开展各类高风险非常规作业235项。承包商队伍参与到生产、服务保障等各环节，有效缓解了用工矛盾，降低用工成本。承包商发现隐患问题的能力明显

增强。处理厂内部检查，上级部门检查问题数量均呈明显下降趋势。现场标准化稳步提升，依托数字化、智能化设备实行人员及作业监管的能力更加完备高效。让各级管理人员积极主动参与到承包商安全管理，扎实落实监管责任，处理厂整体队伍素质及合力稳步提高。

加速技工本土化进程　实现降本增效新突破

工程建设公司西非公司乍得中石油区域项目部

乍得中石油区域项目部（以下简称项目部）隶属于（工程建设公司CPECC）西非公司，位于非洲撒哈拉沙漠南部乍得境内邦戈尔盆地，采取"中方+外方"双重用工形式，主要承接中国石油乍得公司油田地面建设施工。

由于地面建设涉及作业类别较多、作业风险较大、人员技能要求较高，而本土临时雇员技能水平参差不齐，为保证作业过程安全，项目部从人员选择、课程设置、培训实施、考核发证、跟踪测评等方面着手，规范了临时雇员标准化培训管理流程，提高了临时雇员整体素质，确保了各项工作安全、优质、高效完成，工作表现多次受到业主的表扬（图1）。

图1　业主和监理对HSSE先进个人颁发证书和奖励

一、学员筛选

先由项目部对培训学员进行初选推荐，选择推荐主要有两个途径：一是通过内部推荐，选择长期在项目部施工干活、对现场工作较熟悉、培训接受速度较快、日常工作比较突出、能听懂简单汉语的雇员作为重点培训对象；二是通过乍得境内其他中资兄弟单位介绍或者第三方劳务公司推荐，选拔具有一定工作经验和能力的雇员，通过项目部面试合格的学员作为培养对象。再由项目部当地化推进小组，对所有拟培训学员进行测试和筛选，待所有学员确定后由项目部统一组织举行开班仪式，组织签订员工培训协议书，明确培训目的、培训纪律、考核标准、工资标准等内容。

二、课程设置

按照"一工种一策，一学员一策，因地制宜"的原则设置培训课程，课程分为基础理论和实操培训两个类别，其中基础理论培训主要采取传统课堂培训和现场实物对照讲解相结合的方式开展，实操培训主要采取营地预制场和实训基地现场实操模拟的方式开展，着重对学员开展针对性的强化训练。

通常培训周期为一个月：第一周，主要开展本岗位涉及到的通用安全知识和专业技能知识的理论培训；第二周，在实训基地，老师演示、学生跟着操作；第三周，学生实操为主，中方老师旁站观察指导；第四周，学员逐一进行演示操作，其他学员观察、点评、检查，中方老师作补充和总结点评。培训过程中安排专职翻译全程参与，确保师生双方沟通顺畅。

三、培训实施

为确保培训效果，项目部成立雇员技能培训交流群，每日报告学员培训情况，每周开展雇员能力测评，每个阶段培训完毕组织实施阶段性考核，对学习积极性差、改进提升意识淡薄、技能掌握不到位的学员进行及时剔除；项目部每月至少组织召开一次技工当地化推进工作会，开展阶段工作总结，讨论和协调解决存在的问题，助力技工当地化工作有序推进。

四、考核与发证

培训结束，项目部组织对学员培训效果进行考核验收（图2），并邀请业主、监理及劳务公司代表共同参与见证。对通过考核的学员，由项目部颁发内部培训合格证书，并按照培训协议上调基本工资；对未通过考核的学员，经领导小组评估若不具备培养价值将退回原岗位，待遇不予提升；对社招未通过考评的学员，则征求个人意见若同意在本项目工作的将按照力工工资标准执行，否则予以辞退。

五、跟踪与测评

项目部根据各工程处使用需求，将考核通过的学员分配至各作业班组，开展为期至少1个月的实习，由活长/班组长担任该雇员实习期间的教员，在实践中不断提升学员的操作技能和专业知识。项目部对所有参培学员建立动态跟踪台账，每月技工当地化推进会通报学员使用情况，每季度对学员进行再次评估考核，评估结果作为岗位工资晋升的依据，以此不断激励员工持续提升专业技能的积极性。

图 2　项目部评估小组对当地旋挖钻司机进行考核

通过建立技工本土化培养模式，规范了当地技工标准化培训流程和培训方式，提高了培训的实效性；技工本土化的实施，减少了中方人员投入，降低了施工成本和野外安保风险，同时为当地雇员提供了就业渠道和晋升通道，有效改善了项目周边社区关系。

推行百万安全工时奖励制度
提升基层站队安全管理绩效

寰球工程公司吉林化建公司

寰球工程公司吉林化建公司（以下简称寰球吉林化建），成立于1950年，现为中油寰球工程公司投资的法人独资企业。寰球吉林化建是中国最早从事化工、石油化工建设的大型综合性工程施工特级总承包企业，业务范围涵盖化工、炼油、建筑等多领域，施工项目分布广，承包商数量多，施工作业危险性大，安全风险防控难度高。为了进一步防控生产安全事故，防范承包商安全风险，自2018年起寰球吉林化建尝试推行百万安全工时奖励制度，完善项目运行过程的激励政策，激发基层员工安全履责活力，提高承包商安全自主管理效果，进一步推动基层站队安全管理绩效提升。

一、制定奖励制度，明确安全工时统计要求

2018年寰球吉林化建制定并下发了《百万安全工时奖励暂行规定》，对绩效数据进行兑现奖励。该规定是以集团公司事故事件工时统计要求为基础，进一步明确了组织机构、责任分工、申报条件、考核节点、奖励标准、奖励申报与发放流程等要求。

统计方式是以施工项目为单位，依据集团公司《生产安全事故事件百万工时统计管理办法》要求，实行"日统计、月上报"的方式，自项目开工之日起统计，截至项目结束，每月25日上报吉林化建质量安全环保部，累计出项目安全总工时数。若项目执行业主或总包方百万工时统计要求，且已获得安全工时奖励证书的，按照奖励证书工时统计；若无相关证书，则按照寰球吉林化建要求进行百万工时统计。

二、明确奖励条件，设置考核节点及奖励标准

1. 设定奖励先决条件

针对符合以下条件的项目，允许申报百万安全工时奖励：
(1) 无"一般事故B级"及以上生产安全事故发生，现场安全状况良好。
(2) 按《基层站队HSE标准化建设达标考评标准》考评项目安全状况，考评得分

700 分及以上的 HSE 标准化建设达标站队。

（3）考核时期无伤残等级八级及以上工伤事故或其他火灾与交通等事故。

（4）虽然达到安全工时数，但考核时期内受到两次上级公司（包括业主）警告或三次寰球吉林化建内部警告的，不享受安全工时奖励。

2. 设置八个考核节点

在对寰球吉林化建近 10 年承揽项目规模及安全绩效进行统计分析后，确定了八个考核节点，即累计安全工时达到以下数据时，可以申请奖励：50 万、100 万、200 万、300 万、500 万、600 万、800 万、1000 万及以上。

3. 明确奖励标准

考虑到各项目工程量不同，累计工时总数差别较大。因此，为了鼓励更多项目达到安全工时奖励标准，依据项目规模（合同额）及累计安全工时总数两个指标项，设定了九个档位的奖励标准，且奖品金额随安全工时总数的增加进行累计。

三、实施申报流程，兑现实物奖品直达一线

1. 奖励申报

达到以上规定要求的项目，即可提交"百万安全工时奖励申报审批表"，填写奖品类型、金额、奖品邮寄地址、联系人等信息后，在线上办公平台进行审批，由质量安全环保部进行申报审核，经寰球吉林化建相关部门负责人、公司领导审批后，由公司承担奖励兑现成本，费用进入公司安全生产费，实施物资类奖励。其中，奖品类型由公司指定范围，包括工作服、短袖T恤、水杯、毛巾、床单等。

2. 奖励兑现

完成线上审批后，奖品由吉林化建采购部门统一采购，邮寄至项目所在地。在项目现场组织召开安全表彰大会，项目全体人员及承包商作业人员参加会议，由公司领导亲赴现场颁发奖品。通过项目现场安全奖励表彰（图1），极大地鼓舞一线人员士气，增强了个人荣誉感和归属感，调动了一线人员参与安全工作的积极性，安全违章违规行为发生率明显下降。

四、促进制度推行，提升安全文化引领作用

将百万安全工时奖励制度作为公司安全文化建设的重要部分，进一步统一思想、凝聚力量，激发员工安全履职主动性，调动员工安全生产积极性，营造浓厚安全文化氛

围。每年 1 月份召开年度首次重要会议,即安全环保工作会议。会上由公司领导总结上一年度工作,部署本年度安排,并在会场布置百万安全工时成果展板,分享优秀安全管理经验、表彰安全管理先进集体、优秀个人,并对百万安全工时获奖单位授予荣誉表彰(图 2),发挥正向激励作用,使奖励制度深入基层、鼓舞人心。在严监管的同时,一并融入激励措施,促进管控目标的实现,提升基层站队安全管理绩效。

图 1　项目百万安全工时奖励表彰

图 2　寰球吉林化建年度安全大会百万安全工时奖励表彰

五、结语

自 2019 年至 2022 年,寰球吉林化建实现百万安全工时共计 35 个项目部,累计兑现金额 730000 元。在推行百万安全工时奖励后,一线员工安全履责积极性明显提高,安全事件发生率明显下降,基层站队层面的百万安全工时纪录不断被打破,助推作业队和承包商层面实现"零事故"目标。其中,广东石化石油焦制氢项目累计实现安全工时 1500 万,阿尔及尔炼油厂改扩建项目累计实现安全工时 2100 万。在获得业主、总包赞誉的同时,基层站队良好的安全绩效也助推了后续市场开发,百万安全工时奖励制度的积极作用仍在持续发酵。

安全操作和应急处置

(24篇)

细化过程控制流程　提升本质安全水平

西南油气田公司川中油气矿磨溪开发项目部

西南油气田公司（以下简称公司）川中油气矿磨溪开发项目部主要负责管理磨溪区块龙王庙组、灯影组气藏含硫天然气生产和集输，具有日产气 $2500\times10^4\mathrm{m}^3$ 的生产能力，是西南油气田主力产气区。现有员工 273 人，管理各类站场 112 座、各类管线 152 条合计约 730km，自成立以来已安全生产 3442 天，并于 2022 年获得集团公司"HSE 标准化建设示范站队"称号。

作为含硫气田一线生产单位，磨溪开发项目部生产现状具有站场多、设备杂、地域广等特征，做好生产现场的巡检维护，第一时间发现及处置现场问题是安全平稳生产的重要保障。在基层站队 QHSE 标准化建设的基础上，坚持以"三册一图"全面对标公司管理制度，将基层站队 QHSE 标准化工作有效纳入公司作业区数字化管理平台，通过细化过程控制流程的方式，不断提高巡检维护工作质量，持续提升生产现场安全管控水平。

一、对照公司管理制度，构建线上派工新体系

严格对照公司工作质量标准，依托公司作业区数字化管理平台，建立巡检维护标准化管理流程（图1），制定巡检、维护、操作三大类工单并下发，井站员工使用手持终端按期执行，规范一线生产操作，并及时跟踪巡检维护工单执行情况（表1）。一是对标梳理巡检工作要求，归纳出 8 大项 37 小项 77 条巡检要点，并将现场隐患监控纳入巡检工

图 1　巡检维护标准化管理流程

单同步执行；二是强化设备周期维护执行，针对站场现有各类设备设施，制订维护计划，按周期将维护工作分解为周、半月、月、季度、半年 5 类工单，定期下发；三是提升一线员工操作标准，编制线上操作卡自主工单 54 项，井站员工按照操作卡自主发起任务、按步执行操作。

表 1 西眉清管站巡检维护工单执行情况

序号	计划名称	计划类型	计划生效时间	计划结束时间	已运行（次）
1	西眉清管站—巡回检查	巡回检查	2022-03-14	2030-01-01	976
2	西眉清管站—操作维护—半年工单	维护保养	2022-07-18	2030-01-01	2
3	西眉清管站—操作维护—季度工单	维护保养	2022-07-18	2030-01-01	4
4	西眉清管站—操作维护—月工单	维护保养	2022-07-18	2030-01-01	12
5	西眉清管站—操作维护—半月工单	维护保养	2022-07-18	2030-01-01	24
6	西眉清管站—操作维护—周工单	维护保养	2022-07-18	2030-03-30	52

二、细化工单现场执行，实现巡检维护新模式

将现场实际情况与线上工单深度结合，特性化制定每个站场巡检维护方案，确保线上工单实用、好用，保障一线员工现场工作执行到位。一是针对站场总图、设备设施布置情况，将站场划分为大门、井口区域、分离计量区等多个区域，合理规划巡回检查线路（图 2），避免巡检"走回头路"，提升巡检效率。二是明确各区域检查重点，增加关键节点参数拍照，如井口各级压力、流程各关键节点联锁压力等，将关键参数的检查作为区域巡检的重点。三是强化维护及操作工单执行，按照线上工单操作步骤有序操作，每个状态步步确认、每个环节过程清晰，重要节点过程影像完善，改变了以往纸质资料记录不清查询困难的情况，让后续监督考核有据可查、有据可依。

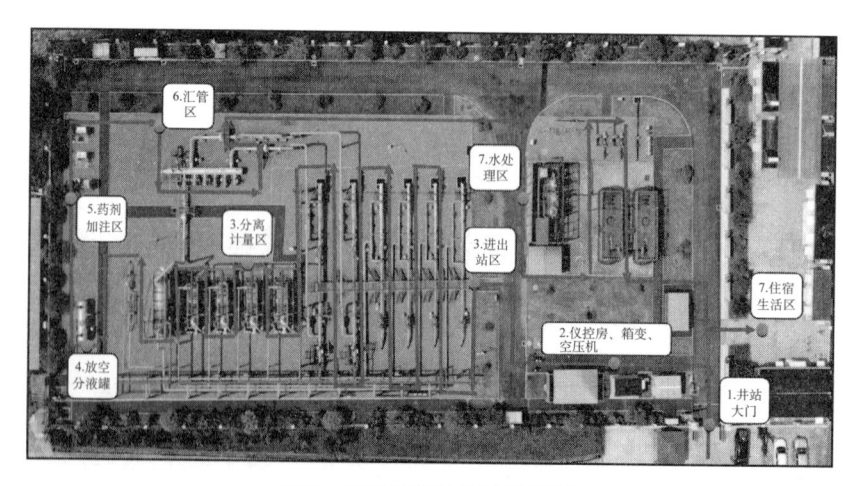

图 2 西眉清管站巡检路线图

三、强化任务执行跟踪，制定监督考核新标准

依托公司作业区数字化管理平台，实现生产操作过程全纪录、全跟踪、全掌控，将巡检执行情况作为一线班组考核重点，督促各项任务的现场落实。一是通过"实时查看＋每周回看"的方式定期开展工作质量考核，确保日常工单按要求执行，对未按要求开展的工作考核到班组，强化工单执行提升生产现场安全管控能力。二是对于巡检维护完成较好、数据齐全、影像完善的班组进行奖励，提高一线员工日常工作积极性，进一步提升工作质量。

磨溪开发项目部通过细化过程控制流程取得两项成效：一是管理效率显著提升，依托线上派工新体系将各项繁杂的一线标准制度整合到中心井站的三册一图之中，规范一线工作标准；通过作业区数字化管理平台下发工单贯彻执行，提高一线工作质量；过程考核有据可依，有据可查，管理效率显著提升，切实提高生产现场管控能力。二是设备故障显著减少，依托巡检、维护、操作三大类工单贯彻落实，中心井站全年开展设备维护 7000 余井 / 次，设备故障率下降 30%；通过不断更新设备设施失效数据库，滚动储备备品备件，设备故障整改闭环速度提升 55%，整改闭环率 100%。

标准化巡检助推岗位责任落实

浙江油田公司西南采气厂黄金坝作业区

黄金坝作业区位于四川省宜宾市珙县上罗镇，现有内部员工13人，管辖集气增压站1座、页岩气生产平台16座、页岩气生产井80口、集输管道43km，先后获得集团公司"先进HSE标准站（队）"、浙江油田公司"先进HSE标准站（队）"等荣誉。

黄金坝作业区作为新型作业区管理模式试点单位，为严格控制作业区人员数量，对所辖巡检业务实行业务外包管理。为解决巡检人员频繁变更、现场"低老坏"问题频发问题，作业区以标准化建设为契机，建立巡检标准、明确巡检频次、配备巡检装备，推行标准化巡检，有效提高了巡检工作质量。

一、推行"11121"标准化巡检

黄金坝作业区深入贯彻落实浙江油田公司"让执行标准成为习惯"安全文化理念，结合生产实际，突出岗位巡检职责落实，总结提炼、优化建立"11121"标准化巡检机制，即：一套标准化巡检装备、一个标准化工作程序、一幅标准化巡检路线图、两级标准化巡检标准、一本《现场标准化图册》。

1. 一套标准化巡检装备

围绕隐患排查与治理、安全检测与应急联络等岗位巡检工作重点，为每位员工配备一个巡检包，包含防爆活动扳手、螺丝刀、验电笔、可燃气体检测仪、对讲机等五种常用工具，明确员工巡检过程全程佩戴，确保入场连续气体检测、发现隐患立查立改、先验电后操作、关键操作先汇报等标准化管理要求有效落实。

2. 一个标准化工作程序

制定"属地管理手册"（图1），明确工作内容、工作程序，有效指导员工对标对表开展巡检。

3. 一幅标准化巡检路线图

统筹考虑场站工艺、设备布局，全面规划岗位巡检工艺、设备巡检路线（图2），形

成固定线路，并现场明确巡检路线指示标识，员工依据巡检路线开展逐项检查，避免巡检漏项。

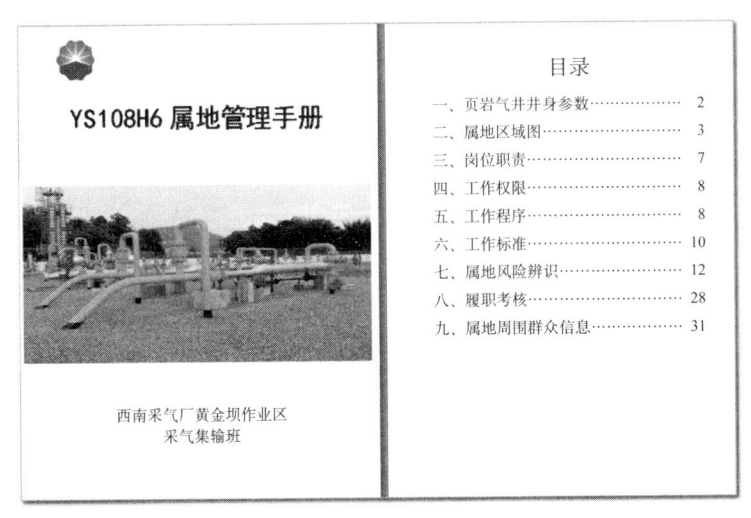

图 1　属地管理手册

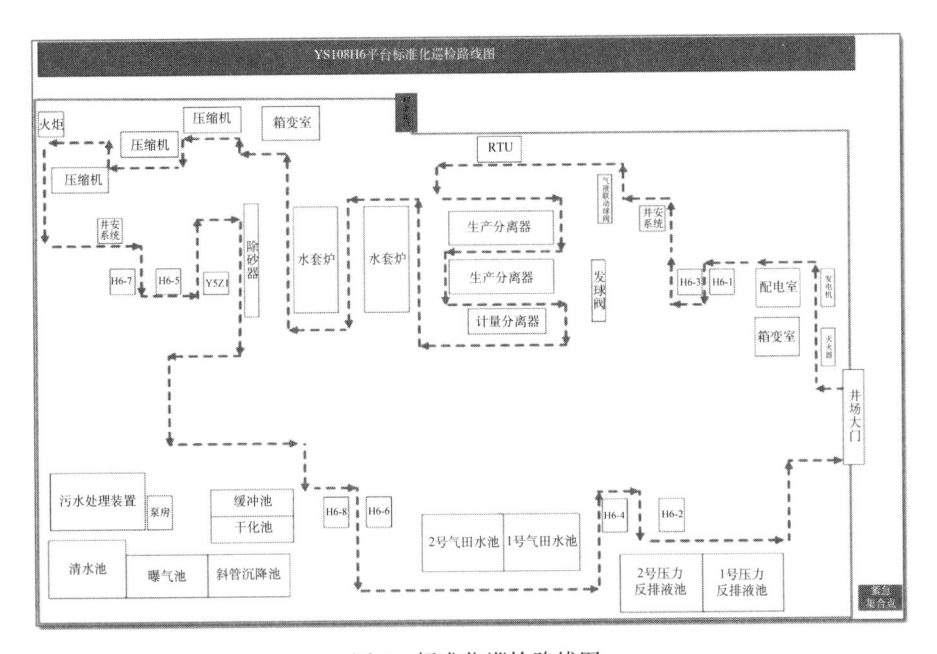

图 2　标准化巡检路线图

4. 两级标准化巡检标准

制定岗位级日、周、月巡检标准和作业区级月度巡检标准，明确巡检周期，按期开展日、周、月巡检工作，确保监督检查层层覆盖。

5. 一本《现场标准化图册》

建立涵盖人员着装、防护器具佩戴、设备设施标识等内容的现场标准化图册（图3），将抽象的文字描述转化为直观的图片展示，明确岗位操作要点，使员工更易理解和掌握。

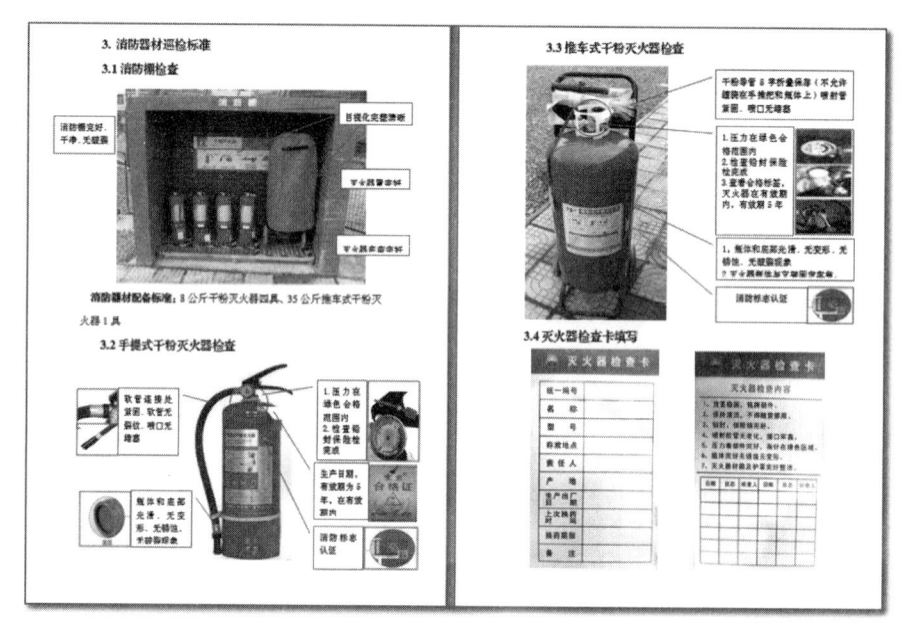

图 3　现场标准化图册

二、实行"分类、分期、分级"标准化巡检

1. 巡检分类

结合页岩气场站设备设施、仪器仪表、工艺参数重要性及对安全生产影响程度，对设备设施、工艺流程分类制定专项检查表，设定检查标准，指导岗位逐项对表对标检查。

2. 巡检分期

结合标准化巡检分类情况，制定岗位分期检查标准，对于直接影响安全生产、每日动态变化的、连续运转的关键设备设施、要害部位、重点参数作为每日必检项；针对操作较为密集的工艺、设备，落实每周巡检；对于静态工艺、设备每月开展巡检。做到日、周、月巡检内容不重复，减少岗位每次巡检数量，提高每次巡检质量，降低岗位工作强度。

3. 巡检分级

开展"岗位日检、班组周检、区级月检"的三级巡检模式。岗位日检：属地员工持表对标逐项检查记录，发现问题及时整改销项；班组周检：班组长协同属地员工每周开展检查，帮助员工发现问题解决问题；区级月检：作业区班子成员带队对各平台进行月度检查，主动践行有感领导，同时对岗位日检和班组周检质量进行抽查和验证，形成了"一级带着一级干、一级监督一级干"的有效管理机制，持续压实各级管理责任。

通过不断深化优化"11121"标准化巡检及"分类、分期、分级"巡检要求，固化岗位操作行为，帮助员工理清工作思路及工作标准，员工落实对标对表检查，既提高了工作效率、工作质量，同时也减轻员工工作负担。

打好岗位巡检三副牌　确保现场施工安全受控

渤海钻探工程公司井下作业分公司
钻修工程作业部D12558队

D12558队组建于2007年，是一支具备乙级大修队资质、专业一体化的大修施工队伍。现有员工24人，党员4人，平均年龄35岁。该队紧紧围绕打造"六个井下"战略目标，通过优化现场管理、夯实安全基础、强化职责落实，全力提升现场HSE管理水平。先后获得中国石油集团公司"铜牌队""绿色基层队"、渤海钻探工程公司"HSE标杆基层队""模范集体"等荣誉称号。作为基层队，每日岗位巡检是发现问题、排查隐患的重要途径，也是提升队伍安全管理的主要载体和抓手。

一、打好现场目视化"标准牌"，为岗位巡检提供便利

为进一步提高队伍安全管理、岗位巡检职责，该队归纳总结目视化设置部位57处，操作规程、安全标志、风险告知等标识64种，制作安全作业提示牌14块，规划巡检道路和逃生路线12条。根据井场布局，将井场科学拆分区域，精细化管理，比如：钻具区、钻台区、循环罐区等，在各区域设置风险提示牌，明确责任落实和风险管控，做到属地管理"责任清"、风险提示"随处见"、作业设备"规程明"。该队多次迎接局级、处级领导检查指导，对现场标准化工作一致认可。

二、打好巡检内容"可视牌"，为岗位巡检提供依据

（1）为进一步明确巡检内容、岗位责任落实，根据HSE现场检查表中的各岗位巡检路线及巡检内容，制作成内容精练、完善、小巧的岗位巡检卡（图1）。员工每日手持卡片对应其内容进行巡检，清晰地标注了各岗员工巡检路线、检查内容、检查标准等。一张卡实现各岗位巡检路线内容标准化，也实现岗位责任落实标准化。

（2）推出"在岗待接"交接班模式，形成属地管理无缝衔接、

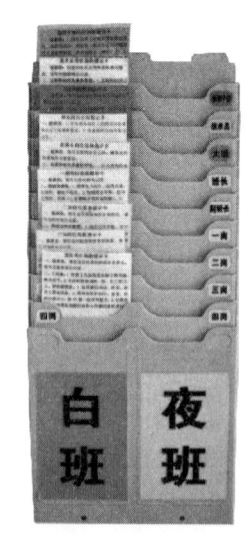

图1　岗位巡检卡

岗位交接面对面、设备交接点对点的基本准则和操作规范。

①属地管理无缝衔接——在正式换岗交接工作前，交班员工应与接班员工对工作完成度、设备运行状态、环保和现场标准化维护等进行交接，让接班员工了解这一属地全面的情况。

②岗位交接面对面——在任何工况下交班员工在未正式交接工作前不能离开管理属地，当接班员工结束班前会到达现场进行面对面交接后才能离开岗位。

③设备交接点对点——员工在交接工作时要逐一对设备的重要部位工作状态进行现场检查交接，包括动力部位、安全防护部位和环保防护部位等。

通过岗位巡检卡、"在岗待接"等模式，提高安全生产工作实效20%。

三、打好巡检制度"规范牌"，为岗位巡检提供保障

（1）为进一步完善制度管理、岗位巡检规范，该队建立三级隐患排查制度，采用岗位员工自查、岗位员工交叉查、值班干部复查工作法，确保安全巡检"全覆盖、无盲区、无死角"。

①岗位员工自查——员工严格按照HSE现场检查表中的巡检路线及巡检内容进行自查。

②岗位员工交叉查——员工在检查完成自己的属地后对上一级岗位的属地进行检查，例如副司钻检查司钻属地、二岗检查一岗属地。

③值班干部复查——值班干部对各个属地的安全重点部位、设备运行情况及环保和现场标准化维护等方面进行全面复查。

（2）推出"四到"工作法，既巡检过程中，要做到"心到、眼到、手到、行动到"。

①"心到"——发现问题要有责任心，对设备、设施薄弱环节、风险隐患心里有数。

②"眼到"——该看到的一定要看到，既要发现一般问题，也要发现重大问题和隐患。

③"手到"——该摸到的一定要上手，不能凭主观判断。

④"行动到"——对于巡检发现的问题、隐患，立即整改，不能自行解决的立即上报，隐患消除后方可施工。

通过建立完善的巡检制度，近两年安全、高效完成文23-4X1井、任381井等5口重点井施工。

D12558队通过打好岗位巡检三副牌，完善岗位巡检体系，对现场设备设施、吊索具、安全用电等方面进行自查自改，累计排查各类隐患14项，并全部明确责任人落实整改，使队伍现场安全管理水平上台阶。通过打好岗位巡检三副牌，安全、高效完成多口重点井的施工任务，提高工作生产实效20%，实现了安全环保零伤害、零污染、零事故、零井喷、应急零启动工作目标，工程质量一次合格、资料全准率等各项技术指标均达到100%。

以巡检路线图为载体
实现"五位一体"巡检标准化

大连石化公司第四联合车间

巡检是及时发现问题隐患、守牢安全环保红线、底线的最后一道关卡。新形势下企业高质量发展要求、安全生产标准化一级企业建设的推进及"区域化管理、系统化操作"等体制机制变革都给巡检工作带来了新挑战,也为巡检管理方式创新创造了条件。大连石化公司第四联合车间(以下简称车间)225万汽油加氢装置基层站队通过建章立制、精细管理、评比考核、升级设备等手段,不断强化巡检管理力度,实现了巡检路线清晰化、内容规范化、专业融合化、时间明确化、销项时效化。凭借安全环保生产上的出色业绩,装置先后获得绿色基层站(队)、先进HSE标准化站(队)及标准化先进基层单位等荣誉称号。

一、前期策划

基于巡检工作的重要性,车间优化完善各级人员的巡检路线,在严格执行大连石化公司巡检制度的基础上,合理安排巡检频次和巡检时间,保证每小时都有操作员在现场巡检,与班长、管理人员走动式巡检交叉进行。车间对高处巡检路线进行调整优化,实现了全覆盖、无死角、不间断巡检。在此基础上,车间制作巡检路线图,希望以此为载体,实现巡检管理要求标准化、清晰化,促进管理落实落地、员工入脑入心、提升巡检质量。

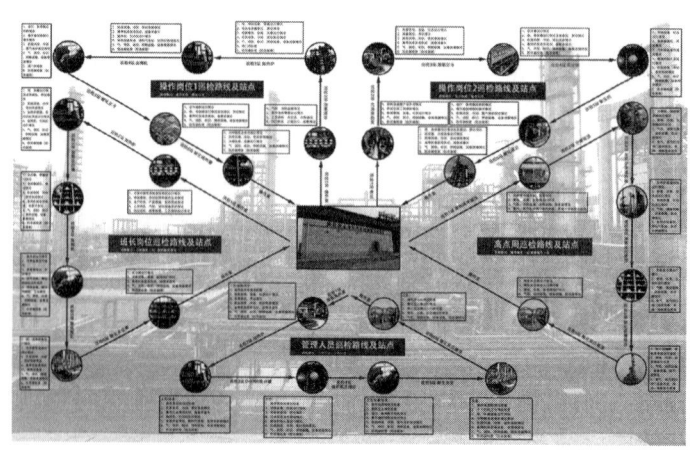

图1 225万汽油加氢装置操作、管理巡检路线图

二、巡检路线内容标准化

巡检路线图清晰地展示了各级人员的巡检路线、各站点检查内容、检查频次，使员工知道检什么、标准是什么。路线图位于操作室门口，是巡检出发和返回的必经之路，各岗位人员开始巡检前和结束巡检后都会习惯性站在巡检路线图前，既是为了"预习"，也是为了"验算"，对老操作员来说，这是一种规范，对年轻操作员来说，这是一种指导。

三、岗位责任落实标准化

巡检路线图明确了操作员、班组长、管理人员之间巡检管理逻辑，形成三级管理体系，即班组长要对本班员工巡检质量完成情况进行检查；管理人员要对各班组定期工作、巡检质量进行检查。通过层层巡检责任的落实，保证了车间各项定期工作高质量完成。

四、专业协同标准化

车间会同检修车间打破部门和专业间的"藩篱"，把机电仪专业巡检路线纳入车间巡检一体化管理体系，把"机电仪管操"五位一体巡检要求落细落实。

由于电子巡检系统异常报警信息需要逐级推送，属地相关操作和管理人员如果想了解到机电仪专业保运人员巡检发现的问题，需要等到巡检人员上传数据后，再由机电仪专业技术人员推送，才能获取相关的报警信息，在管理流程上异常信息的接收存在明显滞后。通过将机电仪专业巡检路线纳入装置巡检路线图后，同步将机电仪巡检纳入车间定期工作记录，相关专业人员巡检后，要即时记录巡检情况，不仅便于车间及时掌握设备运行情况，还可以有效缩短沟通、管理链条，使现场管控、应对更加迅速，属地单位可以有效利用机电仪专业巡检发现的异常信息开展应急处置，在应急处置过程掌握更多主动，更有利于消除事故事件隐患，降低事故事件影响。

目前巡检路线图已经作为典型经验在大连石化全公司范围内完成推广应用，通过清晰化、标准化的巡检管理，巡检质量得到有效提升，装置全员月平均发现低标准隐患一百余条。2020年以来，装置多次通过巡检发现现场隐患，如发现位于距离地面4m高管排上的原料泵出口流量引压管裂纹、循环氢压缩机出口缓冲罐排液阀阀体焊缝裂纹，有效避免了安全环保事故的发生。

践行"五步巡检法" 落实岗位安全责任

大庆油田公司第八采油厂第四作业区永一集输班

永一集输班位于黑龙江省大庆市肇州县永乐镇，于1998年10月投产，占地面积 $2.5\times10^4 m^2$。建站以来，始终坚持"平凡中坚守责任"的核心理念，积极探索联合站安全管理模式，对每个管理环节精雕细刻。开展基层站队 HSE 标准化建设以来，通过实施安全节点管理，逐步形成了以"五个一"为依托的"五步巡检法"，班组安全管理水平持续提升，安全责任逐步夯实。

一、固化路线图，明确巡检路线

通过"一图"，即巡检路线图，固化巡检路线、检查点、签到点、检查频次等信息，同时显示巡检点风险等级，员工通过目视化路线图，一目了然，解决巡检"查什么"的问题。

二、设置标识牌，明确巡检标准

通过"一牌"，即巡检标识牌，放置在每个巡检点上，明确巡检标准、检查内容，员工在规定时间内巡检并翻牌确认，强化员工对设备参数的记忆，解决"怎么查"的问题。同时也可杜绝员工"抄近路"习惯，增强安全意识、落实属地责任。

三、确认签到表，监督责任落实

通过"一表"，即巡检签到表，设置在巡检路线末端，员工对设备、设施巡检后在表格内确认并签字，解决、监督员工"查没查"的问题。督促员工对所辖区域和设备要认真负责，对个人的签字行为负责，有效强化安全责任制的落实。

四、规范记录本，强化隐患管理

通过"一本"，即检查记录本，干部、员工每天把查出的隐患填写到记录本上，同时在班组开展月度"最有价值隐患"评选活动，激发员工排查深层次隐患的积极性、主动性、创造性。对排查出的隐患，与岗位员工共同分析隐患成因，逐一整改销项，做到

"查即改",落实隐患排查整改责任。

五、设立二维码,实现信息管理

通过"一码",即巡检二维码(图1),在上述传统管理方式的基础上,应用安全点项管理App,实现巡检信息化管理。员工巡检时,用防爆手机在每个巡检点扫二维码(即将手写记录方式改为扫码打卡形式),扫码后可显示每个巡检点的检查流程、内容和标准,巡检发现的隐患可在App上进行记录、汇总。

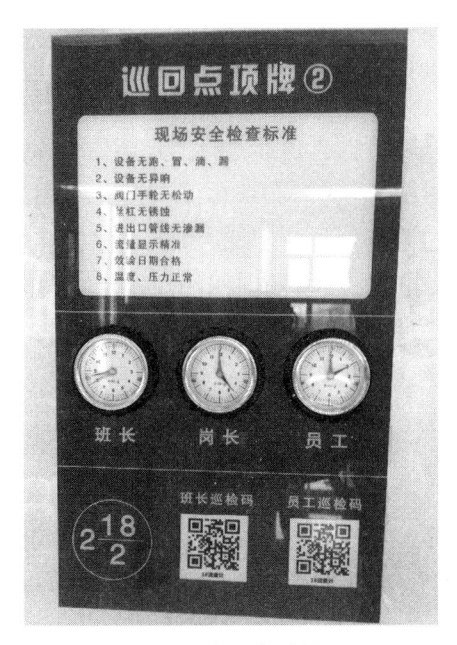

图1 巡回点顶牌

"五步巡检法"从巡检路线、部位、内容,均制定了标准化模板,同时经过持续改进提升,实现了信息化管理,发现的隐患当日汇总、当日处理,日事日毕、闭环管理。"五步巡检法"管理模式实施以来,进一步明晰和落实了安全巡检职责,解决了"凭经验、靠习惯"及"责任缺失、管理缺位"等潜在问题,实现了巡检万次无差错,责任落实更加明确,风险管控更加靠实。

首创"干群同向四环四控"岗检法提升本质安全管理水平

大庆油田公司第一采油厂第四作业区中七联合站集输班

中七联合站建于1982年9月，是集油、气、水处理和外输于一体的地面密闭式大型联合站，累计外输原油0.6×10^8t，先后荣获集团公司"HSE标准化先进基层单位"等各类荣誉40余项。为赓续岗位责任制优良传统、锤炼干群严实作风，中七联合站集输班以质量安全环保受控为核心，创新"干群同向四环四控"（图1）岗检法，不断在岗检落实中夯实基础，提升岗位执行力。

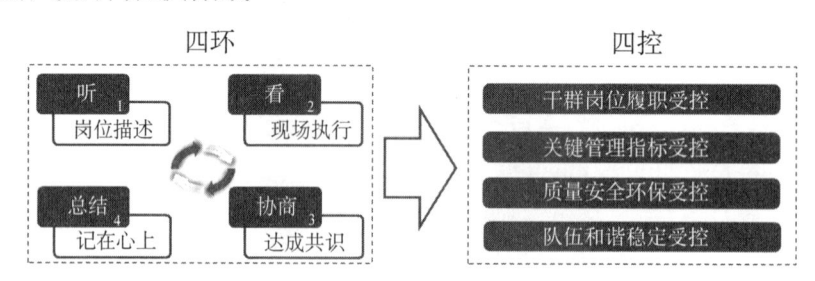

图1 四环四控内容

一、听岗位描述，员工百问不倒

"听"是岗检第一个环节，检查人通过听员工岗位描述，初步评估员工的安全履职情况。员工做到"四讲清"：一是岗位职责"清"，要讲清安全环保主要职责；二是工作内容"清"，要按时间轴线讲清当班的工作内容；三是关键指标"清"，要讲清关键指标和参数控制；四是风险隐患"清"，要讲清岗位的风险、隐患和管控措施。中七联固化"7+1"岗检清单（"7"指7项岗检资料，即岗位职责、工作内容、关键指标、风险防控、隐患排查、执行标准、应急处置；"1"指每个岗位一份岗检验收单），先后迎检200余场次，风险防控内化于心、岗位要求百问不倒。

二、看现场执行，员工百做不误

"看"是第二个环节，检查人通过看现场执行，进一步审核岗位风险受控情况。员工要做到"四到位"：一是 5S 管理干到位，确保清洁生产；二是指标参数控到位，确保生产运行平稳；三是操作规程做到位，确保操作过程标准化；四是风险隐患管到位，确保风险有效防控。检查人通过验证指标完成情况、制度执行情况、标准落实情况和员工操作方式安全与否，以及隐患排查治理情况，有效评估岗位风险受控情况。中七联将《石油含水量的测定—蒸馏法》等 8 项操作标准和人员触电等 28 项应急处置程序纳入岗检平台，在岗检过程中不断强化基本功，现场操作百做不误、应急处置万变不惊，岗位风险管控水平不断提升。

三、协商改进措施，干群达成共识

协商是第三个环节，双方对过程中的问题和分歧进行平等协商，交换意见、阐述观点，达成"四共识"：一是履职能力的评价达成共识；二是存在问题的解决办法达成共识；三是针对风险管控的不同意见，由专业部门审核达成共识；四是双方讨论的合理建议，充分论证可行性达成共识。在巡回检查方面，中七联根据数字化建设实际情况，在风险可控状态下与作业区达成共识，静态设备巡检由 2h/ 次改为 8h/ 次，动态设备巡检由 2h/ 次改为 4h/ 次。此外就场区除草问题达成一致，成立专业化打草班，提高工作效率。干群通过协商，在讨论过程中不断思考，共同提升对风险防控的认知。

四、总结经验方法，促进管理提升

总结是第四个环节，双方对本次岗检情况进行总结，推进成果应用，促进管理提升。总结做到"四融入"：将发现的好经验、好办法、好作风，以及本次检查的结果，融入到今后的工作中、实践中、制度中、复检中。中七联先后总结"安全十法"（在教育培训上，采用工匠引领法、参观学习法；在有感领导上，采用跟班蹲点法、优化管理法；在全员参与上，采用经验分享法、反思讨论法；在过程监督上，采用全程监管法、立体监督法；在警示追责上，采用现场教育法、问责追责法）等管理方法，大力夯实了安全管理基础。

"干群同向四环四控"岗检法固化了岗检标准，明确了岗检方法，实现了干部检查有工具、员工工作有标准，解决了以往干部不会检、员工怕被检的问题。通过 200 余次迎检历练，干群履职能力大幅提升，在上级各类检查审核中取得了良好效果，尤其是在 2022 年集团公司视频巡检中获得高度认可。通过岗检的持续锤炼，实现了干群岗位履职受控、质量安全环保受控、关键管理指标受控、队伍和谐稳定受控，岗位本质安全得到了有效提升。"干群同向四环四控"为油田新时代岗检提供了可借鉴的经验，并在大庆油田推广应用。

推行"1234567"巡检法消除现场安全隐患

渤海钻探工程公司井下作业分公司试油工程作业部S06553队

S06553队隶属于渤海钻探工程公司井下作业分公司试油工程作业部，是一支专业从事油气勘探开发、试油试气的施工队伍。该队伍总结形成了"1234567"巡检管理法，获得天津市班组安全管理三等奖，主推安全管理水平提升，先后获得天津市和集团公司授予的"质量信得过班组"、集团公司"银牌队"、集团公司"青年安全生产示范岗"，连续7年被评为井下作业分公司标杆基层队。

一、"一会"作业

基层队在施工作业前要召开安全风险辨识会，基层队干部带领岗位员工针对新老井拆搬安、开工验收、打开油气层等重点工序展开风险辨识，辨识作业中存在的吊装风险、交通伤害、设备设施安装不到位、井控设备安装试压不到位、人员安全井控能力不具备、隐患未排除就进行作业等风险，并根据风险制定整改控制措施对全员进行交底。

二、"二巡"上岗

班长每天对属地区域内的设备设施、人员状态、岗位员工巡检责任落实、隐患整改、工序衔接、工器具准备、相关方协调、高危作业等进行施工前巡检和作业过程中的监督巡检；班组人员按照各岗位的巡回检查路线针对属地区域内的人员劳保穿戴、设备设施、工具准备、环境风险、已知问题整改、岗位协同情况等进行施工前巡检和作业过程中的观察巡检。通过"两查"即查隐患、查违章，施工前及施工过程中全过程防范风险，基层队干部和岗位员工共同整改巡检中存在的问题，整改完成后填写"干部值班记录"及"HSE现场检查表"进行工作确认。

三、"三检"闭环

井控设备每日自检，对于自检出的井控问题，立即组织全队人员进行整改，做到井控问题全员参与、全员整改、共同分析、共同提高。提升全员井控应用能力和应急处置能力，确保井控工作万无一失。

施工设备每月自检，设备大班及操作人员每月对设备进行一次全面检查及保养，自检后发现的问题及时组织人员进行整改，并对相关人员进行操作培训和使用交底，确保设备使用人对设备情况更加了解，整改完成后填写"设备运转记录"，将设备检修、保养、培训情况进行记录，确保设备受控运行。

健康安全环境每周自检，及时发现日常工作中的不足，并在一周内完成整改，召开安全生产周例会对本周期内的问题整改情况进行总结分析，督导整改落实，认真填写"HSE周自检记录"，通过自查和整改问题，不断提高队伍安全管理水平。

四、"四险"监控

对存在较大风险的工艺、员工、时间和设备进行监控。针对风险较大的工艺进行监控，实现对超深井、重点井、含硫化氢井等高风险井的跟踪监管；针对精神状态不好的员工进行监控，使用员工心情看板关注员工当日状态，实现对情绪低落、精神不振的员工及早进行心理疏导和干预，严禁疲劳、带情绪上岗；针对一天中风险较大的时间段进行监控，实现对交叉作业和夜班作业高风险时段的监管；针对存在较大风险的设备进行监控，实现对关键设备、老旧设备的重点时时监控，避免设备原因造成生产事故。

五、"五字"设备巡检法

用"听、摸、看、闻、擦"的方法来巡检设备。围绕设备四周用耳朵听有无敲缸、轴承磨损的异常响声，设备运转前用手摸有无配件连接部位的松动，用眼睛观察设备外观看安全防护是否齐全，用鼻子闻设备是否有皮带打滑等高温造成的异常味道，擦设备外表看是否有燃油系、冷却系、润滑系的液体渗漏。在设备运转前和运转过程中，及时发现设备存在的隐患，确保把设备的隐患消除在初始阶段。

六、"六查"日常防护措施

对日常工作中必备的六种防护措施进行巡检。重点查劳保是否佩戴齐全；查安全带穿戴是否正确；查差速器、逃生器是否完好；查气体检测仪是否正常；查天车防碰是否有效；查逃生通道是否畅通。通过对现场六种必备防护措施的巡检，确保各项功能可靠，为员工生命安全保驾护航。

七、"七日"会议

每隔7天召开一次安全生产例会。会议首先由班组成员进行安全经验分享，并对事故原因、事故危害进行剖析，以案例做警示，起到防微杜渐、警钟长鸣的效果。安全生产例会还针对本周的HSE情况、井控工作开展情况、一周生产流程存在的问题进行讨论及征询建议，对施工新增风险识别与消减措施进行分析总结。制订下周工作计划，提前预判下步工作存在的隐患和井控难点，提前着手做好人员、设备、工具的准备工作，有的放矢开展基层自我培训，提升班组防控风险能力，大大促进了基层队的安全运转。

自实施"1234567"巡检法，使队伍安全管理流程化、模块化，大大提高了员工岗位安全技能和巡检效率，加强了生产重点环节和关键设备风险管控，实现了3200多天安全生产无事故的良好纪录。

标准化放射源作业岗位巡检
确保放射源全过程安全受控

工程建设公司七建公司检测分公司揭阳检测队

揭阳检测队共有员工 13 人，主要承担广东石化硫黄回收联合装置、120×10^4t/年乙烯装置、寰球仓储中心通用材料入库原材料检验等无损检测任务。由于项目涉及大量大壁厚、大口径焊口检测，需使用大量放射源，放射源丢失、卡堵及夜间作业辐射误照风险突显，针对放射源作业风险，检测队严格按标准化班组要求进行过程管控，在放射源岗位巡检上形成了一套全过程、全方位的巡检做法，确保了检测作业风险全面受控。先后荣获工程建设公司"2021 年度先进'五型'班组""2022 年度文明班组"等荣誉称号。

一、分解流程，明确职责

检测队将放射源作业分解为出库、源机联接、检测、离场、入库等流程，通过 JSA 风险分析法分流程对放射源作业存在的辐射风险进行辨识，分析评价出放射源丢失、卡堵和辐射误照三项较大风险，将每个作业流程中影响三项较大风险的控制因素与作业岗位相结合，识别出控制风险的关键岗位，明确岗位管控工作职责，建立了全过程标准化的巡检制度，绘制了放射源作业全过程管控图（图1），确保放射源全过程安全管控。

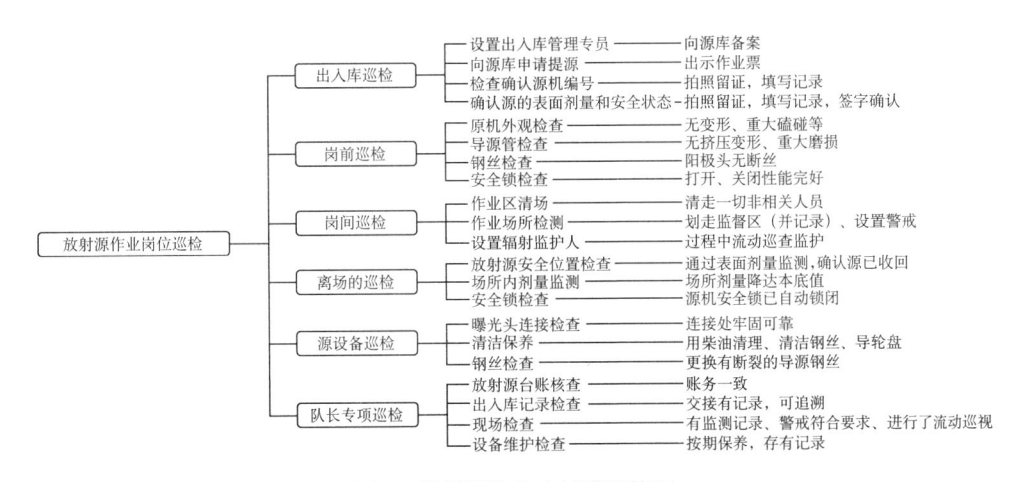

图 1　放射源作业全过程管控图

二、放射源出入库巡检

检测队设置放射源出入库管理员,由持有放射源辐射操作证人员担任,并将人员身份证、资质证、照片报源库备案,所有放射源的出库由专人负责,其他人员无权从源库提源。出入库管理员每日凭 γ 源作业票向源库管理员申请放射源出库;出库时,双方先共同确认源机编号正确无误,再用辐射剂量仪对放射源机进行监测(图2),确认放射源在安全位置,确认过程需进行摄像或拍照留证,并填写放射源出入库记录(图3),签字确认后方可出入库。通过出入库巡检,保证了放射源在出入库环节绝对受控。

图2 γ 源出入库监测 　　　　　图3 γ 源出入库记录

三、放射源作业岗前巡检

每日放射源作业前,由各作业机组长对放射源设备系统进行检查,避免源机带病作业。检查内容包括:源机表面不得有变形、磕碰等重大损坏,放射源输源管不得有挤压变形、重大磨损(图4),导源钢丝阳极头不得有断丝(图5),源机安全锁性能良好等关键事项。

图4 输源管外观检查 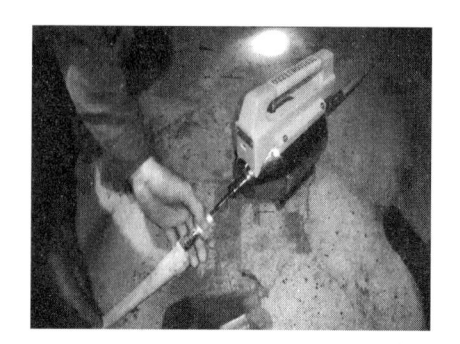　　　　　图5 输源钢丝阳极头检查

四、放射源作业岗间巡检

作业现场设置辐射监护人，负责每日作业过程中的现场巡检，避免作业过程出现误照事件。巡检内容包括：作业区全方位清场，清出一切无关人员，做到不清场或清场不彻底不作业；对作业场所辐射剂量进行监测，划定辐射监督区，设置好警戒灯、警戒绳、警示牌、语音喇叭，并填写监测记录（图6）；检测过程中，在监督区外围进行流动巡视，防止无关人员误入作业区（图7）。

图6　场所监测记录　　　　　　　图7　γ源作业巡检

五、放射源离场前巡检

每日放射源离场前，各检测机组长负责开展放射源离场前检查，避免放射源意外脱落、丢失。检查内容包括：在收回放射源后，使用辐射剂量仪在源机表面10cm范围内，检查确认放射源已收回源机安全位置（图8）；离场前使用辐射剂量仪对作业区（远离源机5m以上）辐射剂量进行监测，确认处在本底辐射值后方可将源运离现场（图9）；确认源机安全锁已处在自动锁闭状态。

图8　收源后检查确认　　　　　　图9　γ源装车离场前检查确认

六、放射源设备巡检

检测队配备经设备厂家专项培训的放射源设备管理员，每周对放射源设备系统进行检查保养，确保设备性能良好，有效消除使用过程中的源卡堵、掉落风险。检查内容包括：使用胶布固定曝光头与输源管的连接处（图10），使用柴油清理、清洁钢丝、导轮盘，检查并更换有断丝的钢丝等（图11）。

图10　对输源系统检查保养

图11　更换新导源钢丝

七、检测队长专项巡检

检测队长每月至少组织开展一次放射源专项检查（图12），促进各岗位巡检制度有效落实、执行，从领导和组织管理上保证了放射源全过程的安全受控。检查内容包括：查放射源台账，到源库核实放射源安全状态，做到账物一致（图13）；检查出入库管理员源出入库记录的完整性，交接过程要有凭有据；检查监护人现场监测记录真实性，警戒设置要符合要求，履行流动监护职责；设备管理员的源定期保养记录等。

图12　队长亲自现场巡检

图13　γ源专项巡检记录

通过标准化班组建设，实施放射源全过程标准化岗位巡检，使岗位员工各尽其责，确保了检测队26枚放射源使用全过程、全周期管理受控，切实做到不丢失、不被盗、不失控。在顺利完成检测任务的同时，有效避免了辐射安全事件的发生，得到了业主、监理和当地生态环境主管部门的一致好评。

操作标准化"三步走"
助推基层QHSE标准化建设落地见效

长庆油田公司机械制造总厂注水设备制造分厂

注水设备制造分厂即原数字化抽油机制造分厂，2022年3月在长庆油田公司机械制造总厂大部制改革时更名为注水设备制造分厂（以下简称分厂）。主要从事油田注水工艺相关地面承压设备的生产。分厂积极践行"产品的质量即是客户的安全"管理理念，以质量为出发点，以安全为落脚点，通过运用"生产工艺模块化，生产流程精确化，过程监督全员化"的"三步走"方法逐步实现操作标准化，牢牢抓住产品本质质量与人员本质安全。近年来，分别荣获了长庆油田公司"2021年度基层QHSE标准化示范站队"、机械制造总厂"2022年度先进集体"、机械制造总厂"2022年度QHSE管理先进单位"等荣誉。

一、打基础，生产工艺模块化

分厂在长期的生产过程中不断探索，针对各类产品生产周期短、承压等级高、材料规格多等特点，通过"模块分解与组合、模块标准设计、模块工艺确认"对产品生产工艺重新进行了模块化设计。

1. 模块分解与组合

将产品各部分按功能划分为压力管道、橇体、电仪三个一级模块。各一级模块下面又分别分为二级模块、三级模块和多级模块，直至加工制造的最基本单元。在生产过程中对基本单元逐级进行制造组装，形成一级模块，再根据不同型号，进行最终组装。

2. 模块标准设计

按照压力管道标准和规范，对压力管道模块各工序进行标准化工艺设计，明确各工序公差控制范围，提高模块精度，保证模块的互换性；对电仪模块的连接方式、尺寸、紧固件标准进行统一要求，对通信协议采用有线RS485信号并对其命令进行了规范，确保不同供应商电仪的互通互换；对橇体型号进行整合，减少规格种类，重新标准化设计，统一尺寸。

3. 模块工艺确认

对零部件进行结构分析，划分出包含典型特征的模块，根据检索到的特征模块和零件划分的特征模块相似程度，决定直接复用或经过横向、纵向、复合拓展后复用。根据划分的模块特征，编制基于模块的生产工艺。模块化生产工艺达到了 100% 的复用率，根据产品需要，通过快速选用复用模块化工艺，形成最优生产路线，支持模块标准设计和模块分解与组合的实现。

产品未动，工艺先行，工艺是产品生产的必备条件和重要基础。分厂通过生产工艺模块化的实现，明确了生产流程，为操作标准化奠定了坚实基础。

二、再完善，生产流程精确化

分厂梳理产品的生产流程，先是以工序路线最短为原则，划分组对、焊接、总装、试压等生产区块，并按区块划分对生产设备进行标准化定置摆放，再明确生产流程中各工序的控制点、责任主体和作业规范，最后运用操作人“自检”，分厂全员“互检”，检验员“专检”的“三检制”质量控制方法，对产品全生产流程实施精确控制，最终形成了以“一书一卡一表”为核心的精确生产流程管理模式。

1.“一书”——作业指导书

结合模块化生产工艺，将所有产品原有的零部件制造卡和零部件组装卡进行整合，形成全新的作业指导书，作为生产的标准化程序指导文件，精确规范每件产品及每道工序的作业程序。作者指导书框架内容见图 1。

智能稳流配水阀组作业指导书

编制： 日期：

审核： 日期：

长庆石油勘探局有限公司机械制造总厂

智能稳流配水阀组组装作业指导书

序号	工序	工艺内容及技术要求	适用文件	设备工装	质控点	备注
1	准备	集中所有的自制件、甲供料，查看零部件是否正确无误。				
2	划线	根据图纸要求，在底盘上划鞍式支座安装位置线。	图纸			
3	安装	根据图纸要求，在底盘上安装带鞍式支座的分水器。	图纸			
4	焊接	根据图纸要求，焊接鞍式支座垫块与底盘，焊接牢固。	图纸	弧焊机		
5	组焊	根据图纸要求，组焊底盘与房体立柱、横梁。	图纸	弧焊机		
6	安装	根据图纸要求，安装房体前后墙板。	图纸			
7	清理	清理各接管、弯头、变径接头对接处的油污、铁锈等杂物，磨光对接		角磨机		
8	划线	根据图纸要求及管线1、管线2实际尺寸划管卡支撑线，划穿墙管1、穿墙管2开孔线，划管线1中单头短节开孔线。	图纸			
9	开孔	在房体后墙板开穿墙管1、穿墙管2孔，在管线1上开单头短节孔。	图纸	乙炔气割枪 手电钻		
10	安装	从分水器注水口连接角式过滤器、DN50闸阀、预制出水管线；从分水器出水口接管法兰接管法兰依次连接DN25闸阀、法兰结、注水仪、预制管线、DN25闸阀、预制管线。要求： 1、法兰接头装配应与管线同心，并应保证螺栓自由穿入； 2、配对法兰间应保持平行； 3、所有螺母应全部拧入螺栓，螺母上未完全啮合的螺纹应不大于1个螺距，螺母两段不受限制时，螺母两端剩余螺纹基本保持一致。	GB/T20801.4-2006、图纸			
11	焊接	根据现场实际尺寸及图纸要求，焊接管卡支撑。	图纸	弧焊机		
12	安装	安装房体墙板、防盗门、安全标识、起重标识等房屋主体，安装压变。要求铆钉位置水平或垂直，间距均匀，铆接应该牢固可靠。	图纸			
13	试压	根据图纸及压力试验工艺要求，对阀组整体进行试压，强度试验压力37.5MPa，稳压10分钟，密封试验压力25.5 MPa，稳压30分钟，稳压期间无泄漏、无变形、无异常声响且压降不得超过试压压力的5%为合格，试压合格后出具试压报告。	GB/T20801.4-2006	东瑞试压平台	H	
14	安装	试压合格后，安装协议箱、插座、电热板、灯、开关等仪表。	图纸			
15	接线	根据仪表接线原理图要求，在房体内进行布线，仪表接线。	图纸			
16	除锈涂漆	根据图纸及涂漆作业指导书要求，对管线、阀门进行除锈涂漆。	图纸、涂漆作业指导书			
17	总检	对阀组整体进行出厂前总检。	图纸		H	

审核： 编制：

图 1 作业指导书框架内容（以智能稳流配水阀组为例）

2.“一卡”——过程控制卡

以落实生产单位 QHSE 主体责任，强化生产过程控制为目的，通过细化工序控制点和关键工序,明确各工序检验责任、方式和内容,理顺质量控制流程,编制形成过程控制卡,一件产品一张卡,作为过程控制资料,实现了"三检制"与生产的紧密融合。过程控制卡框架内容见图2。

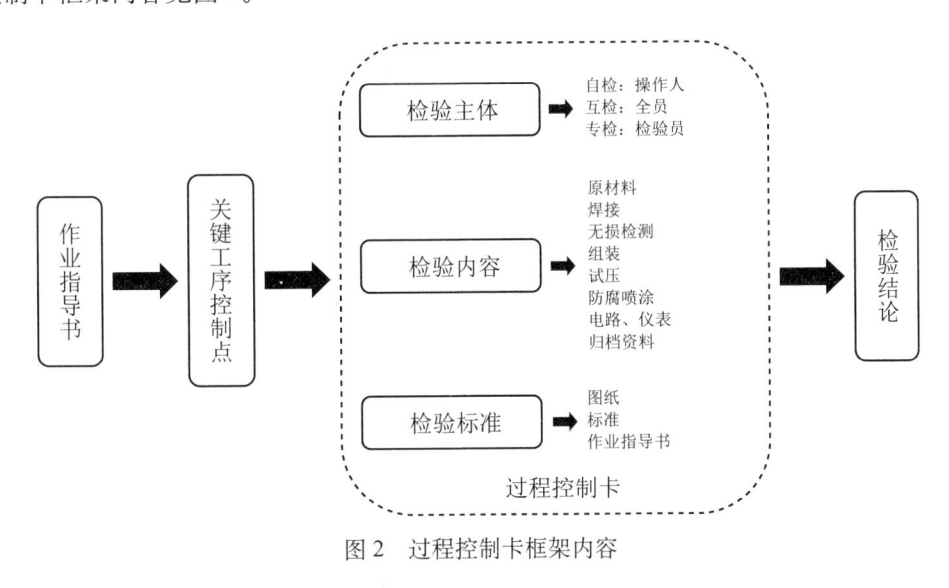

图 2 过程控制卡框架内容

3. "一表"——施焊记录表

借鉴特种设备质量控制要求,将施焊记录表作为产品过程控制卡的重要补充部分,以实现产品质量、安全、健康、环境问题的可追溯性。

通过完善全生产流程文件,对每道生产工序的操作规范、责任主体进行了精确指导,让操作标准化有据可依。

三、促巩固,过程监督全员化

以作业指导书为抓手,以过程控制卡为载体,以"三检制"为工具,通过"工艺目视化、值日监督员、例会通报"形成闭环,建立全员过程监督机制。

1. 工艺目视化

将作业指导书进行目视化管理,把关键工序控制点工艺文件按各生产区块张贴于各工位、过程控制卡张贴于橇体模块,随工序进行流转,确保全员随时了解生产流程及其规定动作,为全员监督发挥指导作用。

2. 值日监督员

制定"值日监督员"制度,由分厂全员每日轮换,担任临时监督员,以作业指导书为依据,负责生产区域内产品生产全过程监督以及"三检制"中"互检"环节的签字确认，同时就发现的问题及时通知管理班进行处理，让操作标准化的"规定动作"落实落地。

3. 例会通报

通过值日监督员每日现场查，管理班周例会通报问题处理结果，分厂每月初对查摆问题汇总分析并制定对策，形成"日检查，周通报，月汇总"的闭环管理模式，有效提高了分厂管理效能。

分厂扎实开展规定动作，杜绝自选动作。通过上述方法，实现了全生产过程操作标准化，取得了"三提两降"的显著成效。即管理水平提高，生产信息精准，响应速度加快，质量、安全隐患消减高效；产品质量提高，焊缝一次无损检测合格率98.5%，提升6.8%，压力试验合格率99.9%，提高5.6%；生产效率提高，月最大产能达到250余套，提升150%；生产成本降低，无损检测费用年平均节约27万元，标准化模块可对原材料套裁，材料费用年平均节约5.6万元；产品本质安全风险降低：质量提高，减少承压管线使用安全风险，产品模块化便于安装及维护，避免动火作业带来的安全风险。

"不操作、少操作、标准化操作"
减控操作风险　确保安全生产

塔里木油田公司哈得采油气管理区哈得一联合站

哈得一联合站管辖油气生产井共计 85 口，计转站 10 座，大型联合站 1 座，是富满油田油气处理中心。油气生产井多而分散，联合站工艺之间相互交织流程复杂，高压、高含硫操作风险高、频次高，联合站积极推行"不操作、少操作、标准操作"做法，有效削减、控制操作风险，具体措施做法如下。

一、让"不操作"成为主流，源头消除操作风险

不操作必定标准。通过以下两个方面的措施消除部分可避免的人为操作，不操作就不会产生动态风险，即为最标准最安全。

1. 提高自动化程度，消除人工操作

实施气提塔原油进口、原油缓冲罐气相出口新增调节阀等 12 处自动阀门代替频繁操作手动阀门；压缩机机组橇内、界区阀门为全自动控制阀，实现 13 台压缩机全部一键启停；增设 258 个电伴热状态检测上传 DCS 实时监控，告别人工巡检；4 座计转站通过改造提高自动化水平，达到远程监控和操作的目的，在管理区率先实现无人值守。

2. 通过风险等级评估减少操作频次

基于对各区域风险评估的结果，巡检频次由 2h/ 次均不同程度降低，实现各专业巡检次数减少 60%；8 项重复工作利用数智化替代，如智能门禁代替人工核查进出生产区域人员资质，减轻由于施工人员进出数量多、单位杂导致的繁杂工作量。

二、让"少操作"成为常态，大幅削减操作风险

智能操作比人操作更标准。依托以下数智化手段代替人工巡检和辅助高危作业监控，降低运行过程中高风险作业频次，加强施工作业监督力度，从源头控制风险。

1. 智能轨道代替人工巡检

高风险厂房安装智能轨道巡检，实现参数比对、气体检漏、装置测温、"低老坏"排查四项功能，降低人员进入高风险有限空间频次，例如输送介质含硫高达 $25×10^4$ppm（1ppm≈1.5mg/m³）的酸水回流泵房，通过智能轨道巡检、实现非必要不进入的目的，显著降低了人员中毒的风险。

2. 无人机代替人工巡检

塔器、大罐及管廊架顶部等画面传输，实现"低老坏"排查、气体检漏两项功能，取消高处人工巡检，例如湿法脱硫吸收塔、再生塔高达 30 多米，利用无人机代替人工攀爬检查塔顶就地压力表数值和跑冒滴漏，消除人员登高风险。

3. "安眼工程"辅助监督

利用双目机器人、布控球和 AR 智能眼镜等智能穿戴设备全方位辅助监控高危作业，高风险作业线上监控率 100%，进一步强化作业监督，例如安全工程师在中控室即可通过监控远传系统，实现对站外偏远地区施工作业现场的不定期抽查，极大地提高了对高危作业现场管控的效率。

三、让"标准操作"成为习惯，有效管控操作风险

让操作符合标准，让标准成为习惯。通过以下三个方面的措施来指导和辅佐员工现场操作和维护工作，培养员工标准操作意识，增强维修维保的规范程度。

1. 操作卡覆盖全部操作行为

根据风险等级编制确认卡、指导卡，通过早班会强调、现场安排专岗督查等方式，培养员工坚持持卡操作的习惯，用操作卡规范员工操作行为，例如 A 类设备启停，站队长需在操作卡签字下令，操作人员启停机过程中持卡逐项进行检查确认后，才能进行启停机操作，确保一次性启停成功，减少由于误操作导致对设备的损害，进而间接避免由于设备异常导致的人员机械伤害。

2. 偏差处置手册覆盖全部参数异常

按照工艺全流程、参数全覆盖的原则，结合上下游实际和运行经验，编制全部包含关键参数的偏差处置手册，作为新入职员工培训评估和在岗员工练兵的"必选项"，指导员工开展预防性参数调整。

3.使用先进的工具规范维修维保

引进激光对中仪、轴承加热器、扭矩扳手、高精度检漏仪等十余项先进工具,规范修保过程,将配件安装标准化,以此来消除人为误差,同时降低员工劳动强度,例如运行人员使用高精度检测仪开展装置季度检漏时,可较远距离进行初测,避免了传统的直接近距离接触检漏,发现渗漏后则可穿戴空呼进行人工复检,降低了检漏过程中可能存在的人员中毒风险。

三项做法实施以来,站队本质安全水平明显提升,操作频次下降约30%,操作员工人数减少16%,大幅降低了人的不安全行为,夯实了站队安全管理的基石。

以标准化操作为抓手 打造"零失误"联合站

辽河油田公司沈阳采油厂集输大队沈一联合站

沈一联合站建于1987年，占地 $22\times10^4m^2$，拥有 10^4m^3 原油储罐 10 座、大功率机泵设备 56 台套，设计处理能力 $1000\times10^4t/$ 年，承担着沈阳采油厂原油计量交接工作，是全国最大的高凝油处理联合站。现有员工 59 人，年处理液量 360×10^4t，外销原油 107×10^4t，至今已连续安全运行 34 年。近年来，沈一联合站坚持贯彻集团公司基层站队 HSE 标准化建设有关要求，进一步强化管理标准化、操作标准化和现场标准化，全面深入推进基层站队 HSE 标准化建设，强化岗位员工执行力，努力提升本质安全水平，实现"零伤害、零污染、零事故、零缺陷"工作目标。

一、探索新型教培模式，提升员工核心操作技能

坚持面对面、手把手教育培训的同时，与互联网在线教育的方式相结合，向制度化、标准化、专业化的方向发展。通过"师带徒""蹲苗助长""技师养成计划"等活动为载体，逐步形成教育培训"链条式"机制，即突出思想淬炼、紧扣发展需求，提升过硬本领，坚持考评结合。开展线上教育 12 次，观看安全教育视频 26 次，签订师徒协议 8 份，组织安全互查 18 次，关注过程，注重结果，近两年，培育出首席技师 1 名，高级技师 2 名。

二、锤炼现场操作技能，夯实标准化操作基础

组织全员实操大练兵，按照相应比例，制作三相分离器、原油储罐、斜板除油罐、加热炉等设备仿真模型教具，录制操作微视频集中学习，每季度以班组对抗赛、安全比武等形式开展设备操作原理培训，让员工在实操培训和对抗赛中补齐操作短板。全年按照计划开展消防器材、逃生技能培训 12 次，组织停电、燃气泄漏、中毒、初期火灾等实战演练 14 次。每季度与消防支队、采油作业区等相关单位开展应急联动，不断提升应急抢险实战能力。

三、可视化操作流程，提升操作标准化管理水平

全面推进操作规程、操作流程简洁化、步骤化、目视化，采取图文并茂的方式，现场提示操作步骤、主要风险、设备参数和应急处置流程。截至目前，已制定并在操作场所显著位置标明"沈一联外供气管理操作流程""沈一联地横工作流程"等12处；建立"标准化启停离心泵""标准化启停加热炉"等操作指导卡15处，现场操作规程一目了然，操作"零失误"基础进一步夯实，岗位员工规范操作得到进一步提升。

四、营造反违章活动氛围，提升全员遵章守规意识

以"党员身边无违章"、全员"反违章 守禁令"、干部带头讲违章等活动为载体，全员签订《反违章承诺书》，并在站内设置反违章公示板，员工每日班前会进行反违章承诺，编制联合站重点整治问题清单，每日"对图、对表、对清单"开展自查，定期开展全员反违章检查，有效杜绝"三违"行为。

沈一联合站在抓好操作"零失误"联合站建设的同时，不断发挥"1推N"作用，带动其他站队自主开展管理提升"大会战"活动，进一步转变观念，培养习惯，孕育文化，向自主化安全管理阶段不断探索迈进。

运用"四种工具"打造员工操作标准化

吉林油田公司松原采气厂长岭采气作业区

长岭采气作业区(以下简称作业区)管辖的长岭气田是中国石油国内第一座整体开发的陆上高含CO_2气田。管理业务涉及天然气采气、集气、脱二氧化碳、脱水及CO_2增压、干燥、液化、储存、外输。设备、装置数量和种类多,涉及高压、腐蚀性强等运行风险,要求员工必须做到思想和行为受控。为此,作业区认真组织研究学习先进的标准化管理模式,结合自身特点,实施精细化自主管理,充分运用"四种工具"不断推进员工操作标准化水平提升。

一、运用"6S点检板",规范巡检行为,提高员工巡检执行力

6S是指整理、整顿、清扫、清洁、安全、素养,6S管理是对生产现场不断进行完善并逐渐提高员工素养的活动。"6S点检"就是把巡检的最佳路线、设备的性能、参数范围、风险等各项标准以示板的形式进行展现,简洁直观,让所有员工清楚"执行什么标准"。作业区组织编制不同岗位的6S点检路线图(图1),明确规定巡检区域、顺序、路线和内容,并对风险点进行提示。岗位员工在巡检流程中,逐项进行整理、整顿、清扫和清洁,以至全面消除隐患。每个巡检站设置1个巡检牌(图2),巡检牌上标明了该巡检部位的检查内容、控制要点,对可能存在的风险进行提示,规定每2h巡检1次,并通过拨牌方法来约束员工按时按规定时间巡检。

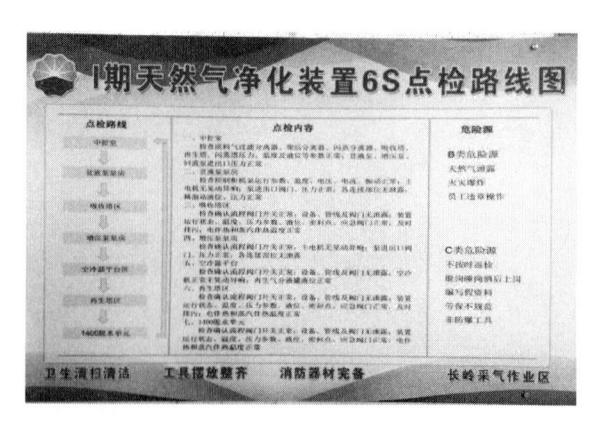

图1 巡检路线图

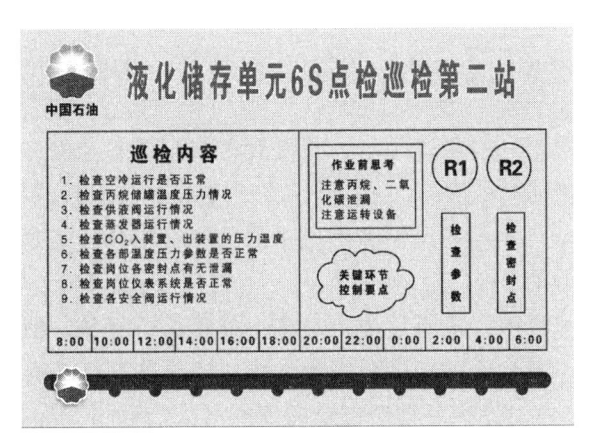

图 2　巡检站巡检牌

二、运用"目视化视板",实施看板操作,提高员工安全操作技能

(1) 使用设备管理卡,做到按图操作、纠正违规。对描述复杂的设备操作规程进行归纳和提炼,把设备关键部位、运行参数及操作步骤、安全注意事项等予以明确,简明清晰,制作成目视化视板(图3),放在操作现场,增强员工的识别、操作能力。员工按图操作,避免了错误操作。2014年10月,员工刘某在对高级孔板阀进行提取孔板操作时,放空排气时发现气体不能泄净,对比设备管理卡上的操作步骤,发现上提孔板不到位,平衡阀未关到位,按照设备管理卡的提示操作,安全平稳完成操作。

(2) 完善标识警示等视觉化,提高标准化现场水平。净化站设备、管线多,流程复杂,员工学习掌握时间长。作业区每次工程投产前先完善管道标识、阀门和设备状态标识,每逢标识损毁或工艺更新改造,必完善标识,一直做到每台设备、每条管线无遗漏。将需要看到的文件、要求、指令图表、视板的形式显露出来,让制度规定随时可见。

三、运用"ABC问题分类",界定问题归属,提高员工主动履职能力

实施前,每日出现的生产问题因为没有分类,没有明确具体责任人,只靠临时安排,有时互相推诿,或延误到交接班会上,错过了解决问题的最佳时机。我们实施ABC问题分类法,按岗位、班组和站队三个层次界定问题归属,C类问题由岗位员工解决,B类问题由班组协调解决,A类问题即时上报站队解决,明确了责任主体,让员工清楚"谁来干"。2013年6月17日,岗位员工游斌巡检到丙烷压缩机厂房时,发现房内有冷却油雾气,油冷器下方1支供油管路泄漏,立即将问题作为A类问题上报。值班干部及相关人员2min内赶到现场,半小时后处理完毕。由于严格执行ABC问题分类法,提高了问题的处置效率,避免了事故的发生。

四、运用"三级复核交接",检验执行效果,提高员工自我改进能力

实施前,员工交接班一般不去现场,交接时很多问题不全面、不细致,不明确交接的具体内容,出现问题则互相推诿,界定不了谁的责任。针对现状,作业区实行面对面、点对点交接,采取岗位员工、班组长和值班干部的三级审核,实现岗位无缝衔接。执行初期,部分员工认为复核内容多,费时费力,不逐项复核。2012年12月,脱碳岗和班长在一级、二级复核过程中,没有按要求对蒸汽伴热进行复核,值班干部复核时发现了除盐水伴热温度极低,及时处理。事后严肃考核,警示员工严格执行三级复核。2022年4月,班长张某二级复核时发现一期脱碳装置原料气入口调节阀处疑似有气体泄漏声音,拆开保温发现法兰刺漏天然气,立即汇报值班干部,采取紧固措施,避免了生产事故的发生。

长岭采气作业区通过HSE标准化建设的深入推进,员工安全行为得到进一步规范,履职能力进一步提升,安全生产风险管控能力进一步增强,天然气运行管理安全受控。

推行"四个标准化"
促进吊装作业规范管理

济柴动力公司成都压缩机分公司铸造分厂

铸造分厂是中油济柴成都压缩机分公司所属基层生产单位，现有员工85名，主要负责压缩机配件铸造、热处理、下料等生产业务，涉及木模制作、造型合箱、铁水熔炼、铁水浇铸、调质、淬火等作业活动，曾获得集团公司"绿色基层站队"称号。铸造分厂共有10台天车，吊装作业频率高、区域广、吊装物种类多，多人配合的吊装环节多，吊装作业风险高。为防控吊装作业过程中的风险，铸造分厂大力推行吊装作业"四个标准化"，成效显著。

一、吊装流程标准化

1. 吊装步骤标准化

对吊装内容按步骤进行拆分，实施分级分类管控。将作业前风险辨识、作业中规范操作、作业后总结反馈进行融合，形成"起重作业风险告知卡""事故隐患分类、分级登记管理台账""安全检查问题清单及整改情况"三种管理记录（图1），做到吊装作业全过程闭环管理。

2. 工艺流程协同化

以工艺改进优化吊装流程，将吊装流程与生产工艺深度融合，实现了单个压缩缸生产吊装次数从61次降低至30次，吊装频次下降50.8%。

3. 作业内容规范化

细化完善天车工、指挥、司索岗位责任清单，清晰工作界面、职责和责任，将吊装作业工作内容表格化、流程化、标准化，形成"岗位日常工作标准清单""HSE现场巡检表""吊索具日常保养、点检记录表""起重机日常保养、点检记录表"四种检查记录（图2）。

(a) 起重作业风险告知卡

(b) 事故隐患分类、分级登记管理台账

(c) 安全检查问题清单及整改

图 1　管理记录

(a) 日常工作标准清单

(b) HSE 现场巡检表

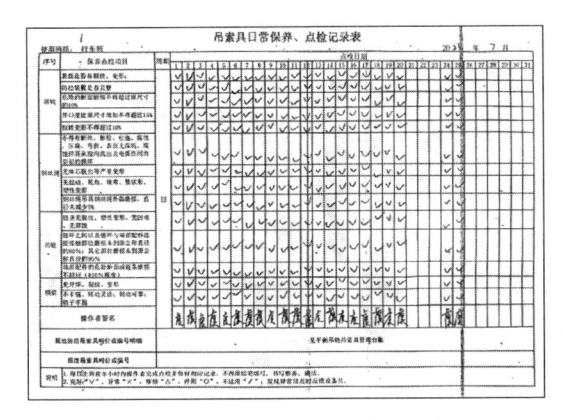

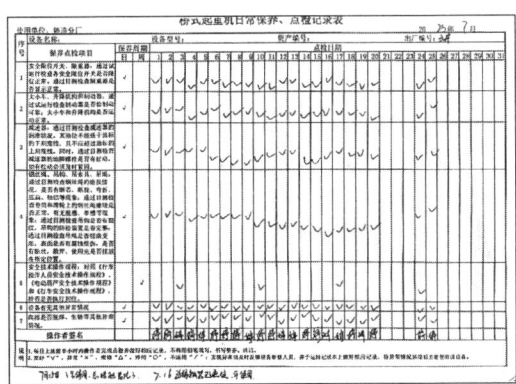

(c) 吊索具日常保养、点检记录表　　　　　　(d) 起重机日常保养、点检记录表

图 2　检查记录

二、岗位练兵标准化

1. 培训系统化

结合 HSE 培训矩阵，实现教材、教师、学员、频次、内容、要求六统一。通过班前会、单点课、专项技能提升、岗位练兵等，开展各类吊装作业培训（图3），提升吊装技能熟练度，岗位员工轮流担任授课老师，实现了全员"干中学、学中干"。

图 3　吊装作业培训

2. 实操练习常态化

狠抓技能实操"学"和"练"。通过反复地学，持续提升吊装作业安全技能水平；通过反复地练，不断打磨吊装作业真功夫（图4）。将岗位练兵成绩、个人技能水平与收入分配挂钩，每月评选"练兵之星"，形成铸造分厂吊装作业特色的管理做法。

3. 岗位协作精准化

天车操作者与指挥、司索等协作人员反复配合练习，精确规范指挥手势信号，以练为战，提升默契度。

图 4　行车吊水过桩练习

三、安全监管标准化

1. 吊装检查图表化

制定吊装专项检查图表，配套示意图明确吊索具、行程开关、制动设施等关键点的检查项点、步骤和内容，员工巡检对标、对表、对图，实现吊装作业监督标准化。

2. 吊装监控智能化

安装天车智能监控系统和安全警示投射系统，从视觉、听觉等多个维度，实现吊装环节、作业过程全方位的智能监控，将传统单一的警铃警示模式升级为全方位、多角度的声光和视频警示模式，实现了及时发现问题、智能预警预判，将隐患消除在萌芽状态（图5）。

图 5　正在使用对讲机指挥行车移动，下方为投射警示框

3. 监督考核体系化

分厂负责人、设备员、安全员、班组长共同组成监督检查队伍，采取"1+1"监督管理模式（即1次检查和1次整改验证同步进行）。并做好监督检查"四结合"，将检查与培训相结合，将检查与过程相结合，将检查与整改相结合，将检查与激励相结合，强化检查的效果。

四、作业过程标准化

1. 吊装工序模块化

根据不同的吊装作业和物料，将吊装工序和作业分解为68个吊装模块，结合国家标准，针对每个吊装模块编制"吊装作业指南"，图文并茂地明确不同尺寸和重量的物料应采取的吊装方式，明确每个模块应使用的吊索具、工装模具、工器具及吊装注意事项等（图6）。

图6 吊装规范展示

2. 吊物运行标准化

结合生产工艺流程，编制"吊物运行流程图"，固化每种物料的起升、平移、行走、降落、码放等过程，固化物料在吊运过程中捆绑方式、衬垫使用、牵引绳使用、主副钩配合等技术安全要求，固化吊装作业人员在吊物运行过程中的具体操作、站位、工序、步骤，固化吊运过程中的行进路线、指挥信号、安全监护、人员站位等要求。

3. 吊装工具定置化

根据每个班组的实际吊装需要，将吊索具分配到各班组进行定置、定量、定责管理（图7），按照每班实际作业内容，明确吊索具配置范围，包括吊索具类型、载荷、长度、材质等。

铸造分厂将复杂的吊装作业过程分解成多个单元，逐一进行简单化、标准化的流程定置，图文并茂地对作业内容、吊运过程、工作程序进行规范，确保吊装作业人员对作业要求和所执行规

图7 吊具三定管理展示

范记得住、记得准、记得牢。标准化的吊装流程、规范化的作业文件和直观的图文标识，实现了最简洁的指令、最简易的理解和最安全的作业。有效控制了吊装作业风险，强力保障了吊装作业的全流程受控。

规范行为　养成习惯　推进操作标准化建设

吉林石化公司炼油厂催化裂化三车间

2016年，吉林石化公司启动炼化装置HSE标准化创建工作，Ⅲ催化裂化装置是公司首批试点装置。8年来，车间始终将HSE先进管理理念、科学管理方法和实用管理工具深度应用于装置的生产操作、检维修及日常作业活动全过程，大力强化各类风险管控，持续提升员工执行力，使HSE管理水平不断提高，2021年获得集团公司首批"HSE标准化示范站队"荣誉称号。在实施HSE标准化创建工作以来，催化裂化三车间紧紧围绕"制度规程合规、人员行为规范、设备设施完好、现场目视化清晰"四方面，扎实开展创建工作，确保员工安全平稳操作。

一、固化操作经验，培训课件可视化，搭建"梯级培训平台"，岗位安全培训标准化

培训课件可视化。创新培训方式，围绕标准化操作，管理及技术人员对照操作规程、应急处置卡、管理制度编制各项关键操作、应急处置和高风险作业脚本，针对采样、装卸车、加注化工三剂等直接作业环节制作"目视化操作规程"操作展板（图1、图2），组织岗位员工制作培训微视频50个（图3、图4）、应急处置PPT10个，固化操作经验，实现操作标准化，有效规范员工的操作和作业行为、避免误操作，提高了操作可靠性。

图1　日常操作目视化展板　　　　图2　关键机泵目视化展板

图 3　主风机开机微视频课件　　　　　图 4　三机组操作微视频课件

构建规范化、标准化、系统化的培训机制，搭建"梯级培训平台"。制定岗位标准，每年进行2次定岗考试，重新核定岗位系数，提升员工自学、比学的积极性。搭建平台培养装置核心骨干。开展"首席操作员"和"岗位排头兵"技能竞赛。催化裂化三车间利用"每日一题、一对一培训"等多种培训形式，将技能培训同生产有机结合，提升了员工主动学习的积极性。

表1　标准化岗位知识点体系

催化裂化三车间反应岗位（班长）操作人员知识点体系					
单位：催化裂化三车间			时间：2016-3-11		
模块	培训项目		知识点	课件	负责人
健康安全环保（HSE）类	安全管理规定	HSE岗位职责	内操HSE岗位职责	炼油厂—催化裂化三车间—班长岗位—安全管理规定	武××
^	^	公司18项管理规定	进入受限空间作业	炼油厂—催化裂化三车间—班长岗位—安全管理规定	^
^	^	^	工业用火作业	炼油厂—催化裂化三车间—班长岗位—安全管理规定	^
^	^	^	高处作业	炼油厂—催化裂化三车间—班长岗位—安全管理规定	^
^	^	^	管线打开	炼油厂—催化裂化三车间—班长岗位—安全管理规定	^
^	^	^	安全观察与沟通	炼油厂—催化裂化三车间—班长岗位—安全管理规定	^
^	^	^	工作前安全分析	炼油厂—催化裂化三车间—班长岗位—安全管理规定	^
^	^	^	作业许可	炼油厂—催化裂化三车间—班长岗位—安全管理规定	^
^	^	^	挖掘作业	炼油厂—催化裂化三车间—班长岗位—安全管理规定	^
^	^	^	设备设施变更	炼油厂—催化裂化三车间—班长岗位—安全管理规定	^
^	^	^	脚手架作业	炼油厂—催化裂化三车间—班长岗位—安全管理规定	^
^	^	^	吊装作业	炼油厂—催化裂化三车间—班长岗位—安全管理规定	^
^	^	^	临时用电	炼油厂—催化裂化三车间—班长岗位—安全管理规定	^
^	^	^	能量隔离	炼油厂—催化裂化三车间—班长岗位—安全管理规定	^
^	^	^	投用前安全检查	炼油厂—催化裂化三车间—班长岗位—安全管理规定	^
^	^	^	工作循环分析	炼油厂—催化裂化三车间—班长岗位—安全管理规定	^

续表

模块	培训项目	知识点	课件	负责人
健康安全环保(HSE)类	安全设备及个人防护	各类灭火器、消防器材及装置污染物排放设施的使用方法	手提式干粉灭火器	炼油厂—催化裂化三车间—班长岗位—安全管理规定	武××
			手推车式干粉灭火器	炼油厂—催化裂化三车间—班长岗位—安全管理规定	
			消防栓	炼油厂—催化裂化三车间—班长岗位—安全管理规定	
			消防水炮	炼油厂—催化裂化三车间—班长岗位—安全管理规定	
			污染物排放设施的使用方法	炼油厂—催化裂化三车间—班长岗位—安全管理规定	
设备类	泵	结构	常规离心泵	炼油厂—催化裂化三车间—班长岗位—泵	周×
			往复泵	炼油厂—催化裂化三车间—班长岗位—泵	
			其他	炼油厂—催化裂化三车间—班长岗位—泵	
		开、停与切换操作	离心泵	炼油厂—催化裂化三车间—班长岗位—泵	
			往复泵	炼油厂—催化裂化三车间—班长岗位—泵	
	特阀	手自动切换操作	反再滑阀	炼油厂—催化裂化三车间—班长岗位—特阀	张××
			烟机入口切断蝶阀	炼油厂—催化裂化三车间—班长岗位—特阀	
			分馏塔顶蝶阀	炼油厂—催化裂化三车间—班长岗位—特阀	
			放火炬蝶阀	炼油厂—催化裂化三车间—班长岗位—特阀	
	反再设备	结构	反应器	炼油厂—催化裂化三车间—班长岗位—反再设备	张××
			沉降器	炼油厂—催化裂化三车间—班长岗位—反再设备	
			再生器	炼油厂—催化裂化三车间—班长岗位—反再设备	
			三级旋分器	炼油厂—催化裂化三车间—班长岗位—反再设备	
			余热锅炉	炼油厂—催化裂化三车间—班长岗位—反再设备	
	机组	结构	轴流风机	炼油厂—催化裂化三车间—班长岗位—机组	刘×
			烟机	炼油厂—催化裂化三车间—班长岗位—机组	
			汽轮机	炼油厂—催化裂化三车间—班长岗位—机组	
			离心压缩机	炼油厂—催化裂化三车间—班长岗位—机组	
		开停机操作	轴流风机	炼油厂—催化裂化三车间—班长岗位—机组	
			烟机	炼油厂—催化裂化三车间—班长岗位—机组	
			汽轮机	炼油厂—催化裂化三车间—班长岗位—机组	
			离心压缩机	炼油厂—催化裂化三车间—班长岗位—机组	
		切换	轴流风机	炼油厂—催化裂化三车间—班长岗位—机组	

二、构建车间级作业风险预警机制，风险告知公示，全力推进操作唱票制，推进员工行为安全管理标准化

施工风险广而告之，安全承诺公示上墙。建立实施车间级操作作业风险预警机制，制定《安全提示、承诺卡实施办法》，按照常规作业，工艺操作、设备操作、施工作业、

极端天气进行分类，结合当班具体操作和作业实际情况，分专业在班前进行提示和提醒，员工做出严格遵守相关安全要求的承诺（图5、图6）。通过上述措施有效控制人身伤害事故。

图5　安全承诺告知单　　　　　　　　图6　操作指令板

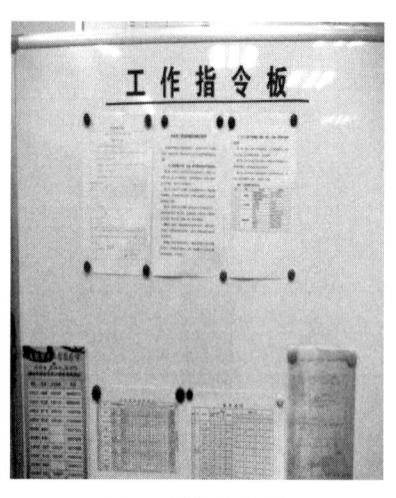

唱票作业多级确认，伸手要干保险活儿。为贯彻落实生产操作"四有一卡"工作要求，全力推行唱票制操作卡，制作单项操作卡、开停工操作卡模板，完成776项唱票制操作卡修订工作，规范和统一了操作卡编制及填写形式，在全厂范围推广学习。在唱票制执行过程中岗位人员严格执行车间管理制度，做到了作业前准备工作有响应、作业过程中步步有确认、作业结束后有反馈（图7）。通过唱票制操作卡编制和执行，极大提升了员工标准化操作水平，极大的提高操作的可靠性，高效地避免了作业过程中误操作的风险。

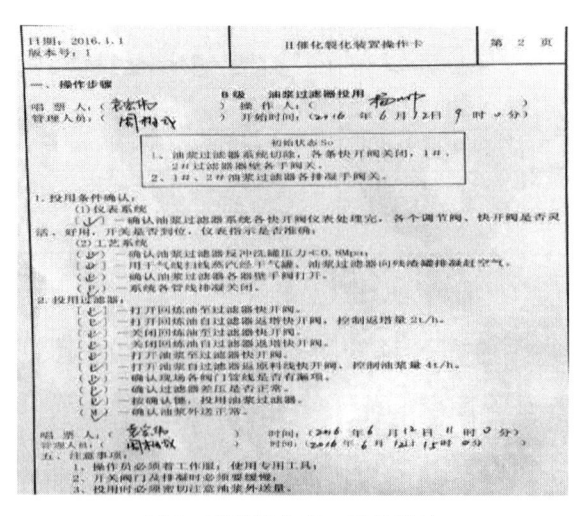

图7　唱票操作卡，步步确认

三、演练即实战，常规+双盲式应急演练练精兵，强化员工操作处置能力

为进一步提升车间员工应急操作水平，有效控制和最大限度减轻突发事故、事件造成的危害和影响，车间有针对性地开展人员应急处置能力培训和应急能力提升工作，定期开展常规+双盲式应急演练。通过应急演练进行模拟完善，不断锤炼员工应对突发事件的处置能力，在演练过程中找出处置过程中的不足，做到风险防范有主次、处置过程有先后。通过模拟演练固化班组人员在应急操作时的分工，极大地提高了班组员工在应急处置过程中的处置效率。应急预案如图8所示。

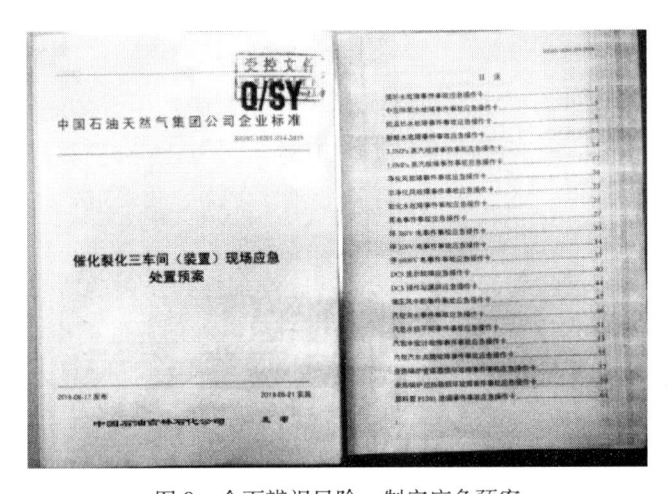

图8 全面辨识风险，制定应急预案

吉林石化公司炼油厂Ⅲ催化裂化装置通过持续开展HSE标准化建设，进一步夯实了车间管理基础，改变了现场环境，并以环境的变化带动了员工状态的变化，进而规范了员工操作行为，形成了一个由表及里、由外向内，持续改进的过程，逐步将HSE理念及制度融入了管理流程，保障了装置的安全平稳生产。

"防坠器+安全带"组合使用方式提升铁路栈桥收油作业安全

吉林销售公司白城分公司白城油库

白城油库位于吉林省白城市洮北区西青龙路，总库容为 57600m^3，属于国家二级油库，主要负责白城及周边地区成品油供应，2018年、2021年分别获得吉林销售"安全环保先进单位"称号。油库收油方式采用铁路收油，发油方式采用公路发油，年周转量为 80×10^4t。油库在收油作业过程中，存在安全架与鹤管碰撞或安全带与鹤管缠绕现象，造成接卸人员失去平衡，极易引起坠落事故发生，增加接卸作业活动中的不安全因素，成为较大风险。基于上述情况，白城油库打破固有思维，创造性提出"防坠器+安全带"组合使用方式，有效削减人员坠落风险，保障收油作业安全。

一、分析原因，查找现象本质

针对上述问题，白城油库迅速成立创新攻关小组，由油库主任、副主任及设备、安全管理人员组成。通过调取录像，反复观察、分析，通过对安全架、鹤管及铁路油罐车罐口三者关系的分析、研究，发现主要存在以下问题：

（1）安全架的使用时所处的位置与鹤管移动到卸油栈桥的路径有重叠部分，易发生碰撞，如图1所示。

图1 鹤管与安全架碰撞

(2) 由于铁路油罐车的容积大小不一，铁路油罐车停车对位误差等原因，造成安全架到每个油罐车罐口的距离不一致，人员操作时作业范围较大，安全绳使用长度较长，作业中影响接卸鹤管活动、移位，造成安全绳与鹤管发生缠绕，既影响正常卸油作业，又增加了作业活动中人员操作的难度，存在较大安全风险。

二、科学研判，寻求解决方法

目前，亟需解决的难题是如何找到一种既能避免鹤管与安全带缠绕又能规避与安全架碰撞的方法，攻关小组反复讨论（图2），有的员工提出将安全带挂在铁路罐车护栏上，有的员工建议改变安全架的位置，这些建议都一一被反驳。突然，油库办公楼下一辆汽车的鸣笛让大家产生一个共同的想法，那就是如何效仿驾驶员在车辆行驶过程中使用安全带这种模式，通过收集资料、反复论证，创造性提出"防坠器＋安全带"组合使用方式。

图2 攻关小组现场讨论

三、现场试验，夯实理论依据

为了保证使用效果，白城油库使用一个防坠器进行试验（图3）。预先用4个铝桶装满沙子，单个重量为30kg。试验中，分别将30kg、60kg、90kg、120kg铝桶挂在防坠器钢丝绳的一端后，从铁路槽车上推下，当钢丝绳受到拉力，防坠器内锁止系统即自动锁止，钢丝绳拉出的安全距离不超过0.2m，起到防护作用，达到防护要求。

四、研发批准，产品投入使用

为了确保"防坠器＋安全带"组合使用的安全性、科学性、规范性，吉林销售及白城分公司（二级单位）聘请专业老师现场指导（图4），经过专家论证一致同意白城油库可以使用"防坠器＋安全带"组合，能够有效保证收油作业安全。

图 3　现场试验

图 4　现场专家帮扶指导

防坠器安全带从 2020 年 9 月 26 日正式投入使用后至今，员工在接卸作业活动中没有出现鹤管与安全绳缠绕或与安全架碰撞的现象，避免由于缠绕或碰撞发生坠落的风险，为油库接卸作业提供了安全保障。目前，该技术成果除在白城油库推广外，也在吉林销售其他 9 座油库陆续推广使用，员工反馈好，推广使用范围还在持续扩大。

推行"手指口述"操作模式提升装置安全生产管控水平

大连石化公司第二联合车间

大连石化公司第二联合车间（以下简称车间）下属 350×10^4 t/年重油催化裂化、140×10^4 t/年重油催化裂化两套重催装置，同时还有 200×10^4 t/年柴油加氢、10×10^4 t/年石蜡加氢（2套）等两套加氢装置，处于公司生产链的关键环节。为保障各装置生产平稳受控，车间制定了"手指口述"的相关操作要求。

"手指口述"是一种通过心（脑）、眼、口、手的指向性集中联动而强制作业人员注意力集中的操作方法，操作人员通过心想、眼看、手指、口述等一系列行为动作，熟练掌握本岗位安全生产操作技能，明确操作的每一道关键工序、每一处关键部位、每一个关键操作中可能存在的风险与控制措施，进而达到日常工作中注意力高度集中，认真确认、规范操作、避免操作失误，消除事故隐患，最终实现装置的安稳运行。

一、针对内操的相关要求

（1）常规操作严禁使用数字输入直接调整生产参数。对操作台数字键盘加装盖板，避免日常误碰触及输入操作。原则上要求常规操作使用 DSC 画面单、双箭头进行操作，并且单、双箭头只允许进行逐次点击，禁止按住不动进行调节。确实需要输入数字调整时，在操作唱票记录表中做好记录，并在另一人监督确认下执行。

（2）操作前先进行口述操作内容，并得到他人监督回应。在正常操作时，操作前操作人员必须用手或鼠标指到操作参数前，用对讲机口述一遍操作过程，内容包括调整部位、仪表位号、初始值、调整值，确认无误后，再进行调节，操作期间，班长要有回应、提醒并监督。

（3）输入数字操作务必做好唱票确认。如果确实需要输入数字的操作调整，须先用对讲机口述操作过程，内容包括操作部位、仪表位号、初始值、调整值，并在操作唱票记录表做好记录，记录输入的调整数值，同时在另一人监督确认下方可执行。

（4）应急时的操作应做好复述确认。应急状态下，调整前内操可不用对讲机口述，但必须自己口述一遍，确认无误后方可操作，调整后及时用对讲机口述一遍，班长要有回应。

（5）及时关闭已完成的操作对话框。操作调整完毕后，必须立即关闭操作对话框，再进行下一步操作，养成良好的操作习惯。

二、针对外操的相关要求

（1）操作前需得到许可确认。操作前外操必须站在拟操作部位标识前，按照标识内容口述操作部位、需要动作的阀门、目前状态及需要执行的操作，在得到班长或内操确认后再进行具体操作。

（2）操作过程中应关注并确认参数变化情况。操作过程中，阀门全开或全关作业，严禁一次调整到位，中途必须通过对讲机与内操确认参数变化情况，确认趋势与操作一致时，再进行下一步操作。

（3）操作完成后需进行二次确认。操作完毕后，必须与内操再次确认。

三、装置的管理要求

（1）确保硬件设施完整清晰。保证现场所有操作点位标识的文字、流向箭头、位号清晰准确，标识位置合理，方便操作前确认指读。

（2）做好录音备查。所有通过对讲机的手指口述操作均要在系统内录音，方便追溯检查。

（3）关注敏感时段。车间不在交接班前安排临时性操作，班组长统筹好本班次生产任务，不将生产操作遗留到交接班前，必须在交接班前完成的临时操作，须强化监督确认。

（4）杜绝口头指令。车间操作指令必须采取书面方式下达，避免以口头交接的方式向下传递指令及安排工作任务。

四、车间的监督管理

（1）日常检查督促。装置每天通过现场检查、对讲机抽查及视频抽查的方式，检查操作员手指口述法的执行情况。

（2）每周全覆盖抽查。车间将手指口述的监督检查工作纳入到日查周检中，每周至少检查一个装置，每月能够覆盖一次全车间，检查内容包括常规调整不使用箭头、内操输数操作未登记、外操开关阀门操作不进行手指口述等问题，检查记录要在日查周检中体现。

（3）及时考核纠正。专业处室定期检查各单位管理考核记录，通过仪表后台、录音系统等平台进行现场抽查，对执行不到位的问题定期通报并进行考核。

示范单位第二联合车间通过严格进行手指口述操作管理，建立班组提醒、装置监督、车间检查的立体体系，职工通过心想、眼看、手指、口述等一系列行为动作，切实感受到手指口述对安全生产、日常操作的重要性，促使职工思想认知发生了根本性转变，现场管理由粗放随意转向精细。该做法推行至今，车间未发生一起误操作事件。

"三精三防"强化标准化现场
实现被动应急转为主动防控

塔里木油田公司博大采油气管理区博孜油气运维中心

博孜油气运维中心是塔里木油田公司博孜油气区块油气开发的基层站队，主要承担油气生产井、集气站、天然气净化处理站的安全生产工作，遵从安全生产"抓早抓小、防微杜渐"的理念，遵循化解风险和隐患治理"早发现、早实施、早整改、早见效"的"四早"原则，积极开展以保证设备设施本质安全的精密检漏防漏、精准检测防爆、精细排查防窜"三精三防"特色工作，防止油气泄漏、爆炸等事故事件发生，不断提升安全生产水平。

一、精密检漏防漏

针对设备、管道、阀门密封连接处微小渗漏在日常巡检中不易发现，长期小漏变成大漏，造成被动应急的生产状况，梳理工艺管道、设备设施、仪器仪表等各动、静密封点，利用各种精密仪器分周期、分阶段、分区域开展密封点"跑冒滴漏"检测，提前发现微小渗漏，实现早处置。通过利用"可燃气体检测仪+激光检测仪"双重手段，"外部+拆开保温层"的叠加检测方式，红外激光云台自动巡检，远程视频在线定时巡检，实现全方位、无死角、多维度精密检漏。通过DCS参数趋势巡检，加强特殊井、特殊"点"监测，对参数变化、工艺设备投运等特殊情况，进行工程师+属地双确认，坚决杜绝"小渗漏"变"大刺漏"。

2023年以来，博孜油气运维中心已对重点、偏远井、场站安装7台激光云台，累计排查密封点45712处，主动发现漏点212处，举一反三排查415处，治小防大确保安全生产。

二、精准检测防爆

容器、管线因材质抗腐蚀性能及运行工况不同，存在壁厚不断减薄进而造成爆炸的风险。根据博孜9井"高温、高压、高产"三高特点，二级节流阀后弯头、地面管线出现腐蚀冲蚀速率快的问题，举一反三建立管线和容器薄弱部位"定人、定点、定时"的常态化壁厚检测工作，周期性检测和分析，动态化隐患整改，避免爆炸事故。优选测厚技术，统计总结减薄、裂纹、鼓包、缺陷、劣化、针孔、电偶 7 种隐患主要表现形式，开展宏观、超声、渗透、射线、电位、相控阵等多种检测方法，提高检测准确性。对弯头、变径等易被冲刷区域进行 360°长周期检测，形成高风险点动态数据监控台账，掌握壁厚变化趋势，提前预警。根据壁厚检测数据，结合管线材质、运行介质、运行状态，系统分析，针对性采取"药剂防腐＋管线更换"措施，降低管线腐蚀穿孔风险。

截至目前，博孜油气运维中心已完成博孜 18 井等 21 口单井碳钢管线及博孜 104-2 井等 18 口井加热炉碳钢管线更换为 22Cr 材质工作，有效避免管线局部壁厚减薄导致腐蚀穿孔和爆炸的风险，大大提升了站场的本质安全，为管线的安全运行及运维中心的安全生产提供了坚实可靠的保障。

三、精细排查防窜

根据天然气工艺处理特点和运行风险，精细排查梳理各井、线、站的气液、压力、介质分界点，理清高压窜低压、不同介质互窜、产生负压等风险点，严防窜压风险。排查工艺流程形成高压窜低压台账，按压力等级、介质种类、风险大小分级分类制订控制措施。将工艺安全分析和风险识别应用到台账中，建立管线、阀门、工艺参数的高低压分界点运行和监控参数台账，做好现场目视化及风险提示，做好"防、盯、管"工作。优化完善联锁系统，确保相关联锁的液位计、压力变送器等仪器仪表正常、联锁控制逻辑正确，提高自控系统可靠性，预防误动作。强化 DCS 报警处置，加强应急演练，提升人员生产异常情况应急水平，切实防止高压窜低压引发火灾爆炸的风险。

通过开展"三精、三防"工作，博孜油气运维中心 2023 年 1 月至 6 月生产异常、设备故障仅发生渗漏 3 起，同比降低 81%，将现场故障"遭遇战"化为隐患"歼灭战"，由被动应急转为主动出击，挥好了不漏、不窜、不腐"三板斧"，不断强化了现场标准化管理，牢牢把握了安全生产主动权。

充分发挥数字化优势
构建"油公司"模式下应急处置机制

西南油气田公司川中北部采气管理处

川中北部采气管理处是集团公司首个在气区新区新建产能区块构建"油公司"模式改革的试点单位。成立以来，管理处建立"机关直管井站"的扁平化管控模式，设置了生产指挥中心、应急巡维点两个班组，按照基层站队"三标"管理要求，搭建了"处级QHSE手册+应急巡维点两册一图+生产指挥中心两册一卡"的QHSE体系管理架构，实现了基层站队标准化管理，连续两年荣获西南油气田分公司QHSE先进单位。

一、搭建调控标准化管理体系

继承传统"两册一图"（即基层站队管理手册、基层站队操作手册、基层站队标准化图册）模式，创建调控管理手册、操作手册、工作卡（图1），形成数字化生产调控的标准化工作制度体系。管理手册从运行管理、受控管理、问题闭环管理等6方面明确运行模式、管理范围、业务种类和界面职责，规范管理流程。操作手册从信息沟通、巡检管理、应急处置等6方面制定具体标准，明确操作内容。工作卡由处置卡、记录卡、流程卡和指导卡构成，是核心业务的表单化，提升标准化工作精度和效率。

图1 调控标准化文件

二、构建“四全”生产管理模式

一是全气藏扁平化直管，集成全气藏集中监控、异常情况分析判断和应急先期处置等数据，实现生产指挥中心集中监控、集中指挥。二是全业务统筹运行，充分利用集中调控优势，以闭环管理、计划管理为龙头，强化集中统筹。三是全过程协同决策指挥，设立工艺设备、通信运维、自控运维等多种工位，打破部门壁垒，建立四级协同决策机制，实现生产异常会诊式决策。四是全时域安全管控，深化安眼系统、光纤预警等智能化系统应用，实现全时域安全管控。

三、实施应急处置协同决策工作机制

融合信息化技术，围绕生产现场主要风险，编制系统报警处置卡 37 份。成立“多岗位技术干部 + 运维商专业人员”工作团队，实施生产指挥中心坐班制，制定分级分类协同决策指挥矩阵（图 2），形成“油公司”模式下应急处置协同决策工作机制（图 3），实现现场异常情况协同决策指挥。

分级分类协同决策指挥矩阵

作业名称	分级	影响情况		处领导		生产指挥中心				生产安全办公室			项目建设与运维中心		
		产量或部位	井数	主要领导	分管领导	主任	副主任	副主任	业务主管	主任	副主任	业务主管	主任	副主任	业务主管
井口装置	Ⅰ级	无控部位		贾×	陈×	吴××	刘××			卿×	张×	杨××	王××	李××	
	Ⅱ级	有控部位			陈×	吴××	刘××			卿×	张×	杨××	王××	李××	罗××
工艺系统	Ⅰ级	500	58	贾×	陈×	吴××	刘××			卿×	张×		王××	李××	罗××
	Ⅱ级	300	20		陈×	吴××	刘××			卿×	张×		王××	李××	罗××
	Ⅲ级	100	5				刘××				张×			李××	罗××
	Ⅳ级	50	2									李××			
自控系统	Ⅰ级	500	58	贾×	陈×	吴××	刘××	粟×	魏×			李××	王××		
	Ⅱ级	300	20		陈×	吴××	刘××	粟×	魏×			李××	王××		
	Ⅲ级	100	5				刘××	粟×	魏×					陶×	
	Ⅳ级	50	2						魏×						
电力系统	Ⅱ级	500	58		陈×	吴××	刘××		古×		张×	李××	王××	陶×	张××
	Ⅲ级	300	20			吴××	刘××		古×			李××	王××	陶×	张××
	Ⅳ级	100	5				刘××		古×					陶×	张××
通信系统	Ⅱ级	500	58		陈×	吴××	刘××	粟×	陈××				王××		
	Ⅲ级	300	20			吴××	刘××	粟×	陈××				王××		
	Ⅳ级	100	5					粟×	陈××					陶×	

图 2　分级分类协同决策指挥矩阵图

2021 年 5 月，在集气末站内西区联络线收球筒旁通球阀注脂阀失效事件中，生产指挥中心调度人员收到报告后，第一时间会同值班的多岗位、协同团队开展会诊式先期处置，并按照四级协同决策指挥矩阵，立即通知管理处各级领导、各部门人员，到生产指挥中心应急指挥席协同指挥，快速制订了现场监控方案和管控措施，并由多岗位协同团队全程统筹全气藏关井整改，安全高效完成各站联锁旁路信息核对、片区 47 口井关井操作、净化装置停车、集气末站放空泄压、注脂阀整改、净化装置及片区气井复产等操作，使事态得到迅速控制，整改全过程仅耗时 3.5h，最大限度减少对生产的影响。该事件响应快速、处置专业，取得了显著效果和良好反响，检验了协同决策机制的实效性。据统计，2023年上半年管理处通过应急处置标准化，安全、平稳、高效地完成55井次堵塞异常井生产调整、9井次泄漏事件处置、173井次停电处置。

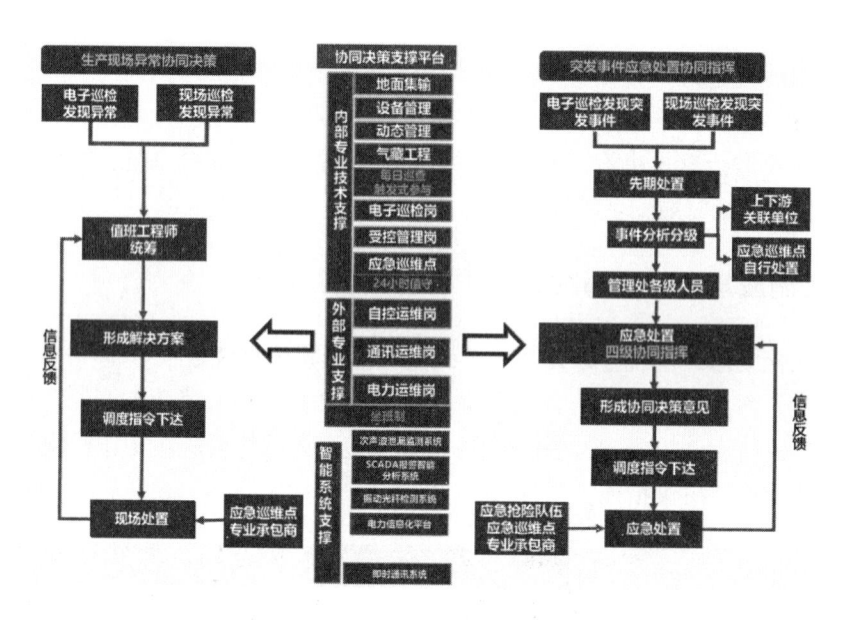

图 3　协同决策工作机制运行图

通过构建跨部门、跨专业、跨地域的全业务协同决策处置模式，依托数字化条件下远程技术支持，根据突发情况影响程度，由多技术岗位协同决策、领导干部分级指挥，实现分散指挥向协同指挥转变，较传统型三级管理模式，应急处置指令流转时间缩短40%、处置响应时间缩短30%、处置有效性提升20%。

推行"一三五"应急管理机制
同撑应急保护伞 共筑事故防火墙

哈尔滨石化公司第三联合车间重整加氢装置

重整加氢装置是由47名员工组成基层站队，该装置为公司主要的二次加工装置，装置特点"高温、高压、临氢"，装置不断健全完善"一三五"应急管理机制，通过每月班组有计划演练与"双盲演练"；应急培训效果现场抽查；应急演练脚本的编写评比；真演练、实拉动、善总结、严考核等措施提升应急管理。

一、夯实基础，固化流程

1. 处置卡管理做到"认真负责、科学精准、简单高效"

应急准备强调预案操作性，装置成立应急操作卡编制小组，将每个处置卡经过"会议式"严、细评审，集思广益，各专业从不同角度来把关，从追求数量到追求质量转变，从高速的工作模式向高质量的工作模式转变，最终形成的处置卡科学、精准、简单、高效。

2. 固化应急响应流程

制定应急响应流程。明确职责分工，制作小卡片将每人应急工作内容固化，内容清晰明了，便于加深记忆、使用，从报告、应急响应启动、成立指挥部、指挥权交接、下达指令（包括：生产调整、环境监测）、状态确认、响应结束、人员清点、现场点评一目了然。结合"双盲"演练进一步让大家熟悉应急响应流程，锤炼了班组长应急指挥能力和对应急演练过程的整体把握，提升操作人员应急意识和技能。

3. 强化内部监督考核

每月分阶段、有重点地落实阶段性量化检查，将整个应急管理程序赋予分值，根据开展情况逐步进行打分。如月初检查培训学习情况和上月演练问题、开展内部监督检查问题回头看；月中检查应急物资维护保养，月底检查应急演练记录和问题整改，对于检查发现问题对照打分，根据得分兑现内部考核。

二、坚持统一指挥，建立健全应急管理体系

1. 抓关键，强"兵头"，拉动班组整体演练实力

班组长是车间"兵头将尾"，是应急演练与生产应急处置的关键。车间首先下力气做好班组长、值班长的应急培训，让其清晰应急指挥流程与各岗位响应行为，提高指挥能力，突发应急情况做到有的放矢，统一指挥，第一时间精准合理安排班组员工具体应急处置工作，从而拉动班组整个应急实力。

为便于班组长对应急指挥流程与各岗位响应行为的记忆和理解，每月按照拟定演练场景、应急处置卡、班组应急职责清单编写急演练脚本，脚本交装置长审核，保证其准确性与可执行性，再组织班组员工培训，强化记忆，"固化"应急响应动作。特别组织好关键装置、要害岗位、重点环节、特殊作业的生产操作人员和施工作业人员的岗前培训。

2. 成立车间应急演练观察小组

车间成立以安全总监、安全组长、装置长工艺技术组长、设备技术组长为首的观察小组。从应急拉动、应急启动、应急响应到应急结束四部分17项关注重点内容分配至具体观察员，演练过程中，观察员采取"跟班"式观察记录演练过程中出现的问题，演练结束后统一讲评反馈。车间应急演练观察小组成员定期参加公司级及其他基层单位应急演练观察，查缺补漏，不断提升观察员自身应急管理水平，通过成立车间应急演练观察小组，查短板、理思路，充分发挥观察员的作用，传经验、想措施，提高车间应急演练水平。

3. 演练中检验现场处置方案、应急处置卡的有效性与实用性

通过边演练边检验的方法，及时对现场处置方案、应急处置卡进行修订，确保其有效实用。特别是针对装置停工检修、日常生产过程中进行的技改技措及隐患治理项目实施所带来的工艺、设备变更，在组织相关专业开展现场处置方案、应急处置卡修订的基础上，通过实际演练，并结合现场实际生产情况，再次对现场处置方案、应急处置卡进行修订，尤其是一分钟应急内容中发生变更的工艺处置流程、设备位置、操作顺序等，确保现场处置方案、应急处置卡有效实用。

4. 开展"竞赛式"培训，提升应急处置能力

为进一步强化员工的应急救援能力，培养员工掌握心肺复苏急救技能，车间每月按计划组织员工开展空呼、隔热服穿戴及心肺复苏急救技能培训、竞赛，班组之间捉对比拼，看谁穿戴最好用时最少，员工积极性高主动练习，在公司组织的考核中通过率均达

到100%，此举使员工自觉加强气防器材使用实战培训，综合应急响应能力显著提升。

通过强化培训、演练，装置应急能力有了大幅提高，2022年9月，重整加氢装置晃电事故上应急处置得当，未发生次生事故，为恢复生产争取了时间。

建立"三联"应急机制　提升油站应急能力

河南销售公司许昌分公司

河南销售公司许昌分公司（以下简称分公司）在营站56座，加油站用工200人，平均单站用工3.5人。其中22座站用工2人，13座站用工3人，通过数据可以看出，人少站在分公司占比较大。针对人员少、应急处置能力弱、员工缺乏"安全感"等现状，依据实际情况，创新工作思路，以联片联保联防"三联"方式，建立"内部联防5min到位，外部救援10min到位"的安全应急联保联防体系。联防体系建立实施以来，不仅实现应急救援有保障，工作也得到了更多的理解和支持，政企关系更加和谐。

一、以联片实现应急保障到位

结合河南销售公司联片团队管理思路，创新理念，将"低销"站点和"高效"站点进行合并管理，形成区域合力，以联片管理实现应急"双"保障。一是应急人员的保障，如遇突发紧急情况，整合连片区域的人员，实现临危不乱，一呼百应。二是应急物资的保障。将区域内的应急物资有效整合，确保了物资的充分有效使用。同时对加油站人员情况、周边政企单位情况、距离位置情况等逐一摸排走访，同步制定加油站应急联保联防处置方案，修订应急处置卡，提高应急处置程序的适用性和可操作性。

二、以联保实现内部救援合力

制定《加油站内外部联防分组明细》，因地制宜开展"内部分区联防"和"外部联防救援"的应急联防救援机制。"内部分区联防"是通过对加油站区域位置进行划分后，将距离在3km范围内相邻的加油站采取"以大带小捆绑结队"方式，即："大"站（24h营业站点）与"小"站（人少或者间歇营业站点）联合。为形成合力，将加油站按照区域情况细分为各县区联防1区、联防2区、联防3区等模式，进一步确保了"内部联防5min救援到位"的应急保障。联防体系框架如图1所示。

三、以联防解决"外部救援"困难

依托地方政府部门力量，围绕"三个主动"的理念，与消防、公安、派出所、社区等机构签订联防协议，约定每季度定期组织开展一次联防演练，一次安全培训指导，一次隐患检查（图2）。一是主动邀请他们当企业的安全顾问，安全顾问就像一面"镜子"，带领员工开展隐患排查，安全检查，通过"照镜子"更深层地解决一些"明知故犯、固执己见"的问题。二是主动邀请他们当企业的培训顾问，培训顾问主要对加油站普及最新的制度规定、阶段性政府检查工作重点，有效确保了加油站及时准确掌握，实现了"迎检心中有数"。三是主动邀请他们当企业的技术顾问。技术顾问是加油站的"万事通"，通过他们丰富的实践经验，可以有效解决加油站在实际工作中遇到的困难，针对一些困惑或者疑难问题时给予好的"锦囊妙计"。

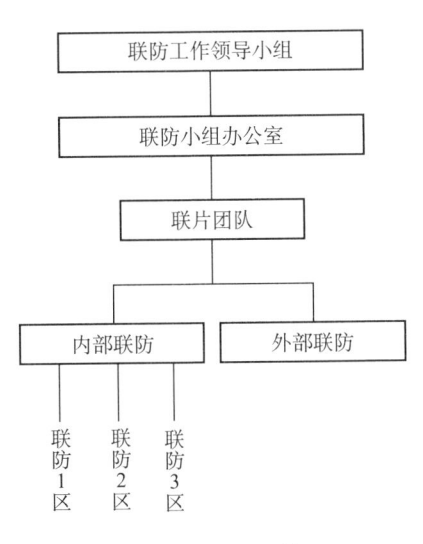

图1　联防体系架构图

外部联防救援体系的建立，不仅减少了人少加油站演练困难，演练效果不佳、员工缺乏紧急情况下的"安全感"等实际问题，还进一步加深了政企关系的巩固。

图2　加油站联防演练及现场培训

加油站应急联保联防体系建立以来，分公司与属地应急管理局、消防救援大队、派出所等外部单位累计开展演练15次，获得了认可，收获了信心。"有备则无患，远虑解近忧"安全生产工作就要未雨绸缪，多作准备，通过加油站应急联保联防体系的建立，不仅有效解决了加油站因人员少而存在的应急救援难，员工因人员少缺失"安全感"等现状，更提升了本质安全管理。

强化应急管理　筑牢安全屏障

四川销售公司攀枝花分公司炳三区加油站

四川销售公司攀枝花分公司炳三区加油站（以下简称加油站）始建于2008年，于2019年进行防渗改造，位于四川省攀枝花市东区三线大道北段陈家垭口。现有员工11人，2022年成品油年销量9000余吨，非能源销售收入突破400万元。加油站致力于HSE标准化站队建设，重点强化加油站应急管理工作，坚持实施标准化应急管理、标准化处置流程、标准化应急处置等，确保加油站应急管理稳定向好，2022年获得集团公司"HSE标准化先进基层单位"称号。

一、"3个1"参与应急预案编制

加油站采取"3个1"的方式参与应急预案制定工作，全力促进应急预案符合加油站实际应急管理要求。一是全员参与一次应急综合、专项预案和现场处置方案的初期编制，充分总结出加油实际应急处置的需求，确保应急预案覆盖全站所有突发事件。二是开展一次站内应急预案初稿审查，再次梳理各类突发事件的处置方式和方法，确保应急预案处置流程与加油站实操保存一致。三是组织站经理和前庭主管参与一次公司应急预案送审稿讨论，紧紧围绕科学、高效处置和以人为本的原则，充分考虑应急预案可操作性、科学性，也促进了加油站对应急预案的熟悉。

二、"两会一课"学习应急管理工作

加油站坚持利用每月一会、班前会、每班一课的机会，组织全站员工学习加油站应急管理工作。一是利用班前会开展应急职责讲述，确保每位员工清楚自身在应急处置流程的职责，不断强化员工的应急意识。二是每班开展一次应急小知识分析课堂，由员工对应急处置流程的某个小步骤进行分解，讲述操作注意事项，将应急处置方法入脑入心。三是借助每月安全生产形势分析会，由站经理或前庭主管组织员工开展现场处置方案的学习和应急处置流程的讨论，全面提升员工的应急处置能力，为加油站应急管理工作打下坚实基础。

三、"两个方式"开展应急实操演练

加油站坚持应急演练是检验员工应急处置能力的最佳实践。一是坚持开展分组+观摩应急演练的方式,在每月2次的计划内演练时,采取分组+观摩的方式,由1名前庭+3名员工进行演练,1名前庭主管+1名员工观摩,由观摩员工查找应急处置过程中的缺陷和不足,观摩前庭主管进行点评,最后由站经理进行总结评估,有效提升全员的应急处置能力。二是坚持开展计划外随机抽取演练的方式,由值班经理或综管员组织,旨在强化员工面对突发事件的突发性和随意性的应对能力,确保加油站员工在任何时候面对何种突发事件不慌乱,做到有序、高效处置。

加油站利用基层站队HSE标准化建设契机,大力开展好"3个1""两会一课""两个方式"的应急管理模式,促进加油站在应急管理方面取得了长效进展,不断提升员工的应急意识和应急处置能力,为加油站应急管理工作持续推进夯实基础。

强化"黄金一分钟"应急管理 提升岗位应急处置能力

独山子石化公司热电厂燃料化学部

独山子石化公司热电厂燃料化学部是由燃料、化学、除灰三个装置组成的联合车间，成立于2009年11月，属地管辖生产区域占热电厂（动力站）约70%。燃料装置负责汽车、火车卸煤、储煤、输煤、输焦及系统配套设施五部分的管理工作，共计5个煤场，设计存煤11.5×10^4t，输送皮带共计14条。

一、完善岗位应急操作卡，体现"黄金一分钟"关键步骤

燃料装置人员强化"黄金一分钟"应急管理原则，在应急处置初期迅速有效地控制异常事态发展，将应急处置工作压实到一线，确保在事故发生时的第一分钟，一线班组人员能有效开展应急处置工作，防止事故扩大，避免次生事故发生。

根据规程中事故处理与应急处置操作卡内容，结合历年典型事故案例，编制出车间、班组一分钟应急处置步骤，即规定动作，规定动作具有科学性、可操作性，简单易行，应急步骤通俗易懂，可有效开展初期处置，避免事故扩大。

二、开展应急操作卡专项培训，切实保证"黄金一分钟"关键步骤入脑入心

开展应急仿真训练，制订仿真训练计划，采用由易到难、循序渐进的方法，逐渐提高训练质量难度。车间每月设立仿真训练科目，以班组为单位，利用小副班时间集中训练，考核时间不少于2课时，对训练过程及结果进行评价考核，并每月进行公示，通过仿真训练，员工关键操作技能明显提升，确保重要操作安全受控。

精心设计并制作专题课件，利用网络培训平台进行全面的培训。对于应急处理的关键步骤，通过网络培训平台进行深入培训和考试验证，同时进行点评，对其效果进行细致分析。对于易错的关键点，进行针对性的训练，通过多元化的考核方式，使员工入脑入心。

单兵对练，开创应急培训新模式。车间管理人员和班组人员面对面、一对一进行应

急培训，包括应急操作关键步骤、应急安全用具使用等单兵对练，开创了应急培训的全新模式。在此模式下，车间管理人员与班组人员直接面对面，进行一对一的应急培训，涵盖了应急操作的关键步骤，以及应急安全用具的使用等。

三、强化安全技能，切实提升"黄金一分钟"响应速度

结合应急预案，制订专门针对应急安全设施的强化措施，落实安全技能用具培训矩阵，从"什么人干什么事，什么岗位应该必备什么技能"出发，利用班组安全活动、HSE专项培训等多元化手段，全员覆盖，以实现人人熟练掌握为目标。开展班班练、周周测、月月演练、季度赛，不断强化员工安全装备的熟练掌握度，减少装备使用操作时间，从而在第一时间内迅速响应，有效提升应急响应速度，最大限度地减少或降低事故的影响。

四、目视化应急管理，助力"黄金一分钟"

应急目视化管理包括应急预案和应急操作卡目视化、应急指挥部目视化、应急人员着装标准化（图1）、应急物资摆放标准化、应急处置实行挂牌制、应急标准用语卡片化等。

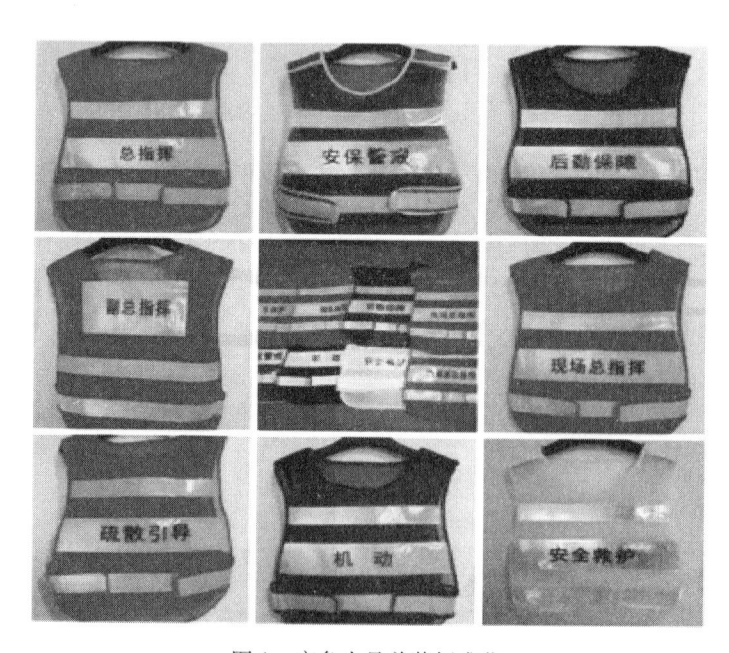

图1 应急人员着装标准化

通过开展目视化应急管理，推进应急人员快速进入角色，做出规范的应急行为，目视化应急马甲通过简洁、清晰、易懂的视觉效果的传播，对应急人员的行为进行规范指引，有效提高应急处置工作。实行目视化应急演练，对于整个应急演练现场透明度比较高，对于专业人员能够快速找到自己的位置，专业指挥找到总指挥快速汇报领取新的任

务，干什么、谁来干、怎样干、在何处干等问题一目了然，秩序井然。有利于应急人员默契配合、相互提醒，确保应急过程的准确性、针对性。

燃料化学部致力于提升全员素质，将应急演练转化为"人人讲安全，个个会应急"常态化基本要求。明确地界定了一分钟内"我们应该做什么、由谁来执行、如何操作"的问题。这样的实践使员工达到了熟能生巧的境地，有效地提升了员工在岗位上的应急处理能力，最终实现了"零失误"的目标。近年由于应急处置到位，生产异常事件减少了20%，燃料化学部连续三年荣获独山子石化公司"标杆车间"的荣誉称号。

大处着眼细处着手　夯基固本抓演练

西北销售公司

西北销售公司（以下简称公司）主要承担着西部地区13家直属炼化企业、21家省市区销售公司，民航、兵团、铁路等10家专项用户的成品油产销计划衔接、资源优化配置、物流调运组织、质量计量监督和油品统一结算，以及地炼资源的集中采购等职责。公司目前管理运营9座成品油库，总库容$216.5 \times 10^4 m^3$，在中西部12个省区设14家分公司，在职员工1460余人。公司坚持"安全第一，预防为主"的方针，结合生产运行实际，落实应急管理主体责任，深入组织开展消防应急演练，所属专职消防队多次在地方消防演练比武中获奖。

一、分类分级促进演练计划落地

西北销售公司所属油库地域分散，油库层面建立现场处置方案206个，岗位应急处置卡331个，如何有效组织应急演练，达到检验预案、完善准备、锻炼队伍的目的，公司下足功夫夯实基础。

（1）每年组织制订覆盖所有预案的各级应急演练计划，按照公司级、分公司级、油库级和班组级四个层级，火灾、泄漏、自然灾害、安防反恐等8个类别，分级分类制订演练计划，逐级负责落实演练评估和促进，完善每年度组织开展公司级大型联合演练机制。

（2）针对不同季节、不同生产运行环境、重点任务、特殊敏感时段等，各油库有针对性地开展各项科目演练（图1），不断强化应急处置流程入脑入心、巩固演练效果。针对节假日、夜间等应急力量薄弱时段，公司落实各级监督管理，"四不两直"突击抽查开展现场应急演练，持续检验各级应急组织应急处置能力。

（3）在油库员工岗位职责中明确当班期间应急职责，利用班组交接班将本岗位应急职责列入学习内容每天进行学习，夯实岗位应急基础能力。

（4）每月针对不同职责进行现场专项训练，组织消防应急专项技能竞赛，促进对消防应急知识、消防工艺流程、消防设备操作及应急处置流程等内容的全面掌握。

图 1　火灾事故综合应急演练

二、监督评估强化演练效果提升

班组是"第一时间、第一现场"应急处置的核心单元，公司始终把抓实应急演练基础作为应急工作的重中之重。

（1）每月组织开展应急物资盘点清查、维护保养，确保数量充足、种类相符。针对区域性灾害、特殊时段等，有针对性地指导部分单位补充皮划艇、围油栏、抽吸泵、防爆工具等，并及时开展培训考核，把应急物资检查使用纳入员工 HSE 履职能力考核。

（2）建立完善定期维护制度，指定责任人，每月对空呼、对讲机、发电机、应急灯等应急设备进行维护，确保各类应急物资处于有效状态。

（3）巩固强化班组应急演练效果。在实施现场监督演练的基础上，对班组级演练通过工业视频或组织各油库跟踪录制班组演练视频，每季度组织技术专家对班组演练视频进行集中评估。对照班组应急处置程序和演练方案，从第三方角度分析发现演练过程中存在的问题和不足，提出改进建议，不断纠正和引导班组优化演练流程、提升演练质量、完善应急预案。

（4）逐级落实评估责任。对班组级应急演练中存在的问题，按照直线管理责任，纳入应急演练评估人员考核，促进各级管理人员对演练评估高度负责，切实将上级评估发现的问题落实整改。

三、增强基础素质和实战能力

2022 年完成公司应急演练计划内项目 427 项，计划外项目 20 余项，参与地企、企企联合演练 12 场次（图 2），促进公司整体应急工作联动调度有效。在公司大型综合应急演练及各级政府联合演练中，班组及油库员工应急反应迅速、流程顺畅、准备充分、处置得当，受到了各演练单位和地方应急部门的充分肯定。

图 2　联合演练

公司通过不断优化应急演练组织和实施，进一步提高了员工的基础应急能力，强化了班组应急处置的针对性、有效性、及时性，动态巩固各单位应急演练效果，强化应急演练监督，持续促进各级应急组织应急处置能力和应急实战能力提升。

强化应急能力建设　　打造海上应急守护神

海洋工程公司船舶服务事业部中油海281船

中油海281船是中国石油集团海洋工程有限公司所属的一艘多用工作船，于2008年投产营运，在船船员15人，主机功率8935马力[①]，具备平台拖带、物资供应、消防救助等多种功能，是海上石油作业的主力服务船舶，投产以来连续安全生产5493天。中油海281船在船舶基层队站HSE标准化应急能力建设方面总结、固化了管理做法。

一、修订完善船舶应急处置预案

根据海事相关公约、法律法规，结合集团公司应急管理相关规定，在开展石油作业船舶风险分析的基础上，有针对性地制定了火灾爆炸专项预案、船舶海损专项预案、台风风暴潮专项预案、人员受伤专项预案、人员落水专项预案、弃船专项预案、船舶失控专项预案、海盗袭扰专项预案、溢油专项预案等15个专项应急处置预案及一项总体预案，完善了岗位应急处置卡。

二、高级船员按照岗位职责开展应急培训

根据高级船员岗位分工及船舶年度HSE培训计划，高级船员分别负责所分管业务方面的应急培训。船长负责弃船、防台风风暴潮应急培训，大副负责船舶海损、船舶失控等业务培训，二副负责应急通信、应急记录等业务培训，三副负责火灾爆炸、人员受伤等业务培训，轮机长负责机舱火灾、失去动力等应急培训，大管轮负责船舶电气应急培训，二管轮负责应急操舵培训，三管轮负责救助艇维护等应急培训。船舶为每名船员建立了培训档案，详细记录了个人的各项培训经历与成绩。

三、做实应急设施维护与应急物资准备

船员按照《应急设施维护须知》及岗位责任分配表，明确各自的应急设备设施属地责任，按照维护计划实施维护保养与检查。如：三副按照维护保养计划每月进行甲板路消防、救生设施维护、检查；三管轮每月进行轮机路应急消防、救生设备、设施维护、

---

① 1马力≈735W。

保养检查与功能试验。船舶按照法规要求和应急实际需要储备了应急物资器材，编制了相应台账。

四、开展实战化应急演习

船舶按照体系文件《应急训练和演习管理程序》和船舶年度应急演习计划开展各专项应急预案演习。各项演习由船长预设紧急情况，在不提前通知船员的情况下，发出应急声光信号，在广播中播告应急情况，各岗位分别按照应急处置预案及岗位应急处置卡实施相应的应急行动。在演习结束后，船长及其他高级船员对应急演习的速度、处置正确性及发现的问题进行讲评，提出下步改进意见。各项演习的实际情况分别在"航海日志""轮机日志"中记载。船舶影像化应急演练资料还将由陆地机关相关部门调取、评价和指导。

中油海281船通过规范化开展应急能力建设，使船舶的应急实战能力得到切实提高。2022年9月18日，中油海281船在曹妃甸海域成功救助失火的"冀乐渔07086"船，营救5名落水船员（图1）；2023年3月17日，在三亚南山海域针对"琼儋渔19330"船与"东南17"轮碰撞溢油事件实施了溢油应急处置行动，体现了国有大型企业的社会责任担当，受到当地政府、海事主管部门表彰及渔民的高度赞扬。

(a) 现场灭火

(b) 降温防火

图1 中油海281船救助渔船

环境保护和健康管理

（15篇）

科技赋能　减污降碳　助力油田绿色发展

大庆油田公司天然气分公司红压浅冷操作班

红压浅冷装置 1976 年 10 月正式投产运行，采用丙烷制冷工艺，设计日处理湿气 $40\times10^4\text{m}^3$，产品为干气和轻烃，由于装置运行时间长，设备容器老旧，在环保要求越来越严格的形式下，班组环保任务艰巨，但红压浅冷操作班一直以减少大气污染物排放作为环保责任与使命，为了深入打好蓝天保卫战，通过多种项目改造、优化流程管控，认真完成各项环保工作，有效减少污染物排放，多次获得"绿色基层站队""先进站队"等荣誉。

一、开展工艺改造，从排放源头减污

红压浅冷压缩机的密封工艺泄漏气为天然气，由于设计原因，这部分天然气一直通过火炬进行放空。随着国家"双碳"工作的推进，红压浅冷通过自主科技革新，实施压缩机密封改造，采用"双端面"密封代替传统密封形式（图 1），实现了密封气回收再利用，技术应用后年回收天然气 $3.4\times10^4\text{m}^3$，遏制甲烷放空源头，有效减少了甲烷的排放。

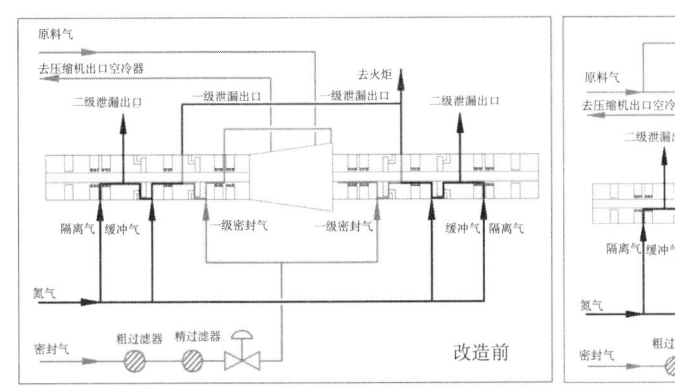

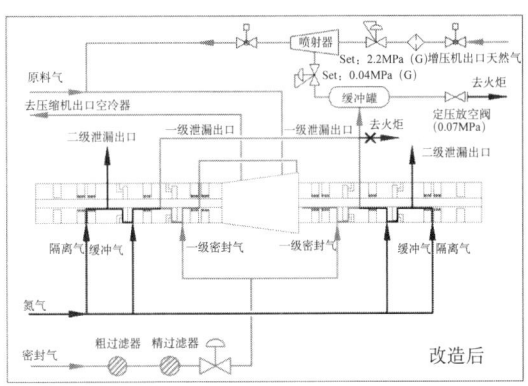

图 1　天然气分公司密封气改造

二、优化流程管控，从生产过程减污

红压浅冷班组高度重视 VOCs 治理工作，成立了 VOCs 治理小组，组织开展班组级

讨论会议两次，对管辖区域进行分区治理，根据区域内容先建立浅冷操作班"碳排放监测试点场站检测台账"，然后对工艺管线法兰、压力表连接件、设备泵体进出口等密封点进行逐点检测，至 2023 年 7 月，已完成 12471 个 VOCs 检测点检测，存在泄漏的 34 个检测点立即进行跟踪整改、复测直至无泄漏为止，从而有效地减少因 VOCs 逸散对环境和人体健康的危害，达到从生产过程减污的目的。

三、严格放空报备，从管理提升减污

红压浅冷班组把生产过程甲烷逸散排查作为重点工作任务，健全甲烷排放管理机制，严格执行放空报备程序，装置检修、通球等计划性放空提前 24h 报备，故障停机等临时性放空在放空 1h 前完成报备。经分公司主管生产副经理、油田公司开发事业部和质量安全环保部审批同意后方可组织放空。配套修订完善了操作规程、应急预案及考核办法，坚决遏制冷放空。

四、强化网格管理，从治理能力减污

红压浅冷操作班以环境保护"网格化"管理为框架，全面夯实各级生态环保责任，根据生产装置现状，实行大队领导包保，技术管理室、班组、岗位三级管理。建立班组环保网格员责任清单和风险清单，明确各网格区域及职责内容，由各网格长带头深入现场检查，上下联动。每个网格内按照工艺流程图逐点逐项进行"地毯式"检查，结合三类人员巡检，把每个网格工作做细做严，形成人人参与的良好局面，用小网格，守住大环保。自班组建立网格以来，按周推进，共计检查环保问题 52 个，整改问题 52 个，整改率 100%。同时，对环境污染问题零容忍，持续加大环保网格化巡检力度，不断提升环境保护能力。

通过实施技术改造、完善生产流程、严格放空报备、强化网格化管理等一系列精细化环保管理措施，浅冷班组人员构建了分工明确、责任明晰的减排降碳工作模式，初步实现了环保工作全员参与、全域覆盖的目标，为推动绿色企业创建走深走实贡献自己的力量。

加快推进能源替代　助力绿色低碳发展

川庆钻探工程公司

川庆钻探工程公司（以下简称川庆公司），现有二级单位25家，员工总量2.5万人，川庆公司主营钻井工程、地质研究、录井、固井、储层改造、试修井及油气合作开发等业务，形成了复杂深井、致密油气、页岩气3大系列143项特色工程技术，获评国家高新技术企业、集团公司"科技创新企业"、集团公司"绿色企业"等称号。

作为国内油气工程技术领域重要的综合服务商，川庆公司积极响应国家"双碳"目标，紧跟低碳发展行动的时代潮流，按照集团公司"清洁替代、战略接替、绿色转型"三步走的总体部署，积极践行"绿色发展、奉献能源，为客户成长增动力、为人民幸福赋新能"的价值追求，依靠管理和技术创新，积极采用低碳工艺、技术、设备和清洁能源，加强能耗和碳排放监测管控，全面推进"电代油""气代油"和构建区域"微电网"等能源替代业务，电力、天然气等清洁能源使用比例逐年提高，碳排放强度逐年下降。

一、全面夯实能源管控基础

川庆公司设立了节能减排和清洁生产领导小组，配套完善节能管理制度和工作标准，实施节能节水专项规划、能效提升工作方案，实现能源管理全方位、全过程、全覆盖。"十三五"以来，完成柴油机组、压裂车组等重点耗能设备节能监测1200余台套，对19家二级单位开展了能源审计，对10个节能项目进行了效果评价，修订完善行业和集团公司企业标准10余项，全面推进节能技术实施应用。

二、全面实施清洁用能替代

在钻井和压裂施工过程中，驱动动力主要来自柴油机组，而每燃烧1t柴油就会产生3.04t二氧化碳和0.07t氮氧化物，同时产生噪音和其他气体污染物。为全面推进能源替代，不断优化用能结构，川庆公司坚持"宜电则电，宜气则气、能用尽用"的原则，积极开展机械钻机电动化改造，优先租赁或购置电驱压裂机组，逐步利用网电替代柴油机组发电（图1）。在不具备网电条件的情况下，川庆公司积极实施CNG钻机气代油、CNG/LNG燃气发电压裂、同平台自产气发电等应用技术方案，持续扩大气代油技术应用区域，大幅度降低作业现场的噪声污染，有效减少二氧化硫、氮氧化物等气体污染物排放，温室气体减排取得显著成效。自 2018 年以来，公司累计电代油用电 16.99×10^8 度[①]，年均增幅为 12%，替换柴油 34.96×10^4t，减少碳排放 39.19×10^4t；累计燃气发电使用天然气 800 余万立方米，替代柴油 6200t，减少二氧化碳排放 2200t 以上。

图 1 "钻机电代油"和"燃气发电压裂"现场应用

三、强化区域清洁能源统筹应用

为加强区域清洁能源的统筹应用，川庆公司率先在威远页岩气区块建设了区域微电网，形成了以国网变电站为主自有变电站为辅、横跨威远、资中两县的供电网络，满足了区块页岩气勘探开发全链条的用电需求，全面替代柴油发电机组。自 2018 年自建电力线路开始至今，累计传输电力 18.7 亿度，减少柴油用量 6.4×10^4t，累计减少二氧化碳排放量 20.8×10^4t。

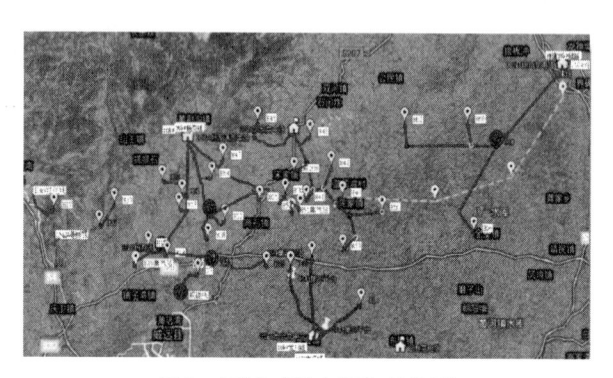

图 2 区域"微电网"线路图

四、深化能源管控系统建设

川庆钻探公司按照集团公司能源管控工作的统一规划部署，积极开展现场作业能源管控示范队伍建设，建立了一套针对工程技术作业的能源管控系统（图 3），具备有关键

---

① 1 度电 =1 千瓦时。

能耗数据自动采集、上传及分析等功能，系统通过对钻井现场能耗数据及重点耗能设备运行数据的实时监测，对综合能耗、进尺能耗等统计数据分析，实现对钻井队能源利用、耗能设备运行效率、负载率、经济运行指标及碳排放情况的实时监控与预警，用于指导各级管理与现场技术人员实时掌控生产用能状况，通过对主要能效指标进行对标挖潜，达到促进公司节能减排、降本增效的目的。

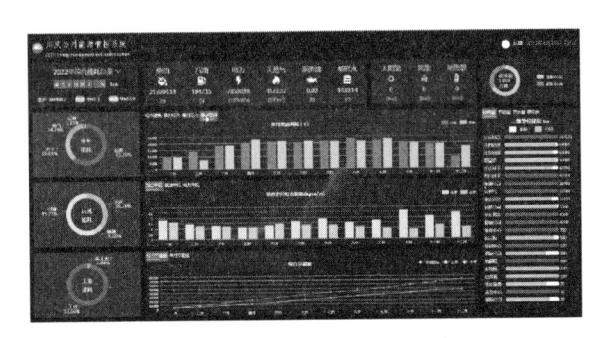

图 3　川庆公司能源管控系统

经过多年推进，川庆公司用能电力、天然气等清洁能源占比从 2016 年的 12.4% 提高到 2022 年的 31.8%，万元工业产值综合能耗降至 0.14t 标煤，万元工业产值二氧化碳排放量降至 0.419 吨。后续，公司将进一步加大低碳环保科研，加强能源管理、清洁替代、减排降碳、新能源开发等技术攻关，抓住绿色转型升级发展的全新机遇，推动公司高质量发展和绿色低碳发展，努力打造中国石油工程技术服务绿色企业示范标杆企业。

突出下好四步棋　争当环保先行者

西部钻探工程公司井下作业公司YS43294压裂队

YS43294压裂队成立于1986年，是一支作风优良、功勋卓越的队伍，被集团公司评为"行业精品示范作业队""绿色施工作业队"等多项荣誉，先后参加过玛湖、车排子、吉木萨尔、南缘等区域会战，拿下盆探1井，保障高探1井，勇战博达1井等一批"1"字号工程，屡建奇功，是油田最为信任的"井下劲旅"；是中国石油首次创新实施"双压裂"、国内首支现场应用"一键压裂"的数智化队伍。

一、下好"绿色转型"先手棋，提升"绿色实力"

敢为人先，坚持数智化试点、试验、示范不动摇。近年来，西部钻探井下作业公司YS43294压裂队积极落实中央"双碳"目标与集团公司"清洁替代、战略接替、绿色转型"三步走总体部署，大力推进数智化及绿色低碳转型，加快生产用能绿色替代。通过引进电驱压裂橇解决现场"耗、噪、环"老大难问题。电动压裂橇，作业效率相当于2.5台2500型柴驱压裂车，泵组占地面积减少60%以上。电驱能量转换效率达80%以上，实现了高效用能；变频技术，实现了排量精准控制；用能方式转变，实现了泵区环境温度大幅度下降，削减了火灾风险，实现氮氧化物、温室气体零排放，噪声降低至80dB以下，员工告别了噪声接害岗位，压裂作业全面步入健康、安全、绿色、高效、智能施工"新阶段"。

二、下好"绿色技术"导向棋，作出"绿色贡献"

电驱压裂项目仅是压裂四队推进绿色作业一个小小缩影。随着压裂技术的推广，压裂用水量猛增，压裂水源短缺的问题严重制约着压裂施工效率。YS43294压裂队作为施工单位，深知技术研发实力薄弱，为了将让队里的"施工与技术"并行发展，压裂四队抽调队里高学历技术人员与储层改造研究中心开展技术合作，深入研究影响稠化剂溶胀的主控因素及作用机理，思考提高油田处理水配制的压裂液冻胶耐温性技术。经过几个月反复论证，最终形成了高含盐油田处理水配制压裂液技术。目前该技术已成功在油田规模化应用于几十口直井和几百口水平井，施工成功率100%，累计减少新鲜水消耗$11 \times 10^4 m^3$，成为油田绿色开发的重大技术突破。

三、下好"绿色智能"导向棋,打造"绿色格局"

近年来,数字化、智能化已成为新的国家战略。压裂四队抢占发展制高点,全力推进数智化转型,率先应用"雪豹"一键压裂远程控制系统,利用信息化手段将数智化与业财"双向融合"成为首支数智化压裂队伍。通过"雪豹"一键压裂远程控制系统,实现对现场设备的远程控制,由"监控"向"控制"转变,实现了压裂仪表撬对现场车组、混砂、混配、输砂等系统的控制,操作岗实现了混砂、输砂、混配、液罐操控四合一,操作手由8人降到3人,工程、设备、材料数据实现了自动采集、自动入库、自动报警、智能分析,大幅度降低作业风险和成本。

西部钻探工程公司井下作业公司YS43294压裂队已在新疆油田主力上产区开展"全电驱压裂+高低压全井大通径管汇+柔性高压管汇+字母柔性水罐"等多项重点装备现场试验,将各项"绿色工艺技术"运用到油田服务保障施工中,电驱压裂工作量累计突破1000层段,减少碳排放1万余吨,打出具有西部钻探工程公司品牌特色施工的绿色作业组合拳。

推行精细化管理模式提升加油站环保管理水平

四川销售公司自贡分公司仁和加油站

自贡分公司仁和加油站为纯汽油站，2002年建成投运，日均销量17t，现有员工12人，设置油罐3座、加油机3台、加油枪12把。曾荣获2016年集团公司"青年文明号"、2018年自贡市总工会"工人先锋号"、2021年四川销售"先进加油站"等荣誉。仁和加油站在环保管理工作上多措并举，从"管细""做细""抓细"三个方面入手，精细化抓好VOCs管控，有效提升加油站环保管理水平。

一、"管细"规范操作

仁和加油站严格执行加油、卸油操作规程，在卸油前，利用手持式油气浓度检测仪，对卸油气相、液相管线连接是否紧密有效、是否存在泄漏进行作业前检测，作业过程中严格按照工艺顺序开关相关阀门，作业结束第一时间进行关闭。加油操作确保集气罩完全覆盖油箱口，确保对油箱内逸散的油气有效收集，同时针对摩托车、散装汽油销售等，通过增加延长式集气罩（图1），有效避免因加油枪无法完全插入受油容器而造成的回收率下降问题，有效减少因操作不规范造成的无组织排放。

图1 延长集气罩使用实例

二、"做细"过程管控

仁和加油站为抓好VOCs过程管控，从以下三个方面"做细"管理：一是制订密封点渗漏检测与修复计划，每年对所有涉VOCs的管、泵、阀、罐的密封点开展LDAR工作，及时发现泄漏点并第一时间进行修复；二是执行"VOCs每月排查、气液比两月校准、密闭性液阻半年检测"的全覆盖自检机制，利用 PID 设备每月对操作井、加油机、卸油箱等关键点位进行排查，确保厂界排放受控、达标；通过配置便携式气液比检测仪，结合加油枪自校工作，每两月进行全覆盖气液比检测、调试，切实缩短气液比波动周期，确保指标合格；三是强化日常巡检，每日结合加油机"提枪走字"检查对油气回收真空泵运行状态进行确认，在通气管上设置真空压力表，对油罐压力状态进行监测，确认 P/V 阀运行状态良好。

三、"抓细"员工培训

利用交接班会定期开展环保专项培训，在强化基础指标、规范和标准培训的同时，加油站重点针对环保设备的正确使用、巡检维保和异常状态进行现场培训与实践，切实提高员工环保敏锐性，能第一时间发现异常油气味、设备异常运转状态等情况，并及时予以处置。

经过长期有效运行，仁和加油站在各类环境执法监测、监督检查中，未发生因设备故障、员工操作导致的各类环境数据超标情况，前期困扰油站的操作井有油气味问题也已得到彻底根治。同时，油站各级员工切实掌握相关环境指标参数，具备发现并处置各类环保风险的能力。

以"四改进+四强化"为抓手打造清洁环保标准化现场

安徽销售公司

安徽销售公司（以下简称公司）是中国石油天然气股份有限公司直接管理企业，主要负责安徽省内的成品油、非油品和LNG/CNG终端销售业务，以及网络投资开发。中国石油安徽销售公司在皖运营加油站583座，资产型油库8座、库容$23.08×10^4m^3$，资产总额72.5亿元，年销售收入180亿元，是安徽省内第二大成品油供应商。公司一直强化绿色低碳发展理念，积极开展绿色企业创建工作，印发公司《绿色企业创建方案》，明确绿色企业创建工作任务和推进时间节点，组织各单位不断夯实绿色企业创建工作基础，在加油站现场"油气味"治理中取得了一些宝贵经验，得到上级单位的认可和推广。

一、加油站油气味产生的主要原因分析

公司通过对加油站日常油气回收系统运行分析和检查中发现，加油站现场油气味主要原因有：一是加油机油枪集气罩破损、油气回收泵使用效率下降，造成气液比不达标等环节；二是加油站储油罐卸油口球阀因操作不当或长期磨损导致球阀关闭不严；三是加油站储油罐人孔盖和管道法兰密封失效；四是加油站乙醇汽油储油罐通气管干燥器密封不严，PV阀选型错误或损坏；五是加油站集液罐积液未采取密闭方式进行抽取，或集液管孔口未安装球阀或阀球损坏有明显溢出油气味；六是加油站在加油、接卸油等操作环节未按照操作规程操作，造成油气散逸。

二、多措并举、打造无异味加油站现场

1. 技术层面"四改进"

（1）正确选定法兰的型号。对于操作井内的法兰选型，应以潜油泵、液位计等设备出厂时的法兰为基准进行选配，确保连接件的结构尺寸一致。

（2）制定法兰密封面平整度、垫片安装、PV阀等关键设备安装、验收标准，确保设备选型和安装符合规范要求。

(3) 操作井人孔盖法兰垫片采用耐油垫片（根据不同双层罐类型选用丁腈橡胶或聚四氟乙烯垫片），确保垫片的使用寿命和密封性。

(4) 针对汽油销量大的加油站加装油气后处置装置，降低油罐运行压力。

2. 管理层面"四强化"

(1) 规范操作流程、标准，加大对违章的查处力度，重点对卸油口球阀关闭情况进行双重确认，同时强化球阀日常操作管理，确保阀门密封面不受损。

(2) 加强加油站油气回收系统日常检查工作，提升基层单位自行监测能力，同时依托 VOCs 监测中心升级日常环保指标的监测频次，形成即查即改的长效机制。

(3) 建立分公司层面运维队伍，规范维保频次，加强设备设施运行检查，及时排查整改加油枪、油气回收真空泵、油气回收处理装置等关键设备隐患，做到"先停、后改、再运行"。

(4) 从员工环保意识提升入手，加大环保基础知识和设备运行相关内容培训，采取考试方式对学习效果进行验证，确保取得实效。

通过安徽销售公司一年多来的专项治理，取得了以下成效：一是加油站现场"油气味"明显改善，油气回收密闭点位检测合格率提升近60%。二是通过多手段、多轮次的培训，进一步提升基层员工环保意识能力，提高现场自检、迎检能力。三是通过加大投入，购买便携式环保监测仪器，提升基层单位自行监测能力，能够做好隐患问题及时发现、快速整改，依法合规。四是通过技术手段提升了设备设施本质安全环保水平，减少了油气泄漏的发生。

以"四个全面"为抓手
打造环保型标准化站队

管道局一公司CPP108机组

CPP108机组现有员工33人,平均年龄33岁,主要负责管道线路焊接作业,作业过程涉及焊条头、铁屑、废机油、设备尾气等固、液、气体垃圾污染。面对施工带来的环境污染风险,机组始终坚持"以人为本、预防为主、全员履责、持续改进"的HSE方针,以现场标准化建设为重点,将PDCA方法融入机组管理,以"四个全面"为抓手,打造环保型标准化站队,2019年度被集团公司授予"HSE标准化站队"、2022年被管道局授予"健康安全环保先进机组"称号。

一、全面计划

打造一支环保标准化机组是全体员工的共同目标。在施工前定目标、定计划、定措施,对所有施工区域划分属地,每名员工都被赋予了双重属地环保责任。首先是做好自己属地范围内的环保工作,将施工垃圾、生活垃圾及时清理回收;其次在属地管理的基础上深入实施"你的属地我有责"的做法,及时提醒他人完成属地内的垃圾清理;再次是建立每名员工积分牌制度,对做的好的员工进行加分,对积分榜前三名给予绩效奖励,措施未落实的员工按照隐患大小进行扣分,扣分达到上限的员工给予绩效处罚,并进行脱岗教育和培训。

二、全面执行

1. 全面执行风险辨识

机组从内、外两个方面开展环境风险辨识(图1、图2)。一是针对机组内部施工带来的环境风险成立以机组长为组长的风险评价小组,从人、机、料、法、环等方面逐项辨识。二是针对施工作业给沿线居民带来的环境风险进行辨识,成立由机组、项目部、环境监理三方组成的联合风险评价小组,对沿线居民开展环境风险因素调查,了解当地群众的环保需求,就拟采取的环境保护措施与当地群众进行交流,广泛征求意见,制定群众满意、措施可行的环保方案。通过开展内、外两方面风险辨识，建立清单、制订削减措施，对重大风险制定应急预案并组织演练。

图1　内部风险识别　　　　　图2　外部风险识别

2. 全面执行全员培训

员工是措施的落实者，只有全体员工都了解环境保护的措施，认识到环境保护的重要性，现场的环保风险才能得到有效控制。首先机组长利用班前喊话5min、周例会、月度会对环保法律法规、标准规范、地方规定和环保方案、削减措施进行反复讲解培训（图3）；其次利用现场检查契机，机组长组织全体员工针对发现的环保问题，分析问题产生的原因，制订并落实针对性的改进措施，提升员工环保意识，促进员工在施工中主动执行各项规定。

图3　班前喊话交底培训

3. 全面执行措施落实

机组始终秉承将环保措施不打折扣地落实到标准化建设中。固体废物方面如焊条头、砂轮片、白玻璃，在每个焊接棚配备一个回收桶；坡口产生的铁屑用吸铁石一点点吸起来放进袋子里（图4）；就餐产生的生活垃圾，按照可回收和不可回收设置生活垃圾桶（图5）；管沟开挖出来的堆土及时用防尘网全面苫盖（图6）。液体废物方面如设备维修产生的废机油、油污，在维修前准备好收集桶、吸油毡（图7）、接油盘，将废油进行全面收集。气体废物如设备排放的尾气，由设备属地负责人对设备进行经常性保养，确保机械完好性，并对设备排气管部位加装净化装置（图8），对尾气进行过滤，经第三方检验合格后进入现场施工。

图4　随车设置垃圾袋

图5　设置可回收、不可回收生活垃圾桶

图6　堆土苫盖

图7　维修设备放置吸油毡

三、全面检查

通过制定目标与实际目标对比，按照属地职责划分，从机组长到安全员再到全体员工开展全面检查。施工前，焊工先检查是否随身携带着小桶；坡口工先检查口袋里是否装好了吸铁石，备好了袋子；维修工先检查是否准备了吸油毡。施工中，机组长、安全员随时检查环境保护措施是否落实到位。每天收工后，属地负责人进行自检自查（图9）；

监管人员与属地负责人再共同对施工现场垃圾回收情况进行联合检查（图10），做到工完、料净、场地清。

图 8　装设尾气净化器

图 9　自检自查　　　　　图 10　联合检查

四、全面改进

自检和各级检查发现的环保问题，机组定人、定时间、定措施，建立快速改进机制，做到发现问题，快速反应到属地负责人，属地负责人接到信息后快速对接整改人员，整改人员接到任务后按照整改时间和措施，做到第一时间100%消除问题，并将问题由机组安全管理人员进行收集建立台账，找出存在问题的根源和解决的方案，为以后施工环境保护持续改进奠定基础。

CPP108机组将绿色理念根植于每一名员工的心中，渗透到施工中的每个细节。通过对沿线居民进行走访（图11）和问卷调查（图12），机组在施工过程中采取的环境保护措施满意率达到95%，实现了建一个工程，造福一方百姓，让群众满意的目标。CPP108机组将持续秉承打造环保型标准化站队的目标，夯实基础，为建设一个又一个全新的绿色工程贡献力量。

图 11　对周边群众满意率进行调查

图 12　群众意见调查表

严守环保管理之责
筑牢松花江环保最后一道防线

吉林油田公司新民采油厂第一采油作业区

吉林油田公司新民采油厂第一采油作业区位于第一、第二松花江及嫩江的三江交汇处，现有员工184人，管理油水井1004口，年产原油5.7×10^4t，有11个井组和387口油水井处于松花江行洪区内，先后经历了1998年特大洪水等汛期生产的考验，受特殊的地理位置和民堤取消的影响，汛期水中生产已经成为常态，被誉为吉林油田松花江环保最后一道防线。多年来，通过全面落实安全环保责任，严抓沿江清洁生产管理，确保了汛期安全平稳度汛，原油生产和安全环保管控能力不断增强，曾多次荣获"中国石油绿色基层站队""吉林油田标杆站队"等荣誉称号。

一、未雨绸缪，超前落实汛前准备

1. 物资超前准备到位

4月中旬组织井口密封、应急电料、抢险工具、照明设备四类物资的采购补充，备齐水上救生、拦油收油工具等物资，为防洪度汛提供充足的物资保障。

2. 隐患排查治理到位

超前开展行洪区隐患排查，实施采油设备隐患治理、集输管线隐患治理、配电改造调整、井口隐患治理及环保隐患治理"五大工程"，有序组织管线提压试漏、抽油机及配电箱架高、高低压线路检修、井口超前防护等重点工作，2023年，排查治理隐患61项，自主更新管线1008m，加固电杆12基，对387口油井安装防喷防磨盘根盒，安装封井器24口，积极应对汛期挑战。

3. 设备保养维护到位

对船只和发动机进行维修和保养，集中开展减速箱治漏、线路集中强化检修、电机及抽油机提前保养，超前抢修不正常井，尽最大努力减少汛期水上操作，确保汛期产量不降、安全环保受控。

4. 应急能力准备到位

制订发布《船舶及水上作业突发事件应急预案》，针对船舶驾驶、水上溢油拦收、水上作业、水上抢险救援等科目，每年组织开展水上溢油抢险应急演练，持续提升应急处置和应急联动能力。

5. 防汛制度保障到位

完善建立信息收集发布、严肃值班值守、定期围堤巡护、汛期运行优化，以及汛期安全监管五项制度，优质高效推进各项工作，确保行洪区内油水井安全环保生产。

二、闻"汛"而动，全面升级汛中响应

1. 全面升级管理

加强值班值守，落实干部双岗值班，加密检查频次；水淹井组实行"双人三班倒"，尽可能减少行船频次，降低行船风险；严格执行作业许可制度，落实船只三检制和干部带船制，实行行洪区科队级"双区长"负责制，严守"三不准两直管限令"，即水上巡检作业不准随意触碰、四级以上风不准航行作业、采油厂不批准不准作业、9人以上作业采油厂领导直接带队作业、20人以上作业公司专业部门直接指挥作业。

2. 创新巡检方式

充分运用物联网手段，发挥两级数字监控职能，采取"物联网线上巡查＋视频监控随时巡查＋无人机定期巡查＋行船辅助巡查"四位一体的综合巡检方式，确保突发事件早发现、早治理。2022年8月，通过物联网预警，提前发现和处置了一起管线泄漏污染事件。

3. "互联网＋防汛"信息共享

线上运用微信群及时发布水情信息、线下每日召开碰头会，实现信息共享、行动一致。

4. 严密围堤巡护

成立围堤巡护小组，全天分4个时间段，进行24h不间歇巡护，2020年成功发现和配合地方政府处置围堤管涌突发事件1次。

5. 强化日常维护

井口布放拦油虾网，根据水位加设吸油拖栏和围油栏，水面距抽油机小轴 0.5m，组织停井、吊高电机，坚决不让一滴油入江。

三、抢前抓早，统筹消除汛后影响

1. 迅速组织排水

第一时间响应，制订分区域、分地形排水计划，采用自然撤水、人工排水、水泵排水多种手段，确保行洪区内积水全面清除。

2. 组织上产会战

抢占压裂、老井复产、恢复注水、不正常井处理等工作量，加强日常维护保养，关注和提升采油时率，确保快速恢复产能。

3. 总结经验教训

及时盘点应急物资，全面总结防汛抗洪经验教训，详细记录航线和洪水轨迹，建立完善高程数据库，不断完善汛期生产保障方案，提升汛期风险防控水平。

多年来，第一采油作业区按照"防大汛抗大灾、保安全重环保"的思路，密织清洁生产管控网络，积极构筑安全环保防线，严格落实防控责任，实现了汛期不停一口井、不伤一个人、不漏一滴油的目标，有效筑牢了松花江环保最后一道环保防线。

实施"降、清、减"综合防控措施全力保护海洋生物与海洋生态环境

东方物探公司海洋物探处海洋作业船队

海洋垃圾和遗弃的渔网（又称鬼网）严重影响海洋生态环境，威胁航行安全。东方物探公司海洋物探处海洋作业船队在勘探作业过程中，积极响应国际地球物理承包商协会（IAGC）"清除鬼网和海洋垃圾，保护海洋哺乳动物"倡议，细化海洋生物保护措施，形成了海洋生态保护的标准化做法。

一、降低施工对海洋生物的影响

利用海底机器人对工区海床地貌进行影像踏勘，详细调查珊瑚区、海洋动物栖息地分布情况，将珊瑚区、海洋动物栖息地作为环境敏感区在测线导航图上进行标注，船队在环境敏感区作业时，实行船舶污染物零排放的升级管理措施。

为每条震源船配备海洋动物观察员和声呐监测员，监测测线区域鲸类、儒艮、海豚、海龟等大型海洋生物（图1），一旦发现立即报告船长、导航员、气爆人员，启动震源船海洋哺乳动物保护作业程序。小型工作艇加装螺旋桨护罩并严格限速，避免对海洋生物的意外伤害。

图1 监测测线区域大型海洋生物

二、清除施工区域海上漂浮垃圾

实施作业区域鬼网及垃圾回收行动,加强海洋生态保护知识宣传培训,提高员工海洋环境保护知识和参与意识。为工作艇配备抄网,航行和作业期间发现海洋漂浮垃圾随时打捞收集(图2)。聘请环境顾问对员工进行海洋动物脱困培训,利用工作艇机动灵活的特点,对受困的海洋动物进行标记和救援。

图2 打捞海洋垃圾、营救海洋动物

三、减少污染物的产生与排放

船舶污水经处理后排放,对排放的污水及船舶附近1n mile内的水质进行定期检测,确保达到MARPOL公约的执行标准。运用海水层级过滤系统制造淡水,统一使用可循环利用的大型桶装水,从根源上杜绝塑料瓶遗落。作业过程中对船舶排水孔进行封闭,使用密集过滤网对甲板缝隙进行封闭,防止作业产生的垃圾随排水流入海中。

为舰艇配发彩色分类垃圾袋,实施收集、运输、处理全过程分类管理(图3)。食品垃圾经过研磨后封闭存储,各舰艇产生和收集的垃圾交回母船分类存放,定期由通勤船统一送岸合规处置。在综合信息管理平台(FLAG)中开发鬼网、垃圾回收、处置信息管控模块,实现废弃物全流程信息化管理。

东方物探清除鬼网、保护海洋生物经验在IAGC组织召开的GNI(Ghost Net Initiative)会议进行交流,得到了国

图3 垃圾分类收集

际油公司、合作伙伴的高度认同。海洋绿色作业案例入选国务院国有资产监督管理委员会绿色发展成果宣传视频《蓝色星球 绿色守护》及"央企海外十大精彩瞬间"。东方物探持续致力于海洋环境保护，树立了主动践行企业社会责任、积极保护海洋环境的典范形象。

深化健康企业创建　提升员工健康素养

西南油气田公司川西北气矿剑阁天然气净化厂

剑阁天然气净化厂（以下简称工厂）隶属于中国石油西南油气田公司川西北气矿，主要担负双鱼石区块栖霞组气藏含硫天然气净化任务，被誉为西南油气田公司的"金银库"。工厂始终坚持"智能、绿色、健康、和谐"发展理念，把关心关爱员工身心健康放在首位，率先启动健康企业创建工作，2020年工厂成功建成"广元市健康企业"，2021年成功创建"四川省健康企业"，2022年获得"中国石油HSE标准化建设先进基层单位"荣誉称号，有效提升员工健康安全素养和健康安全意识。

一、坚持以"爱"感人、心理与身体并重，树立"大健康、大卫生"理念

1. 和合共生，树立健康企业理念

坚持以人为本，以员工兴趣爱好为导向，工厂成立羽毛球协会、乒乓球协会等兴趣协会，围绕"带给员工健康与快乐"，定期组织开展兴趣活动和比赛，坚持每年开展职工"健步走"活动，建立员工安全积分奖励制，鼓励员工积极参与，丰富员工业余生活，让员工享受快乐、熔炼团队、传递力量，不断提升员工幸福感与获得感。

2. 身心并重，提高员工健康素养

设置健康小屋，采用"健康管理人员＋专业医疗团队""线上＋线下"的模式，针对"青年、中年、老年"不同目标人群，面对面与员工进行沟通交流，进行个性化诊疗服务，进一步丰富员工健康知识；设置"心理咨询辅导"专线，开展"专家云问诊"活动，为员工进行心理辅导和慢病干预等，形成"身体＋心理"全方位诊疗帮扶机制，切实帮助员工解决"急难愁盼"的健康问题。

二、坚持以"心"聚人、生活与工作并重，营造"健康工作、健康生活"氛围

1. 突出关怀，形成工作生活驱动合力

建立全员健康管理服务体系，合理安排员工健康体检，加强员工心脑血管、恶性肿

瘤等高危因素筛查，制订员工健康干预措施，对健康高风险人群实施"一对一跟踪和干预"，准确评估员工健康状况，高风险人员干预率达100%；数字化转型赋能，打造智能化工厂，降低员工劳动强度，减少员工接触工作场所危害因素的时间和频率，有效保障员工身心健康。

2. 文化聚人，营造浓厚健康企业文化

打造美丽的幸福公园，员工自主种植花朵和果树，设置户外健身器材和休闲座椅，为员工提供悠闲沟通交流场所，构建和谐、平等、信任、宽容的人文环境；修建健康步道，沿途设置太阳能灯箱展示健康安全知识，让员工在锻炼身体的同时，时刻感受到企业的人文关怀；创建"健康安全微课堂"，结合"知岗、讲岗、爱岗"岗位讲述活动，由"健康达人"进行经验分享，推动全员参与自身健康管理。

三、坚持以"情"动人、意识与技能并重，实现"我健康、我快乐"目标

1. 对标对表，建立完善健康管理制度

坚持"以人为本，精益管理"的理念，梳理法律法规和规范要求，建立职业卫生管理等13项制度，确保健康管理工作有法可依、有章可循；工厂自投产以来未发生一起职业伤害事故，形成"实干、担当、有为、友善"的企业文化。开发安全生产每日答题平台，平台中设置健康安全小提示和知识答题，员工每天在答题中学习，参与率达98%，全员"学健康、讲健康、保健康"蔚然成风。

2. 风险管控，打造绿色健康工作环境

以"职业健康危害因素识别和评估"为抓手，完善职业健康危害因素"数据库"，绘制职业健康危害因素分布图，在显著位置进行公示，完善工厂安全风险数据库，并纳入中国石油HSE管理系统进行动态管理。建立职业卫生操作规程，定期开展应急演练，全面落实岗位安全生产责任制，实现作业精确操作和质量精准把控。开展"看图找违章、看图查隐患"等知识竞赛，员工在寓教于乐中"识风险、查隐患、治违章"。

在"快乐工作、健康生活"的文化感召下，全体员工争做自身健康第一责任人，担当作为、勇于创新，树牢安全红线意识，严守风险管控底线，主动检查个人防护用品，主动参与健康安全危害因素识别，主动开展健康安全技能培训，提升工厂健康安全管理水平和员工健康安全意识。

精心打造"数智化健康之家"
创新实施"健康五个一"管理服务新模式

大庆油田公司技术监督中心健康管理服务中心

健康管理服务中心（以下简称中心）主要负责大庆油田技术监督中心1071名员工的健康检测、监测、干预及心理关怀等工作。中心认真贯彻落实集团公司、大庆油田公司关于健康企业建设工作要求，牢固树立"把员工生命安全和身心健康放在第一位"的理念，精心打造健康之家，创新实施"健康五个一"管理服务新模式，全方位营造健康文化氛围，有效提升员工健康管理水平和健康素养。

一、高标准打造"数智化健康之家"

中心领导高度重视，将健康之家建设作为重大民生工程来抓，成立工作专班，在充分调研和对标先进经验的基础上，高标准编制中心健康之家建设方案，建成集健康检测、健康干预、健康监控、紧急救助等功能于一体、覆盖全面、使用便捷、实时管理的健康之家。健康之家设置健康检测室、健康咨询室、心理辅导室、健康应急室等10个功能分区，配置健康检测一体机、远程视频问诊系统、智能药柜、VR心理辅导系统等医疗检测设备及健康管理平台，实现健康检测、健康管理与服务信息化、智能化。目前，已接待油田36家单位280人次参观调研，引领油田健康之家标准化建设。

二、高水平推进"健康五个一"管理服务新模式

一是快速健康检测，健康数据一测即得。应用健康检测一体机等医疗设备，实现4项常规指标（身高、体重、人体成分、体温）和7项重点指标（血压、血氧、血糖、血尿酸、总胆固醇、血脂、动态心电）一次性完成检测，检测数据实时采集，并及时推送至个人手机终端和同步上传健康管理平台。目前，已检测1800余人次。

二是全面健康干预，健康问题一问即清。建立全员"一人一档"健康监护档案，依据全员健康普查、年度体检报告和一体机检测数据，开展全员健康风险评估，按照健康、风险、异常、慢病、大病进行分类健康管理，针对肥胖、高血压、糖尿病、高脂血症、高血尿酸人群制定个性化干预方案，对重点关注人群实施常态化、动态化三级干预，有效避免疾病指标风险上升，并将干预情况实时反馈。聘请医疗专家每周现场坐诊，依托

远程问诊视频系统实时健康问诊，通过"线下+线上"的方式为员工提供体检报告解读、职业健康咨询和就医指导。中心健康管理员定期随访，及时督促干预措施落实。目前，已实施健康干预502人次。

三是实时健康监控，健康运行一看即明。依托健康管理平台，通过大屏终端实时显示全员健康数据，实时分析解读健康一体机检测结果，发现异常数值立即预警，及时敦促二次核验；将中心视频监控系统接入健康管理平台，及时掌握现场突发事件情况，现场调度指挥，调用个人历史健康数据，安排医疗救护资源，实现对现场突发情况的第一时间发现，第一时间处置，最大限度保障员工生命安全。

四是强化心理健康，心理咨询一人一策。通过建立心理辅导室，配置心理健康测评一体机、VR心理辅导系统、心理沙盘等专业设备，开展评估、专业咨询与辅导，多途径促进员工心理健康。制订并执行EAP计划，开展全员心理健康状况普查与评估，从认知、情绪、意识行为、生理症状、社会交往和自我防御维度进行心理健康测评，全面掌握员工心理状况。组建7人心理咨询师团队，定期外聘心理专家，为员工提供一人一策的专业化心理咨询和心理疏导服务。同时，利用VR心理辅导系统，对失眠、焦虑等开展辅助训练。目前，已对20人开展高考前心理疏导，对3人开展心理咨询服务和辅助训练。

五是紧急健康救护，生命救治一刻不停。配置AED、急救箱、担架等设备器材，设置2名兼职医护人员负责紧急救护，对轻微外伤、骨折等进行紧急处置；科学配置5台AED设备，抓住"黄金4分钟"，对突发呼吸、心脏骤停员工采取紧急救护，提高生命救治成功率。开展系列应急救护技能培训，普及应急救护技能，提升全员自救互救能力。采取小班授课模式每周开展一次CPR、AED急救技能培训。目前，已有200余人熟练掌握急救技能，80人取得红十字会救护员资格，1人取得红十字会救护培训师资格。

三、全方位营造健康文化氛围

中心配备百余册健康书籍、百余组三甲医院制作的健康讲座视频，普及健康知识、传播健康理念，将健康之家打造成健康文化的"培训站"；定期举办健康讲座，聘请医疗专家为员工讲解慢病管理、疾病预防、运动科学等健康知识，全方位提升员工健康意识和健康素养。目前，已举办讲座10余场，累计培训1000余人次。举办篮球、拔河等丰富多彩的体育竞赛和工间操、健步走等活动，持续改善健身房、篮球馆等健身场地，成立台球、排球等各类运动协会，掀起全员运动热潮，形成健康生活新方式。开展"职业健康达人"评选活动，促进员工健康素养和职业健康素养双提升。

健康五个一管理服务模式实施以来，员工健康指标持续向好，高血压、高血脂、高血尿酸等指标呈现下降趋势，高危、中危异常指标人群比例逐步降低。员工健康意识持续增强，积极学习健康知识，主动管理健康指标，健康运动蓬勃发展，文明健康生活方式蔚然成风。员工幸福指数持续提升，健康之家作为民生工程，让员工切身感受到了企业的关爱，主动参与健康企业建设，员工幸福感和对企业的归属感显著增强。

推行"4P"健康管理模式 落实基层干部健康管理包保制

大庆油田公司第三采油厂工艺研究所

大庆油田公司第三采油厂工艺研究所现有在册职工258人。按照年龄分布，其中超过40岁职工有92人，占全所职工总数的35.7%。根据2023年工艺研究所体检数据分析，"五高"即"高血压、高血糖、高血脂、高体重、高尿酸"达147人，占比56.98%，其中"三高"22人、"两高"38人，高血脂人数占"五高"人群的87.76%。从健康数据来看，工艺研究所整体健康水平不容乐观，形势非常严峻，且健康问题开始趋向年轻化。面对新形势、新问题，工艺研究所把已知健康问题的员工作为重点关注人群，实施一对一包保，并采用"4P"健康管理模式（即预判"Prognosis"、干预"Pre-emptive"、参与"Participatory"和上报"Presentation"）对其进行重点管理。

一、定期监测健康状况，专业解读提前"预判"

疾病的最佳治疗策略是对自身健康状况进行及时的监控和预防，对可能发生的健康问题进行预判，一旦出现异常变化立即采取相应措施，避免出现更大问题。工艺研究所重点对"五高"人群身体指标进行监控，对可能出现的健康问题进行预判，并做到及时提醒，督促就医检查。针对已经出现健康问题的被包保人状况由包保人负责其身体状况监测，督促其定期到所内"健康小屋"进行身体监测，并对监测结果进行记录、分析，定期在厂内健康管理医生进行巡诊时对其监测结果进行专业解读，根据驻厂医生的专业健康指导调整干预措施，并在所内建立"五高"健康干预交流群，群内定期进行专项健康宣教。

二、针对重点关注人群，积极进行人为"干预"

一是做好健康干预。包保人要充分掌握被包保人的身体情况，首先是对被包保人出院医嘱进行全面了解，遵循医嘱对其进行健康监督；其次是在及时就医和用药指导方面提供支持帮助，做好紧急就医预案，掌握日常用药情况，确保被包保人身体健康始终处于可控受控的状态。二是做好工作干预。重点关注人群术后返岗后，由包保人结合其身体健康状况对工作岗位及工作量进行科学调整，将原来高负荷的现场工作转为低负荷的室内工作，减轻工作压力，减少工作环境影响，确保被包保人处于适合的、良好的工作环境中。三是做好心理干预。在疾病过后的恢复期，很多病人往往还伴随着多种不良情绪，比如担忧、痛苦、易怒、焦虑、无助、急躁等。因此，心理干预则变得尤为重要。在被包保人的恢复期，由包保人负责对其开展心理疏导，督促其参加所内心理咨询活动及身体允许的文体活动等，帮助被包保人疏解情绪、调整心态、积极工作、乐观生活。

三、建立三方协同管理机制，多方人员共同"参与"

建立"个人、家庭、单位"健康协同管理机制，将健康管理延伸至 8h 工作之外，通过建立职工健康信息基础数据库和健康档案，对个人基本健康状况、健康体检记录和报告、家族遗传病史等多项数据信息进行统计，确保健康协同管理机制顺利实施，畅通单位与家庭之间沟通渠道。一方面让被包保人的家庭与单位能够全天候了解其身体状态，另一方面方便在其出现异常或紧急情况时双方能够及时进行有效沟通。

四、切实落实包保制度，建立专属报告"上报"

形成个人身体情况分析报告及包保人干预总结报告，定期上报主管领导进行评定。一是评定被包保人身体健康情况，视具体状况来决策干预方案是否可行。二是评定包保人是否切实履行职责义务，视其干预记录及过程评定包保人是否继续担任。

随着工艺研究所"4P"健康管理包保方案的制定推行，基层健康管理包保制得到深入推进和有效落实，重点关注人群身体状况平稳、无明显异常。下步，工艺研究所将根据职工健康管理工作实际，进一步加强"一人一档"健康监测、"一症一策"跟踪干预、"一周一学"知识普及，为"4P"健康管理推广推进奠定坚实基础。

以健康企业创建为契机
打造健康幸福加油站

安徽销售公司宣城分公司旌德高铁站加油站

安徽销售公司宣城分公司旌德高铁站位于安徽省宣城市旌德县高铁新区，该站2021年投运，建筑面积695.56m²，设埋地双层汽柴油罐各两座（均为30m³），站内设置3台四枪双油品加油机，现日均销量3t左右，从业人员4人，为三级加油站。作为安徽销售健康企业创建第一批试点站点，结合HSE体系标准化与健康企业建设相融合，紧密围绕"大卫生、大健康"理念，根据加油站实际积极探索创新，全面推动健康企业创建工作顺利开展，健康服务保障水平和员工健康素养有了明显提升，并入选了2022全国健康企业建设特色案例实施企业。

一、多种方式培养员工健康习惯

一是强化健康技能培训，日常组织员工跑步、骑单车、做工间操（图1）、眼保健操，努力工作，热爱生活，守护健康，增强员工向心力、凝聚力。二是开展多元化的健康知识宣传活动，让员工全面深入地学习了解了职业健康与身心健康知识，使员工"做自己身心健康第一责任人"的意识根植于心。三是全员学习膳食知识，食堂建立养生健康食谱十余个，建立"三减三健"养生健康管理体系。四是设置员工活动室，加油站员工积极开展各类健康培训活动50余次。五是组织员工开展各类职业健康应急演练20余次，引导员工自觉参与健康企业建设。

图1　员工进行工间操练习

二、建立机制、提升员工健康管理水平

一是建立健全 13 个健康管理制度，推进职业卫生和员工健康规章制度衔接配套。二是加油站打造健康文化墙（图2），营造健康文化氛围。三是常态化组织员工观看微信版健康课，开展健康企业网上答题活动十余次。四是收集员工历年体检报告、详细登记员工个人基本信息，根据不同年龄层科学合理设置的员工体检套餐，确保了疾病的早发现、早诊断、早治疗，设置健康小屋和员工健身角（图3），建立"一人一档"管理，对患有高血压、脑血管疾病的进行健康干预。五是建立站经理与员工日常对话机制，引导员工自觉参与健康企业建设。员工主动地用花草装扮绿色油站，自觉地参与体育锻炼，日常进行心肺复苏训练（图4），强化员工健康管理基本技能。六是作业现场悬挂汽柴油职业危害告知牌，公布有关职业病防治的制度、规程、应急救援措施，危害因素检测结果及时对外公示。

图 2　加油站打造体育文化墙

图 3　加油站设置健康角

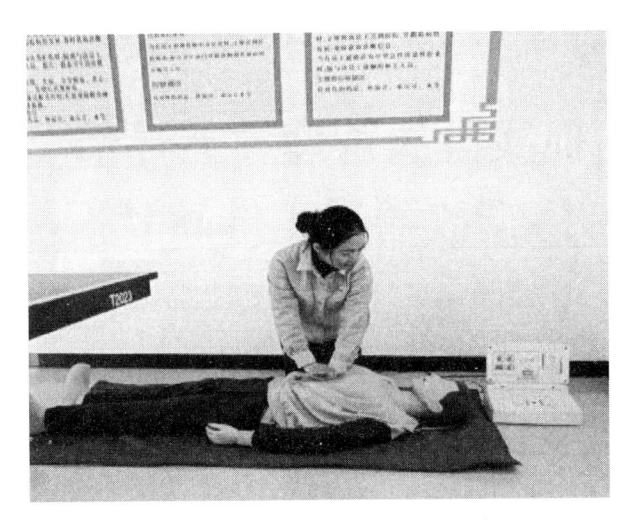

图 4 员工进行日常心肺复苏训练

取得的工作成效：一是员工健康状况明显改善。员工刘某曾患有失眠症，通过长期跑步、骑单车，他的工作与生活状态恢复了正常。二是员工健康素养不断提高。员工全面深入地学习了解了职业健康与身心健康知识，健康知识的知晓率进一步提升，健康文化氛围愈加浓厚。三是员工工作环境持续优化。"健康小屋"使员工在休息时间可自行监测自身血压和体重情况，为员工提供了近距离、易获取的医疗服务。"员工健身角"的设置，使员工可在休息时间积极锻炼身体，提高身体素质。员工的工作环境大大改善，工作、休息场所更加健康舒适。

抓实健康管理"五环节"
持续改善员工健康状况

东方物探公司华北物探处2311地震队

东方物探公司华北物探处2311地震队以关心关爱员工身心健康为主线，聚焦基层员工健康风险防控，大力推进健康企业建设，持续改善员工工作、生活条件，不断总结经验应用成果，形成了健康管理的标准化流程与做法。

一、抓实健康体检管理环节

针对健康企业建设关注的重点事项及员工健康风险，设计调查问卷开展全员网上问卷调查，掌握员工的健康现状，摸清员工健康底数，为改进员工健康管理提供数据支持。

结合健康调查数据，突出心脑血管、癌症筛查和基础慢病的检测，按照"1+X+N"的模式（1是基础体检项目，X是自选体检项目，N是重大风险疾病筛查项目），实行差异化体检，提高员工体检项目的针对性和自主选择性。

开展岗位健康适配度评估、健康风险评估，强化员工体检数据及健康变化趋势的统计分析，按照"高风险""中风险""低风险""健康"四个等级（表1）对员工进行健康风险分类分级管理。

表1　员工健康风险等级

序号	评估等级	划分依据
1	健康	体检指标正常
2	低风险	个别指标超标，经过膳食、运动、生活方式调整，能够恢复正常
3	中风险	少部分指标超标，经过基本药物干预，指标恢复正常
4	高风险	指标超标且有家族病史，需要持续监控。必要时，需要医疗手段介入

二、做好健康监测干预环节

利用健康小屋（图1）、移动健康服务包、智能穿戴产品和远程医疗支持平台，以员工所在基层单位及班组为单元，采取专业医疗辅导、日常用药督导、健康行为引导的"三级干预措施"，应用健康管理 APP、微信小程序等信息化手段，监测血压、血脂、血糖、尿酸、体重等健康指标，统计分析日常监测结果，督促中高风险员工按时服药，使基础慢病指标处于可控状态。

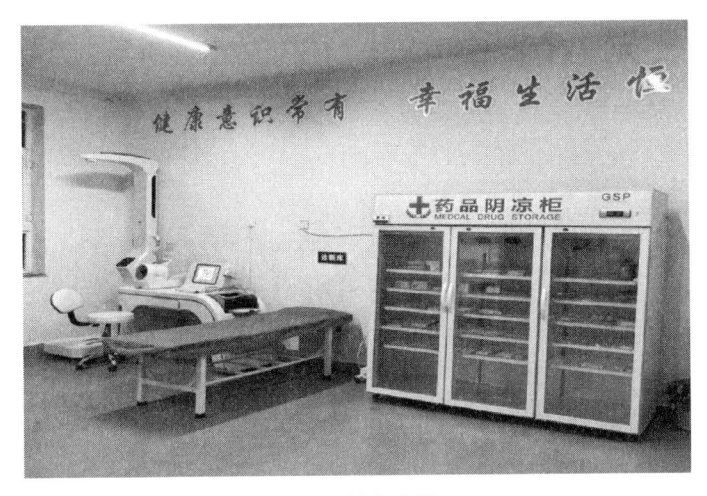

图1　健康小屋

三、提升院前急救能力环节

加强野外作业医务人员配置及急救员培养，规范医疗、急救器械与药品配备，强化协议医院能力调查与评估；配备自动体外除颤器（AED）、急救箱、急救包、个人随身急救药品（图2），提升人员聚集场所、野外施工现场、独立作业班组与员工的院前急救保障能力。

图2　个人随身急救药品

四、细化心理健康服务环节

采取"硬件环境+专业团队+思想工作"的三合一综合心理辅导模式，建立心理释压室（图3），培养心理咨询师，实施三级心理健康疏导。依托"物探心声"等心理辅导平台，为员工提供心理测试、辅导等心理健康服务。坚持思想教育与情感关怀相结合，通过"四必谈五必访"、困难帮扶等方式，有效缓解员工心理压力。

图 3　心理释压室

五、营造健康文化氛围环节

通过三个传播渠道（学习宣贯、网络宣传、场地目视化）、四个知识普及（线上学习、集中培训、专家讲堂、知识竞赛）、五个活动载体（健康小贴士、微信公众号、健康海报展板、健康知识专刊、健康书籍发放），开展健康知识讲座、网络视频展播等活动，传播健康知识，提升员工个人防护、自救和互救能力。实施个人健康提升、健康知识普及、健康建设基层金点子、健康饮食（图 4）、慢病关注互助、重点人群贤内助六个健康计划，多层级联动开展系列健康活动。建立健康"贤内助"群，配备家庭健康包，对员工 8h 外的基础健康数据进行监测，鼓励员工、家属共同"动起来"，提高健康意识和素养。

图 4　健康饮食——"早餐 3 个 1"

通过健康企业建设的基层实践，"每个人是自身健康第一责任人"的健康理念得到广泛认同，员工健康意识普遍提升，员工健康监测与干预的途径和方法得到了极大丰富，健康预警、干预的及时性得到了有效增强，地震队工作生活条件、健康设施、健康保障措施持续改善（图5），健康风险防控能力不断增强。建设经验在东方物探公司所属单位推广应用，形成的《"六保障、六模式"深化推进健康企业建设》入选中国企业联合会、中国企业家协会2022年全国健康企业建设特色案例，并被国家卫生健康委员会评为健康企业建设优秀案例。

图5 员工健身活动室

推行"三结合一辐射"管理模式赋能健康企业创建

海洋工程公司

海洋工程公司是中国石油集团下属的海洋石油综合性工程技术服务企业，也是首批集团公司确定的健康企业创建试点单位，公司始终秉承"员工的生命和健康是企业发展基础"的理念，谋实招、创实效，形成健康管理"三结合一辐射"模式，助力健康企业创建不断走深走实。

一、与体系建设相结合，构建具有海洋石油特色的健康管理体制

将健康管理与QHSE管理体系相结合，与基层HSE标准化建设相结合，依据国家、集团公司相关规定、要求，对标ISO 45001、SA8000等国际标准，形成具有海洋石油特色的现代企业员工健康管理体系，编发《海上作业人员健康体检工作指南》《健康小屋与医务室配备指南》《健康促进工作指南》《员工体检及疾病干预管理办法》等体系文件，内容涵盖出海人员定期体检、既往病史调查、健康档案管理、海上医务室建设标准、海上作业人员健康取证管理、海上作业人员专项健康评估等，形成一套标准化、体系化的海上作业人员健康管理规范。

二、与业务实际相结合，搭建海洋石油平台24h医疗救护机制

海洋石油作业点位分散且远离陆地，为保障海上作业人员健康，公司在所有海上平台都设置了医务室，派驻了具有三年以上临床经验的全科医生，提供24h医疗服务。配备了心肺复苏仪、心电图仪、自动体外除颤仪（AED）、血压、血糖监测仪、内外科急救箱及常用药品。与医疗服务机构建立远程应急支持系统，可以24h为海上专职医生的日常诊疗和突发性医疗事件提供技术支持。在新冠疫情期间，该医疗应急支持系统提供了远程诊断指导，为保障海上生产平稳发挥了重要作用。

三、与预防干预相结合，实现海上员工的全方位健康管理与服务

公司始终坚持"治未病"的思想，在海上人员健康管理中注重早发现、早预防、早

干预，驻平台医生除日常医疗巡诊外，还提供健康咨询、保健指导，定期对员工健康指标进行适应性评价。通过建立平台人员健康跟踪档案，针对有既往病史需监测身体指标和需要药物治疗的员工，制订监测、提醒、监督计划并有效实施、记录备案。积极识别员工疲劳征兆，管理劳动强度，严格出海人员倒休制度。针对海上空间狭小、工作枯燥，易产生思想波动和浮躁情绪，平台设置心理辅导室和健身室，配备卫星电视、解压书籍、跑步机、乒乓球、台球等健身娱乐设施；海上平台成立伙食委员会，定期反馈员工意见，科学配餐，健康饮食。

四、海上经验辐射所属单位，健康企业建设实现整体推进

借助海上平台健康企业建设经验，在陆地生产厂区设置救护站，办公区设置健康小屋，船舶配备医疗室和急救箱。建立全员"一人一档"健康档案，组织开展整体健康评估，重点人员分级管理。秉持"人人会急救、急救为人人"的理念，加强急救能力建设，实现重要场所 AED 全覆盖；购置 6 套呼吸器、2 套急救模拟训练假人，定期组织急救培训。升级改造厂房通风系统、配置焊烟净化器，从源头上改善职业健康环境。注重健康小屋功能持续释放，引导"三高"人员积极开展健康自我监测，员工健康意识逐渐提升，实现从"要我健康"向"我要健康"的渐变。根据 2022 年、2023 年员工健康行为调查结果，饮酒、熬夜、饮食不健康、不规律均有下降，健康行为倡导已初见成效。影响员工健康行为占比调查统计如图 1 所示。

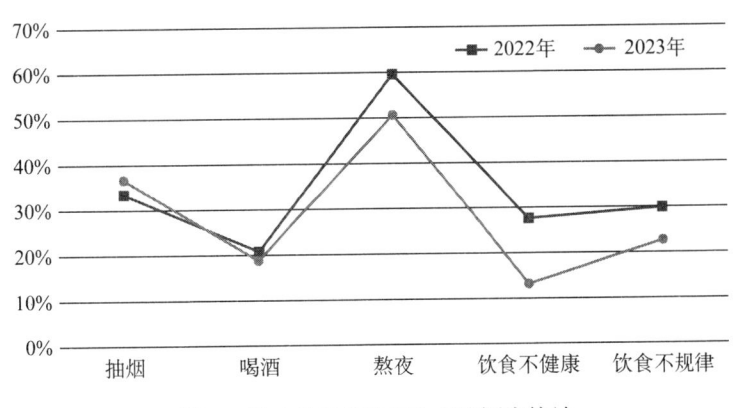

图 1 影响员工健康行为占比调查统计

海洋工程公司在海洋石油作业健康管理上积极探索，通过先行先试、总结经验、辐射整体的"三结合一辐射"模式，促进健康企业创建水平全面提升，顺利通过集团公司2023 年健康企业创建达标验收。海洋工程公司将继续巩固和深化健康企业创建成果，让员工真正成为健康企业建设的参与者、推动者、受益者。

线上实时监测　线下跟踪问诊
提升一线人员健康服务水平

中油测井公司

中油测井公司（以下简称公司）现有作业队伍 843 支，市场覆盖国内 20 余个油气田及海外 19 个国家，呈点多、面广、人员布散的特点。长庆分公司陇东项目部位于甘肃省庆阳市庆城县，作业区共包含长庆分公司、大庆分公司等 6 家分公司 61 支作业队，现有职工 541 人。作业区一线环境恶劣，社会医疗依托性差，人员流动性大，导致健康管理难度较大，项目部始终坚持"员工生命安全和身心健康高于一切"的理念，采用"线上 + 线下"相结合的方式，最大限度防控员工健康风险。

一、开展线上管控与检测

1. 加强健康宣传力度

依托公司网页、员工健康管理平台、融媒体、公众号等信息化媒介，积极推广健康科普、急救知识、心理健康等相关内容，组织线上健康基础知识答题积分活动，积极参加公司线上健康讲座，不断提升员工健康意识和健康素养。

2. 用好健康管理平台

引导员工积极使用公司健康管理平台（图 1），员工可通过平台实现线上"1+X"健康体检预约、体检报告查询、健康风险数据自动预警、24h 远程健康咨询、线上员工帮助计划（EAP）咨询访谈等功能。健康管理人员通过平台可进行健康干预措施督导、健康监测数据跟踪、高风险人群管理、健康档案管理等功能，基本实现无纸化健康管理，为个人及单位的健康管理提高了管理效能。

3. 开展出工前健康确认

建立出工作业前健康确认机制，员工出工前必须通过健康检测设备，对血压、酒精含量等基础指标进行核实，不符合要求的禁止出工或进行人员调整，全部健康检测记录均自动上传至员工健康管理平台，做到有据可查，有效降低现场作业健康风险，有效杜绝员工在岗作业期间因健康突发事件导致生产安全事故现象。

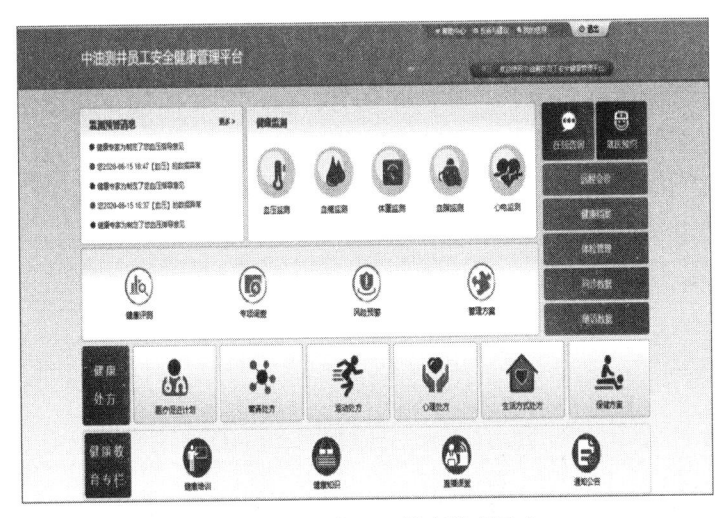

图 1　中油测井员工健康管理平台

4. 组织全员定期检查

持续加强基层作业队员工健康日常基础数据检测，为员工配备健康小屋 2 个，每次健康检测数据均可通过网络实时传输至公司员工健康管理平台，实现无纸化健康监测。对于不同健康风险人群，制订针对性健康检测周期，各基层作业队按照健康检测计划，严格落实实施（图 2），确保全员每年至少进行 8 次全面健康基础检测。

图 2　定期开展健康检查

二、抓好线下跟踪与服务

1. 组织健康活动与培训

与"六个一"健康安全主题会活动相结合,通过视频播放、经验分享、橱窗宣传、张贴海报、科普知识宣教等形式,积极宣贯"员工个人是自身健康的第一责任人"的理念。以"口袋书"的形式全员配备《测井员工健康手册》。积极开展健康讲座(图3)、健康达人评选、健康知识竞赛等专题活动,组织员工开展健康管理、职业健康监护、应急急救等相关培训,参与超1300人次,急救取证超60人,做到至少一队一人取证。

图3　开展全员健康讲座

2. 开展现场体检与问诊

积极组织参与巡回一线作业队健康巡诊活动,为一线作业队提供专家健康咨询问诊、中医问诊针灸理疗、腹部B超检查、心电图检查、体检报告解读等健康服务。同时,与专业健康服务公司合作,为项目部配备健康体检车,提供现场体检服务,为员工提供了便利,也提高了项目部健康服务水平。

3. 建立基层领导"一对一"包保机制

项目部班子成员均与健康高风险人员签订"一对一"包保督导任务书,形成基层领导"一对一"包保机制,共结成对子46对,每月开展健康访谈(图4),确保健康监测计划执行到位,通过长期健康干预及监督提醒,项目部健康高风险人员实现逐年减少的目标。

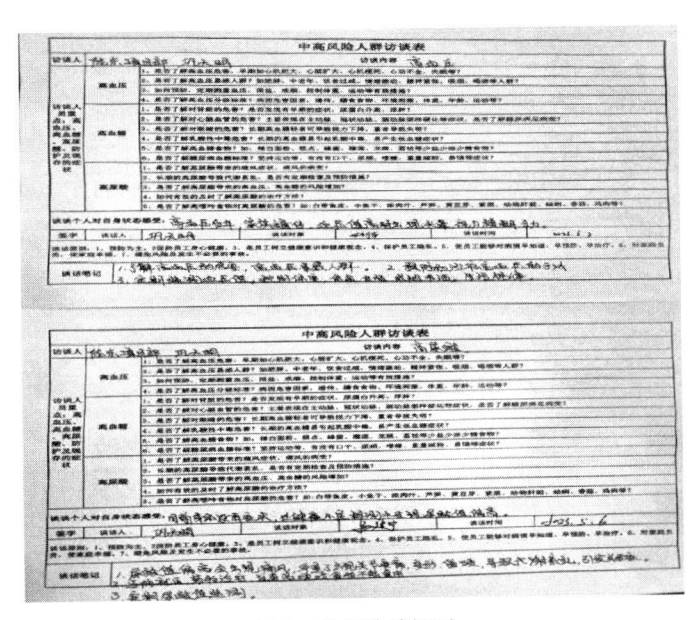

图 4　签订访谈记录

4. 做好大病就医保障

与当地医院加强沟通，以健康讲座及培训为切入点，为项目部建立就医通道，遇突发情况可及时进行就医。同时，积极宣传公司大病就医通道，加强困难员工及大病人员就医帮扶，切实保证员工权益。

自系统开展健康管理以来，项目部累计监测健康数据超 2700 人次，定期随访 184 人次，考虑身体原因调整岗位人数累计 16 人，离岗歇业人数累计 3 人，通过全面提高健康管理能力，逐步形成了项目部"单位＋个人＋机构＋家庭"四位一体健康管理模式，切实履行好单位健康主体责任及员工第一责任人责任，有效防控非生产亡人事件发生。

信息化、数智化建设

(11篇)

创新"三化"管理　助推车队HSE标准化建设

大庆油田公司通勤服务公司东风分公司十二车队

东风分公司十二车队成立于1992年7月，现有员工75人，车辆52台，通勤线路44条，车辆日运行$0.9×10^4$km，2022年累计安全运行$180.8×10^4$km。自建队以来，创新"智能化、可视化、人性化"管理模式，扎实推进车队HSE标准化建设。

一、"智能化"全覆盖，提升安全监管水平

车队先后在所属52台通勤车辆及厂区建成并投用"北斗"车辆位置服务综合管理平台、车厢内监控、厂区监控等"智能化"和半"智能化"监控系统三套，初步形成了"闭环式""无死角""全时段"的"智能化"管理模式。依靠"北斗"、驾驶辅助（ADAS）等"智能化"平台，设定车速红线，强化源头控制与风险防范。依据通勤线路等级、路况、时令等因素，设置车速5km/h临界值预警，强化超速行为管控。针对"困驾"、行车使用手机、吸烟、偏离车道、车距过近等违章及危险行为，设置系统报警，及时警醒纠正违规驾驶行为，不断提升安全监管水平。

二、"可视化"控风险，夯实安全管理基础

厂区、车厢内外设置禁止、指示、警示标识，提升安全意识。设置规章制度板、违章行为曝光板，做到制度及时公开，考核及时公示，提高安全管理透明度。依靠智能平台的可视功能，"时时播放""取卡回放""报警视频"等形式，对重点人、重点路段的驾驶过程进行能力评估、检查、分析及违章甄别。设置曝光频道，将违章、事故、事件视频进行周循环播放、曝光，在警示教育的同时，管控风险压实责任，全力夯实安全管理基础。

三、"人性化"促健康，打造安全和谐站队

建立"早见面室"，及时掌握驾驶员的心理、压力、健康等方面状态，对重点人群进行出车前酒精检测，对曝光视频、驾驶陋习面对面讲解，对特殊天气行车注意事项进行安全提示，丰富"人性化"内涵。建立"健康小屋""心理宣泄室"，加强对员工的心理

疏导和精神慰藉，杜绝驾驶员带病、带情绪出车，确保健康平安出行。开展暖心举措凝聚力量，"夏日车厢送清凉""端午粽香满车厢""春节干部来陪跑"等一系列关心关爱举措，促进"人性化"管理延伸，助力打造安全和谐车队。

"智能化"管理实现环境动态精准把握管控，"可视化"管理实现隐患风险精准施策管控，"人性化"管理加强员工心理疏导，实现身心和谐的人本安全管控。"三化"管理的全方位落实，为车队HSE标准化建设打下了坚实基础。

基于智能化模式的基层站队QHSE标准化建设

长庆油田公司

长庆油田成立于1970年，总部位于陕西省西安市，主要在鄂尔多斯盆地开展油气勘探开发及新能源等业务，工作区域横跨陕甘宁蒙四省（区）。现有27个油气生产单位，基层站队598个，用工总量6.6万人。长庆油田借助"安眼工程"建设机遇，初步建成了智能化模式的油气田基层站队QHSE标准化。

一、智能化模式下的基层站队QHSE标准化建设内容

围绕基层站队QHSE管理业务需求，牢牢把握生产现场风险管控和全员安全生产职责履行为核心，依托物联网、边缘计算、大数据、人工智能等信息化技术，对QHSE数据流、业务流进行梳理、集成、整合。充分利用QHSE管理动态数据，运用全流程要素智能分析，实现对基层站队的QHSE工作的大数据综合分析预警和智能化管理。

将基层站队QHSE标准化建设对应的19个主题事项所涉及的管理要素和资料进行梳理、分析（表1），借助"安眼工程"建设契机，整合长庆油田近年来数字化、智能化建设成果，以"整合＋创新"建设模式，实现了17个主题事项全流程智能管理。同时，采取"试点先行＋推广应用"的模式，选取第二采油厂、第一采气厂等四家单位，开启基于智能化模式下的基层站队QHSE标准化建设试点工作，从公司层面对四家试点单位基层站队分专业、分站队实现了QHSE标准化。

表1 智能化模式的基层站队QHSE标准化主题事项对应表

序号	类别	主题事项	对应智能系统模块	智能系统功能简介	智能模块界面展示
1	通用部分	风险管理	双重预防机制系统，重大危险源管理系统	实现基层站队风险辨识、层级管控、管控措施落实情况统计、分析；重大危险源的在线监测、预警	

续表

序号	类别	主题事项	对应智能系统模块	智能系统功能简介	智能模块界面展示
2	通用部分	责任落实	生产场所员工HSE履职系统	记录生产场所岗位员工安全生产职责的履行情况,并对履职工作进行智能化的提醒、汇总、统计、分析	
3		目标指标	生产场所员工HSE履职系统	对生产场所岗位员工日常工作进行定时、定量推送,指导岗位员工按照既定工作目标指标完成工作任务	
4		能力培训	QHSE人员资格系统	实现对QHSE管理涉及人员的能力评估、培训、持证进行统一管理	
5		沟通协商	QHSE管理体系文件库	实现QHSE管理体系文件、制度、标准的汇集、查询、在线学习	
6		设备设施	设备管理系统	实现设备日常全生命周期的管理	
7		生产运行	视频AI中台系统生产运行监控平台	实现生产现场的实时视频监控、事件AI自动判识,以及生产设备设施运行数据的实时监控	
8		承包方管理	承包商管理平台	实现承包商从准入、施工、到退出的全流程管理	
9		作业许可	非常规作业许可系统	实现对非常规作业的全流程管理和监控	

续表

序号	类别	主题事项	对应智能系统模块	智能系统功能简介	智能模块界面展示
10	通用部分	职业健康	集团公司HSE信息系统	实现职业健康工作的日常管理	
11		环保管理	集团公司HSE信息系统	实现环境保护工作的日常管理	
12		变更管理	—	—	
13		应急管理	应急预警（管道泄漏在线监测）	实现重点管道日常运行的实时监控和故障预警报警	
14		事故事件	集团公司HSE信息系统	实现事故事件的日常管理	
15		检查改进	集团公司HSE信息系统 生产场所员工HSE履职系统	实现日常管理的问题理发现、上报、整改、复核、分析、改进等全流程管理	
16		质量管理	质量管理系统	实现质量工作的日常管理	
17	专业部分	健康安全环保设施	设备管理系统	实现健康安全环保设施的日常管理	
18		生产作业设备设施	设备管理系统	实现生产作业设备设施的日常管理	
19		生产作业场地环境	—	—	

二、智能化模式下的基层站队QHSE标准化建设过程

建设过程按照"梳理要素、建立流程、建设系统、优化完善、配置硬件、培训交流、督导帮扶"七个步骤，有序推进建设工作，初步实现了智能化模式下的基层站队QHSE标准化建设。

1. 梳理要素

抽调试点单位的业务骨干，与开发人员共同成立工作要素梳理小组，根据基层站队QHSE标准化的19个主题事项，逐项梳理业务内容。形成采油、采气、输油单位120余座不同类型生产场所的48张基础管理要素资料表格，梳理相关业务流程13大类。

2. 建立流程

集团统建的，统一按照集团系统工作流程执行；属于公司自建的，与基层站队QHSE要素文件进行溯源比对，做好功能优化提升，规范工作流程，形成标准化的模板；属于新建的，对标最新制度规范、充分结合新技术，体现高效、先进、智能等特性。

3. 建设系统

运用"互联网+"建设思路，在后端13个系统平台中建设了17个主题事项共48个功能模块，对应在前端移动（App）应用中建设了22个功能模块，实现了岗位员工按照移动端App任务提示，定时定点完成工作任务，系统自动归档留痕。

4. 优化完善

为保证相应功能与实际业务的贴合性和易用性，按照"设计、开发、测试、试用、调整"的开发思路，相应功能模块系统在试点单位测试、应用过程中，组织开发技术人员、现场领导干部、管理人员、操作员工进行多维度的测试与调研，对应用进行不断调优，确保相应模块系统满足现场管理、贴合员工应用习惯，使之有长久的生命力。

5. 配置硬件

智能化建设，硬件配置是实现的基础。根据各模块系统的软硬件需求，长庆油田印发《智能管理系统硬件配置指导意见》，各单位落实专项经费采购，四家试点基层站队共采购手持终端和接入点名称（APN）数据卡2000余套，射频卡3万余张。同时配套视频AI智能分析和管线泄漏报警系统。

6. 培训交流

组织基层站队智能化系统管理员、QHSE业务领导和骨干人员开展线上培训、面授培

训+实际操作、观摩交流、线下会议等多种培训活动，对13个系统平台基础数据填报、维护技巧进行培训交流。

7. 督导帮扶

组建公司、二级单位、基层站队三级推进小组，建立系统推进工作联络群，保障系统平台高效推进。明确应用时间进度，对基层站队实施"周督导，月通报，季总结"。基层站队每周对重点完成情况进行内部督导；二级单位每月通过安全环保经营例会对推进进度及存在问题进行通报，确保问题及时解决；油田公司每季度通过形势分析会对平台推进情况进行总结，明确下一步工作重点。

截至目前，智能化基层站队QHSE标准化在四家试点单位应用6个月以来，系统平台注册用户12000余人，累计产生300余万条记录数据，充分发挥了智能化建设在基层站队QHSE标准化建设中的作用与优势，实现了基层站队QHSE工作"四化"（工作内容标准化、运行流程智能化、任务执行显性化、工作结果数据化）、"四减"（减少人为履职影响因素、减少非必要信息流转环节、减少低效重复性工作、减轻基层岗位劳动强度）、"四到位"（管理制度执行到位、员工职责履行到位、生产现场管理到位、风险隐患管控到位），现场应用效果良好。

深化信息化建设
助推基层站队标准化建设上台阶

西南油气田公司输气管理处成都输气作业区

成都输气作业区隶属于西南油气田公司输气管理处，是一个以天然气运营管理和天然气长输技术服务的基层单位。2017年1月正式启动QHSE标准化建设工作，坚持"试点先行、循序渐进、全面推广"工作原则，以"提升、易行、持续"为核心，获得2020年度、2022年度"集团公司HSE标准化先进基层单位"称号。为进一步提高基层站队标准化工作效率，作业区积极探索数字化转型、智能化发展的技术路线和管控模式，深度挖掘标准化建设优势，对站场及工艺流程、自控系统等进行流程再造，开发工业物联网、智能生产监控、无漏项管理等系统，打造一体化智能监控平台（图1），助力基层站队HSE标准化建设提档升级。

图1 一体化智能监控平台

一、基础工作全面整合，实现基层站队工作无纸化

建立无漏项管理系统，将站场日常工作全部流程化、信息化，并按照日、周、月、季、年的时间进度来进行任务分解细化，全面录入无漏项平台进行统一管理。在日常、新增、自主、递交工作中可以自主添加各种工作计划，可以完成删除、修改、复制、审批任务，同时在使用中有开展提醒、完成提醒，能够随时随地查看任何时间段资料，实

现了所有日常工作有安排、有落实、有反馈、无漏项。同时，无漏项管理系统展示的界面，让每天的工作完成情况，以日历、时间、颜色等不同形式展示，绿色、粉色分别代表已办结、有待办，直观醒目。通过无漏项管理系统运行，一线班组全面实现办公无纸化，提高了日常工作效率，减轻了基层资料记录负担。

二、关键数据应采全采，实现基层站队管理数字化

建立站场 BPCS 过程控制系统，开发执行机构、智能仪表、PLC 三个远维模块，对站场的压力、温度、计量、阀位开关状态、可燃气体检测、生产辅助设施等数据进行全面采集，并将设备实时数据进行上传，实现站场关键设备运维全生命周期信息化管理和实时状态监控，同时通过上传至 DCC 调控中心及 RCC 区域中心的数据，实现站场值班室、作业区调度室、DCC 调控中心及 RCC 区域中心对设备进行远程操作控制，进而实现对现场生产过程的全面监控，实现现场设备和运行状态的管理数字化。

三、生产现场全面感知，实现基层站队巡检智能化

建立智能巡检系统，不间断对全站的重点生产区域、巡检点、巡检项进行电子巡检，并实时生成巡检结果。智能巡检利用图像识别、大数据分析等技术，实现了对站场设备状态和风险的准确感知，对设备及生产状态进行连续监测，及时发现设备故障及生产异常。与人工巡检对比，系统可以直接感知设备故障原因，巡检结果更精准。智能巡检系统基本可以替代人工巡检，达到站场少人值守、无人操作的目的。目前，成都输气站充分采集电动执行机构、智能变送器、PLC、UPS、可燃气体检测、计量系统、火灾报警系统、工业视频八大类设备的自诊断运行参数和运行状态数据，实现对生产现场 24h 不间断智能巡检。

通过信息化建设，成都输气作业区基层站队 HSE 标准化建设已实现基础管理工作信息化、资料记录无纸化、工作内容无漏项。同时，通过管理数字化、巡检智能化建设，实现对现场环境的全面感知、生产设备全面监控，通过 24h 不间断智能巡检，确保能及时精准发现并处置生产异常情况，全面提升基层站队现场风险的全面管控能力。

推进数智化赋能改造　激发安全生产新动力

大港油田公司天然气公司天然气处理站

天然气处理站（以下简称处理站）始建于1975年，是大港油田公司唯一的集天然气净化处理、油气产品储运于一体的综合性大站。主要任务是生产稳定轻烃、液化石油气、净化天然气等产品，属易燃易爆场所，被列为天津市一级消防重点部位。处理站积极推进数智化赋能改造，持续提升设备设施自控水平，筑牢安全生产防线。曾荣获全国"安康杯"竞赛优胜班组、天津市"青年安全生产示范岗"，集团公司"HSE标准化先进基层单位"等百余项荣誉。

一、开发应用3D仿真培训系统

处理站于2007年自主开发应用系统，以处理站深冷装置及主要设备为背景，对现场操作和DCS操作进行了仿真模拟，使其与生产实际操作一致，满足生产日常操作和员工培训、考试的需要。该系统经过多年不断扩展，从最初仅能实现压缩机、膨胀机等9台大设备启停，发展成为涵盖处理站30个单机设备操作、22个故障处理、32个应急预案演练、100余个危险点源识别的仿真操作系统及全厂装置操作。依托仿真系统，处理站强化全员培训，新增高技能人才4人、技师5人，培养选拔工程师4人、大港油田公司青年科技人才1人，"80"后工程师人数占比达到80%。构建了一支"一岗精、多岗通"的技能人才队伍。

二、实施设备数智化赋能改造

处理站对2006年投产的2台闲置陕气增压机进行资产盘活，改造再利用为港气原料气压缩机，由一级压缩调整为三级压缩，安装"模块化、多通道、多功能"设备运行状态监测与故障诊断系统，实现由报警向预警的生产方式转变，每天处理能力提升 $80 \times 10^4 m^3$。2023年，拟对1995年投产的2台进口压缩机控制及数据传输系统进行数智化升级，让老设备焕发出新青春。

三、实施"工业互联网+安全生产"行动

处理站借助"安眼"工程等预警机制建设,将生产数据和摄像图像上传至生产信息平台,方便各级管理人员实时远程关注参数和现场情况,提升工作效率。生产装置使用DCS系统进行控制,通过上位机进行生产参数调节;持续完善相关自控设施,提升装置及储罐区自控水平,近5年处理站实现减员37人。设置独立的SIS系统,提升本质安全水平。探索"数字检修"新模式,即检修前、后数据及影像采集、故障分析汇总,精准确定检修内容、工序、时限,最大限度提升检修效率,2年累计减少限气近$800\times10^4\mathrm{m}^3$。

处理站以"建设百年安全和谐大站"为目标,通过仿真系统开发、数智赋能、互联网+安全生产,员工整体素质及设备设施数智化诊断、自控水平不断提升,实现建站48年来安全生产无事故,累计向天津市、沧州市及油田周边输送天然气$220\times10^8\mathrm{m}^3$,为保障国家能源安全、实现绿色发展作出了积极贡献。

发挥数智优势　打造站队示范

西南油气田公司川东北气矿自控信息中心

自控信息中心（以下简称中心）是西南油气田公司川东北气矿从事自动化控制、信息通信、计量检定与监督的专业化检维修单位，负责相关设备及系统的周期巡检、故障处理、专业分析、智能提升等技术支持和服务，始终坚持发挥数智优势，精细技术、精准服务、精益管理，持续打造基层站队示范，获集团公司"先进基层党组织""青年文明号""HSE 标准化建设先进基层"单位，西南油气田公司"示范党支部""青年安全生产示范岗"等荣誉。

一、精细技术、过程控制，提升安全管控力

中心始终坚持以技术创新为先导，全力推动优化改造，提升设备本质安全，降低现场生产风险，强化关键设备的预防性维护，夯实安全生产的"硬支撑"。

1. 强化井口核心安全

通过加装快速泄放阀、中继阀背压监测适应性改进、动力气源主备用自动切换改造和增加上位机复位程序等优化措施，持续优化井口安全截断系统性能，实现系统自动关断响应时间小于 5s，故障率由 10% 降至 3%，切实保障采气场站安全生产。

2. 创新无线监测技术应用

改进检测仪电路板结构及终端元器件，整合 NB 通信模块，成功研发可实时监测的无线硫化氢检测仪，数据上传频率从 5min/ 次可提高至 5s/ 次；集成整合现场气体检测、压力、视频 3 类数据，形成无人值守模式下一体化无线远传技术方案，搭建完成无线远传数据软件平台，实现无市电条件下的天然气实时监测数据集中监控，提升无人值守安全监控水平。

3. 重新定义破管保护测试方法

自主开发气液联动执行机构破管保护测试程序，集成物联技术实现参数远程检查、阀控功能和压降速率远程定量测试，彻底改变传统手动模拟测试方法，测试时间由 30min

降低至 5min，测试误差由大于 ±50% 降低至小于 ±0.35%，切实提升管道运行安全。

二、精准服务、融合发展，提升安全核心力

中心始终坚持以服务质量为核心，全速提升运维效率，持续深化业务融合，不断细化运维安全的颗粒度，构建安全保障的"组合拳"。

1. 一体化运维促转型

持续深化"自控、计量、信息"专业融合发展，全面实施同步巡检、同步处理、同步分析，将周期巡检和故障处理有机结合，联合开展现场仪表、自控设备、SCADA、SIS 与联锁控制的全方位排查，故障处理到位率提升到 98%，运维效率同比增长 25%，初步实现全流程、全业务、全周期安全运维。

2. 无人机巡检控风险

上线含气象监测、实时飞行、精准降落等为一体的飞控系统，开展 36 架次管道、无人值守站的泄漏检测和数据比对，降低人工巡检频次和安全风险，初步形成符合川东北辖区地貌特征的无人机自主飞行参数标准。

3. "3+2+X" 培训提素质

每年 1 次技术论文交流、仪表工技能比赛、设备设施分析，组织到厂家、兄弟单位实地交流，以安全讲述、"点餐"等方式交流技术技能难点，引导员工从"要我学习"向"我要学习"转变，营造出"比学赶帮超"的良好氛围，获国家软件著作权 3 项，公司级合理化建议 7 项，通过二级注册计量师资格认证 7 人、无人机 AOPA 认证 2 人、CISP 安全认证 2 人。

三、精益管理、数字赋能，提升安全驱动力

中心始终坚持以管理精益为目标，全面实施数字赋能，持续优化业务流程，为安全管理提供个性化的解决方案，跑出长效管理的"加速度"。

1. 构建检维修专业知识图谱

以"知识芯球"平台为载体，持续推进"安芯"（日常巡检）、"会芯"（技术支持）、"精芯"（系统管理）建设，全面共享专业检定、测试巡检记录等，有效数据已上万条，打通信息传递的最后一千米。

2. 上线智能运维机器人"油小芯"

自动回复 30 余套应用系统常见问题,持续更新安全管理、网络通信、计量质量、自控仪表等专业知识库,利用大数据不断沉淀升级用户数据库,探索搭建智能服务模型;同步设置人工客服解决个性化问题,推出预约上门服务,实现最快客服全天在岗,打造专业化服务品牌。

3. 自主开发数字运维系统

上线电子台账、周期维保、预警提醒等功能模块,实时记录日常巡检、专业测试、故障处理等关键数据,全面替代纸质表单;通过数据建模、业务场景搭建,自动统计巡检到位率、设备故障率等指标,实现全流程数字化管理,提升工作质效 20%。

川东北气矿自控信息中心紧紧围绕基层站队示范打造,以"三精"提"三力",充分发挥数智优势,持续深化基层站队 QHSE 标准化建设,全面推动安全管理与检维修业务深度融合,做到生产现场风险管控能力和设备系统精益管理水平双提升,完整构建自控、计量、信息等多专业一体化运维保障机制,打造一体化敏捷服务能力,以数智力量为天然气生产安全保驾护航。

声光智能同步预警　提升油库本质安全

西北销售公司川渝分公司彭州油库

西北销售公司川渝分公司彭州油库，总库容 $52\times10^4\mathrm{m}^3$，是西南地区库容最大的成品油库，肩负着保障属地炼厂后路畅通和责任市场稳定供应的重任。油库设有生产运行班和铁路装车班 2 个大班组，承担油库管输、铁路、公路日常发运、巡检、监督、计量交接等职能。油库操作人员 44 人，技师占比 25%，高级工占比 75%，油库自 2014 年投运以来，累计吞吐油品 6720 余万吨。先后获得"中国石油标杆油库""HSE 标准化建设示范站队""节能节水及节能计量先进基层单位""先进基层党组织"等诸多荣誉。所属生产运行班被评为甘肃省"创新型班组"、"中国石油质量信得过班组"。让报警信息主动说话，让潜在风险自己露头，让处置措施自动提示，让预警信息自主定级并找到反馈对象，及时削减作业风险，切实保障彭州油库的安全生产运营，这是彭州油库构建智能化风险预警管理的使命和责任。

一、紧贴油库运营实际　创新风险管控模式

针对一线员工在报警信息智能分级和自主反馈方面提出的生产难题，基于彭州油库作为西南地区最大的成品油库，年均吞吐量在 $800\times10^4\mathrm{t}$ 以上，是千万吨级炼厂——四川石化公司唯一配套的油库，除享有自动化程度高、各类信息集成化高的优势外，也面临分散在各个系统中的压力、温度、高度、浓度等不同报警信息日益剧增的难题，系统频繁出现卡顿、死机等实际情况。坚持自主创新，紧贴油库安全生产运行现状，成立攻关小组，讨论形成技术方案，完成系统开发和调试上线，建立系统应用操作指南，构建形成"系统智能预警为主，人工干预确认为辅"的智能化风险预警管理模式，能快速解决处理报警信息，让报警信息听得见、看得见。

二、声光报警直观明了　智能分级预警信息

在设备前端，通过语音播报和灯塔闪烁直观向操作人员发出示警信号。将油罐液位高报、高高报，液位低报、底低报，可燃气体高报、高高报和管线超压的高报、高高报"三位一体"等各类报警信息按照设定的预警值进行智能分级，有效筛选无效信息和低等级报警，提升预警信息的精准度。在系统后台，通过电话和短信等手段分级管控报警信

息，将不同级别的预警信息分级推送至相应级别的管理层和安全管理人员，提高预警信息的传递效率，协助各级生产管理人员和操作人员及时了解各类报警信息，防范生产安全事故的发生。目前运行以来，具备很强的生产实用价值，得到地方政府和安监部门一致好评，在同行业和同类型油库中具有很强的推广价值。目前已经在15家油库得到推广应用。

三、自主研发人性设计　　提升智能响应水平

智能化风险预警管理模式坚持"报警服务于人"的理念，在系统功能、操作界面、推送流程等方面体现出人性化管理、界面清晰、操作简单，使操作人员通过最简单的设置来完成各类报警的识别，提升各类作业报警监控力度，提高作业效率和油库安全管理质量，规避各类作业安全事故发生，实现油库生产运行更加平稳地运行。利用移动蜂窝通信技术实现网络穿透推送报警，报警信息集油库安全风险分级管控和报警记录查询于一体（图1）。同时具备数据实时通信、数据分析、等级划分、用户管理、报警控制和报警数据保存管理等功能，有效解决了目前各类生产系统报警监控数据繁杂、功能单一等难题，提升油库报警处理智能化响应水平，通过物联网新技术实现了油库风险智能预警管控。

图1　油库融云声光智能预警平台

彭州油库智能化风险预警管理模式直观清晰，将17个生产运行系统的预警界面集成至1个预警平台，提升油库本质安全技术水平，动态管控油库各项关键工艺参数。声光同步预警，解决操作人员预警信息感知滞后或延误等问题，提升分级精准度和响应科学性，有效缩减流程和时间，保障各级管理人员及时做出响应，提高预警信息传送效率。油库融云声光智能预警平台荣获中国石油第二届创新大赛生产创新油气销售专业比赛一等奖（图2）。

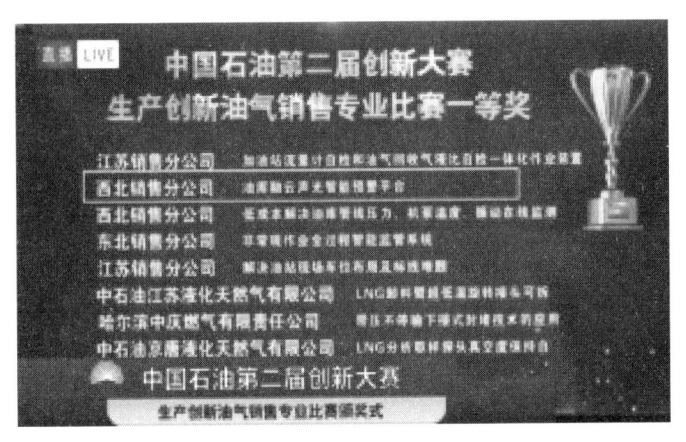

图 2 中国石油第二届创新大赛生产创新油气销售专业比赛一等奖（油库融云声光智能预警平台）

AI智能化数字平台应用大幅提升加油站安全管理水平

北京销售公司第四分公司金港加油站

金港加油站（以下简称加油站）于1995年11月10日成立并投入使用至今已经安全运行10121天。现设站经理1名，运行经理1名，营业员4名，均按管理要求取得相关从业资格证件。加油站按照"专业化、标准化、智能化"的管理模式，严格执行操作规程，强化风险管控，狠抓安全生产管理。自建站以来，未发生生产安全等级责任事故、突发环境事件或环保违法违规事件，无职业病发生。

一、AI安全预警平台

1. 系统运行前分析

加油站原有信息化系统主要以传统的监控为主，以人为手段干预管控，无智能数字化系统，无法对应加油站道路车流量进行大数据统计，无法对应进站顾客群体进行细分智能建档，无法满足相关部门安全风险管控的要求，不能从技术手段从源头上控制各类安全风险隐患和安全事故的发生。特别是对外来输入性风险预测不及时，现有的管理制度和流程未对隐患风险分级分类，以及安全管理和处理责任人员界定模糊，分级负责和事后绩效评价无法有效结合，一旦出现安全事故，无法追踪和复盘。

2. 系统安装部署

系统部署首先依托站内现有设备设施，充分利用现有摄像头、网络通信条件。另增加本地高清摄像机、触碰一体机、信息发布机、独立算法服务器及应用服务器部署等。金港加油站AI安全预警平台设备明细见表1。

3. 系统培训

技术人员对加油站经理及安全员进行培训，使管理人员能够掌握软件产品的操作和应用软件系统相关知识，熟练对系统进行使用、维护、故障诊断。

表1 金港加油站AI安全预警平台设备明细表

序号	设备名称	安装位置	数量, 台
1	高清400万摄像机	卸油区	1
2	高清400万摄像机	生活区、便利店上方	4
3	防水音柱	生活区上方	1
4	功放	站长室	1
5	55寸[①]触碰一体机	站长室	1
6	信息发布一体机	便利店门口	1
7	42寸信息发布机	便利店	1
8	防爆平板	站长室	1
9	远程巡站USB摄像机	站长室	1
10	算法服务器	站长室	1
11	摄像头支架	卸油区（1）生活区（2）（便利店2）	5
12	录像机交换机一体机	站长室	1
13	无线路由器	站长室	1
14	机柜	站长室	1
15	显示器、电源、键盘鼠标	站长室	1
16	ukey	服务器	1

二、AI安全预警平台应用功能

AI油气站智能化数字平台与现有系统高度融合，对加油站安全防控、人员作业行为规范、营销促销等进行数字赋能；把加油站的各类输入性风险和安全隐患分级分类自动识别、自动预警、自动干预，起到事前预警、及时处置、事后查证、安全绩效考评的闭环管理。

系统投入建设以来，运行状况良好：(1) 预警准确。针对加油岛内外来人员输入性风险（大型包裹可疑物、打电话、依靠防撞栏、周界入侵行为），通过AI人工智能算法自动识别、自动预警、自动干预，预警准确率达到95%以上，现场通过语音播报直接减少员工与客户之间的纠纷。(2) 实时监管。实时监测卸油人员卸油时的违规操作行为，语音实时预警、实时远程监管，现场语音播报立即纠正，降低安全隐患，做到实时监管，提高员工安全防范意识，杜绝安全事故发生，并且可对员工安全绩效进行考评。(3) 智

---

① 1寸 =0.033m。

能巡检。系统一键制订每日巡检任务，通过智能巡检提高对可见隐患、设备进行排查，直接建立工单上传，实时管控，避免人工巡检记录易造假，减少巡站压力。(4) 安全报表。系统自定义导出安全报表，全面覆盖安全管理要求，可极大节约人工数据统计与管理成本，以及根据报表可自动分析，对发生的安全隐患、卸油操作是否规范化，可直接应用于员工安全绩效考核。大大提高了加油站安全生产工作效率，强化了安全管理效能。

通过该平台应用，金港加油站的安全管理能力大大提升，实现对加油站各类风险自动识别、自动预警、自动干预（可结合人工干预及管理干预），把加油站传统单一监控（视频监控、人工监控）、事后查证的方式转化为事前准确识别、识别后快速响应、发生风险隐患时及时干预、同时留存安全隐患记录和消警记录，事后查证。由"人管人"转变为 AI 智能数字化应用管理。

智能辨识违章隐患　实现实时预警提示

川庆钻探工程公司长庆钻井总公司

川庆钻探工程公司长庆钻井总公司（以下简称公司）是一个以钻井施工为主、相关专业服务相对配套的综合性钻井工程技术服务公司。公司拥有各类型钻机148部，现有员工4800人，年钻井能力 600×10^4 m 以上。为弥补作业现场传统的查患纠违模式不足之处，强化现场风险管控，开发了钻井作业违章隐患智能辨识及预警系统，实现违章隐患的智能识别和实时预警提示。

一、违章隐患智能辨识及预警系统原理

钻井作业违章隐患智能辨识及预警系统由智能辨识仪（视频信息采集分析超算器）、声光语音报警器等核心装备组成（图1）。智能辨识仪采用边缘部署方式，部署于钻井作业现场数字化营房或地质室，声光语音报警器部署于钻台及循环罐。

钻井作业违章隐患智能辨识及预警系统基于卷积神经网络算法，通过迭代训练形成可智能识别作业现场设备设施及人员行为的目标模型，再辅以违章隐患判断逻辑及方位码匹配、人体骨骼、动作序列识别等针对性算法，实现违章隐患的智能识别。系统通过自动获取钻台、循环罐、前场、加重区等作业区域摄像头捕捉的影像信息，进行实时在线辨识分析，自动识别人的不安全行为、物的不安全状态，通过部署于作业现场的报警器进行实时语音预警提示，并将相关视频上传至管理平台，为作业现场提供智能化、主动化、预防性的辅助安全监管服务。

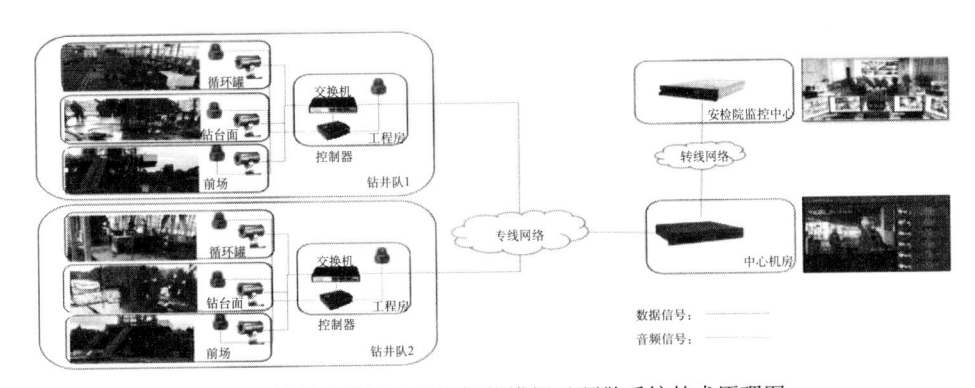

图1　钻井作业违章隐患智能辨识及预警系统技术原理图

二、违章隐患智能辨识及预警系统四大功能

钻井作业违章隐患智能辨识及预警系统集"智能辨识"及"统计管理"于一体,具备违章隐患智能识别(图2)、实时远程预警及信息推送报警、视频自动存储、数据统计分析功能。违章隐患智能识别功能可实时分析计算视频信息,智能识别风险因素,目前已开发86项典型案例,可根据需求不断扩充智能辨识案例。实时远程预警及信息推送报警功能是在系统发现违章隐患后,通过部署于现场的声光语音报警器立即进行播报提醒,并将相关信息发送至驻井安全监督及管理人员,督促现场及时跟进并反馈。系统页面能实时发出预警,由QHSE数智支持中心专岗人员对预警视频进行复核。视频自动存储功能是在系统发现违章隐患后,自动截取相关视频证据上传至云平台,违章视频记录可查、可追溯。数据统计分析功能对发现的违章隐患按照类型、井队等信息进行统计分析,对重点违章行为及作业队伍进行预警。

图 2 违章隐患智能识别

目前钻井作业违章隐患智能辨识及预警系统已在川渝地区、长庆地区共29支钻井作业队伍部署,已累计应用34井次,自动捕捉现场风险案例5469项,其中精准识别2108项,关联警示3541项,及时发现并消除现场违章隐患,实现预防性监督监管,规范员工操作行为,为岗位员工提供安全的作业环境。

建立运行安全环保监管能力与监管对象精准匹配模型

川庆钻探工程公司安全环保质量监督检测研究院安全监督站

川庆钻探安全环保质量监督检测研究院（以下简称安检院）成立于2004年，截至目前已形成三大类19项特色技术服务能力，可为油气生产全过程提供全方位油气服务保障、装备检测检验、QHSE专业咨询。其中安全监督业务始于2006年，是中国石油首支异体安全监督队伍，主要承担川庆钻探工程有限公司川渝、新疆地区的钻井、试修、钻前工程等的HSE监督。为提升安全监督与施工作业队伍的匹配性，实现监管双方的能力互补，提高监督派驻精准性，安检院利用数学模型，将安全监督派驻从经验型粗放式向科学型精确化转变。

一、项目背景

一直以来，安全监督的派驻工作都由管理人员凭经验开展，派驻的质量受管理人员的能力、经验等影响较大，不能对安全监督与施工队伍进行有效匹配，也就不能充分发挥安全监督的监管作用，监督资源未有效利用，监管未形成合力。

二、实施过程

为解决上述问题，安检院开发了安全监督智能匹配系统，通过广泛收集整理施工作业队伍和安全监督的HSE管理数据，进行大数据多维建模，对施工作业队伍和安全监督进行画像，找到双方能力短板和管理上的不足，派驻监督时考虑多维度因素变量，实现施工作业队伍与安全监督的能力互补。安全监督智能匹配系统建立有能力匹配模型，通过定性、定量的匹配算法，提高监督派驻精准性，能够实现安全监督一键派驻。

1. 通过画像，精准描绘能力现状

安全监督智能匹配系统从"基本能力""专业能力""风险管控能力""管理能力""履职考评"5个方面、29个维度对安全监督及施工队伍进行画像。

1）安全监督

基本能力以"学历""职级"数据测算分数，各占50%比重；专业能力以"工作年限""钻井经历""监督经历"数据测算分数，各占1/3比重；风险管控能力以高危作业升级专岗人员对安全监督的高危作业监督管控能力测算分数，各占50%比重；管理能力以监督查患纠违数据，从"井控隐患管理""安防、特种设备隐患管理""电气、消防隐患管理""设备设施隐患管理""违章管理"5个维度测算分数，各占20%比重；履职考评以监督定级评估数据及管理部对安全监督从10个维度的打分数据测算分数，各占50%比重。

2）作业队伍

基本能力以队长"学历""职级"数据测算分数，各占50%比重；专业能力以"队伍领导班子成员（队长、书记、副队长、技术员）在本岗位的工作年限，综合测算分数，各占20%比重；风险管控能力以高危作业升级监督以来，审核各钻井队高危作业票证（工作安全分析、作业许可等）发现问题数据测算分数。以平均问题数量取70分，按照比例进行加分或者扣分；管理能力以安全监督查纠隐患、违章数据，以及公司各级审核、二级单位自查数据，从"井控隐患管理""安防、特种设备隐患管理""电气、消防隐患管理""设备设施隐患管理""违章管理"5个维度测算分数，各占20%比重；履职考评以川庆钻探工程公司各级审核、二级单位自审数据及二级单位对基层队伍的季度考核数据测算分数，各占50%比重。

2. 建立模型，精准匹配监管双方

建立"四配"模型，运用该系统内已建立的川渝地区106支钻井队和178位驻井安全监督相关画像数据库，实现安全监督的一键精准派驻，提升监管双方匹配度。

1）区块配

用于专业能力的匹配，以区域井控风险为主匹配安全监督。向一、二类井控风险井派驻监督的时候，该匹配模型需同时满足：一是必须匹配一、二级安全监督，二是匹配有该井所在区块监督经验的监督（定性）。

2）高低配

用于专业能力的匹配，以区域井控风险为主匹配安全监督。向一、二类井控风险井派驻监督的时候，该匹配模型需同时满足：一是必须匹配一、二级安全监督，二是匹配有该井所在区块监督经验的监督（定性）。

3）短板配

用于管理能力的匹配，以现场隐患违章管理弱项为主匹配安全监督。钻井队"管理能力"五个维度中，70分以下项目，同时匹配一项或多项高于70分的监督。

4）风险配

用于风险管控能力的匹配，以"风险管控能力"弱项为主匹配安全监督。"风险管控能力"在所属钻探公司排后 10 名的队伍，匹配该项 80 分以上的安全监督。

派驻管理人员在派驻时只需选取作业队伍，便会自动形成该队伍的雷达图（基本能力、专业能力、管理能力、风险管控能力、履职考评，形成五边形雷达图），与所匹配到的各个监督的雷达图。派驻人员选择其中的一名监督，进行一键派驻。

三、取得的效果

2023 年上半年，安检院运用安全监督智能匹配系统共派驻安全监督 2314 人次；共排查整治隐患 125232 项、同比增长 32.05%，辨识纠正违章共计 8886 起、同比增长 23.98%。

安全环保监管能力与监管对象精准匹配模型使派驻工作更为精准，强化了监管双方的能力互补，使得现场问题得以充分暴露并得到整改，风险得到有效控制，现场安全环境得到提升。

利用流程模拟软件优化生产
推动装置高质量发展

锦西石化公司炼油联合三部

锦西石化公司炼油联合三部现有员工239人,有连续重整、芳烃抽提、航煤加氢、汽油加氢、新建重整芳烃联合5套装置,生产的主要产品有:液化气、拔头油、高辛烷值汽油、氢气、3.5MPa蒸汽、苯、抽余油、军用航煤、加氢后的催化汽油等组分。部门积极推动装置的高质量发展,利用流程模拟软件模拟生产运行数据,并将数据应用到生产控制系统中,同时根据生产偏差不断进行校正,使装置不断优化,高效安全运行,争创更多的效益。

车间将生产优化指标通过流程模拟软件进行模拟实操,找到切实可用的操作条件,同时在实际生产中进行反复校验和收敛数据,保证装置平稳生产,提高目标产品产量和降低装置公用工程的消耗,在每月经济活动分析会上进行分析点评,对班组在执行流程模拟操作条件时存在的偏差和装置产品实际分析结果进行校正和点评,形成科学计算与实际应用有机结合,是装置高质量发展的源泉与动力。

应用HYSYS流程模拟软件降低汽油加氢装置辛烷值损失,产品汽油组分的辛烷值由1.35降低至1.04个单位(RON)。

锦西石化公司汽油加氢装置采用预加氢及两段加氢脱硫的工艺流程,全馏分催化汽油先经选择性加氢反应器R-101进行预加氢处理,然后经分馏塔将汽油切割成轻、中、重组分,重汽油进入加氢脱硫反应器R-201进行反应,反应产物经稳定塔汽提后与中汽油混合后进入深度脱硫反应器R-401,中、重汽油经脱硫后与轻汽油混合送至汽油罐区。应用以上工艺流程,汽油组分的硫含量长期在12.5ppm左右,辛烷值损失在1.3个单位(RON)左右。

一、模型建立

应用HYSYS模拟软件对汽油加氢装置进行模型搭建,物性方法采用Peng-Robinson和REFSRK,分离单元采用蒸馏塔和组分分离器,反应器采用石脑油加氢反应器,换热网络采用加热器及冷却器。

二、模型对比分析

模拟数据与装置运行对比分析：模拟的最大偏差仅为 4.7%（重汽油的 50% 馏出点），说明该模型与实际运行装置的工况非常符合，具有指导生产的实际作用。

三、模拟调整操作

针对催化裂化汽油烯烃含量主要存在于轻组分、硫含量主要存在于重组分的特性，在模型中将烯烃含量作分布调整，在保持分馏塔 C-101 进料温度、塔底温度等操作条件不变的情况下，将塔顶回流量由 78t/h 逐步提高至 89t/h，同时模拟降低 R-401 反应温度由 245℃降低到 238℃，达到降低烯烃饱和率从而降低辛烷值损失的目的，同时由于降低反应温度，装置的瓦斯用量降低。

四、实际应用情况

经过 HYSYS 流程模拟操作分析后，将本次操作调整应用于实际生产中，为保证产品硫含量满足工艺卡要求（混合产品硫含量不大于 15ppm），化验分析后，混合产品硫含量为 14.2ppm，满足控制指标要求，运行一个月后，产品硫含量平均数据为 13.8ppm，辛烷值损失减少 0.27 个单位（RON），瓦斯消耗减少 139t/月，全月增产效益约为 179.8 万元。

运用司钻领航仪　助力安全高效钻井

川庆钻探工程公司钻采工程技术研究院

川庆钻探工程公司钻采工程技术研究院是一个以石油天然气钻完井工程、油气田开发特色技术和装备研发和成果推广为主，相关技术服务配套的"产—学—研"一体化的研究院。该院拥有各类型设备700台套，现有员工782人，每年形成40余项研究成果，成果推广应用和技术服务2000余井次。经过多年来信息化建设实践，结合钻井作业安全风险管控需求，自主研发形成了司钻领航仪，智能化辅助司钻精准操作。

一、集成打造司钻领航仪

司钻领航仪（图1）采用部署防爆无线网桥方式，优化井场物联网方案，解决井场环境复杂、网络信号差、有线设备施工维护困难等问题，保证了作业现场网络的可靠与稳定；与现场电子液面坐岗系统、工程师平台协同，在云端连通中国石油工程作业智能支持中心（EISC）海量数据库，集成实时参数、语音与视频通话于一体，形成了"三维一体"的井筒作业信息汇集模式，为系统高效开展大数据资源智能分析打下坚实基础。实现EISC专家远程指令直达司钻，形成了司钻操作数字指令汇聚与执行中心。

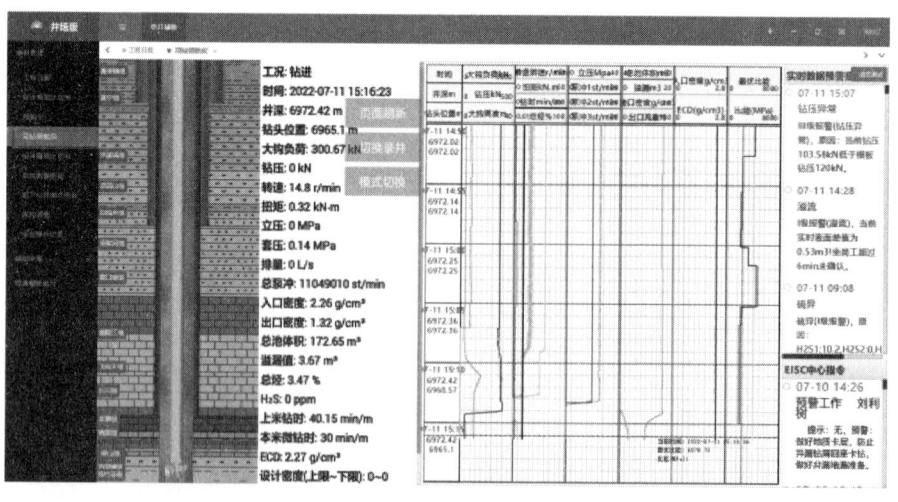

图1　司钻领航仪显示界面

二、集智开发多维度领航功能

1. 利用大数据分析和 AI 等技术开展智能分析预警

建立钻进、循环、起下钻工况下 30 项工程复杂风险预警模型，通过大数据开展故障复杂特征研究，开展大钩负荷、扭矩、钻时、立压等关键参数变化规律分析，多元线性回归判断特征数据趋势，归纳总结故障复杂发生前综合分析回归方程，形成预测模型，提高起下钻故障复杂预警准确性。

2. 开展钻井实时参数优化

利用钻井知识库、大数据分析技术开展特征区块趟钻分析，研究同层位趟钻的纯钻时间、进尺、机械钻速等参数变化规律，运用摩阻扭矩分析、黏滑振动分析模型等，建立钻头寿命分析模型，指导司钻调控钻井参数，判断最佳起钻时机。

3. 自动推送预警信息

在对应的工况、井段条件下，将实时自动采集的数据和导入的算法模型进行特征分类，并将二者进行特征匹配，最终将系统评估的结果，以图形、数据、文字等形式展示到硬件显示器上，把工程预警、风险提示、模板执行、坐岗提示等信息对司钻操作进行语音提示或预警，有效避免了司钻因疲惫、注意力不集中导致的操作失误风险。

4. 建立前后方及时交互的"快速通道"

搭建了后方 EISC 专家、现场值班干部、司钻三方直连共享的语音、视频、文字通信方式，实现了工程预警、风险提示、模板执行等情况实时掌控，EISC 专家指令以文字、音视频指令第一时间传达至司钻，有效避免故障复杂发生和事态升级（图 2）。

图 2 司钻使用领航仪场景

5. 改变司钻传统操作模式

司钻领航仪摒弃了传统的事后管理与处理方式，采取风险评价和积极的预防措施，在过程中加以防范，改变传统以经验来判断井下风险的工作模式。司钻领航仪技术在国内首次试验并推广应用，已达到国际领先水平。

自 2022 年 4 月首次试验以来，司钻领航仪已完成 100 余口井现场应用，累计语音提示超 127000 余条，报警有效率达到 85% 以上；溢流预警时间较常规提前 3~5min；助推川庆钻探公司钻井复杂时率下降 19.43%、提速模板执行率达到 90% 以上、生产效率提高 5%。促使司钻工作由传统经验型向精准操作型转变，有效提升钻井作业效率，降低井筒工程作业风险。